高速铁路基础研究与技术创新丛书

编　委　会

国家出版基金项目
NATIONAL PLBLICATION FOUNDATION

国家出版基金项目

“十四五”时期国家重点出版物出版专项规划项目

高速铁路基础研究与技术创新丛书

基础理论与基础技术系列

季冻区高速铁路路基服役性能与孕灾风险研究

本丛书编委会　总主编

叶阳升　蔡德钧　毕宗琦　李善珍　等　著

凌贤长　主　审

中国铁道出版社有限公司

2023年·北　京

内 容 简 介

本书为“高速铁路基础研究与技术创新丛书”之分册。本书对季冻区高速铁路路基服役性能演化规律与孕灾风险评估理论进行了系统论述，包括季节性冻融环境下高速铁路路基填料性能时效演化规律及力学表述、非饱和粗粒料冻胀规律与多场耦合模型研究、季冻区高速铁路路基动力响应规律与变形稳定状态分析、季节性冻融环境下高速铁路路基结构服役状态综合评价方法等内容。本书涵盖季冻区高速铁路路基服役性能演化与孕灾风险评估的基础理论、试验验证、工程应用等最新研究成果，为我国季冻区高速铁路路基服役劣化分析评估和科学维养提供了理论参考和支撑，对类似应用场景下季冻区交通基础设施工程建设、耐久性评估、病害控制、灾变防控等具有指导意义。

本书适合高速铁路路基工程领域科研工作者、工程技术人员参考，也可作为高校铁道工程专业师生参考。

图书在版编目（CIP）数据

季冻区高速铁路路基服役性能与孕灾风险研究/叶阳升等著．—北京：中国铁道出版社有限公司，2023.4
（高速铁路基础研究与技术创新丛书．基础理论与基础技术系列）
“十四五”时期国家重点出版物出版专项规划项目
ISBN 978-7-113-29934-7

Ⅰ.①季…　Ⅱ.①叶…　Ⅲ.①冻土区-高速铁路-铁路路基-病害-风险管理-研究　Ⅳ.①U213.1

中国国家版本馆 CIP 数据核字（2023）第 015254 号

书　　名：季冻区高速铁路路基服役性能与孕灾风险研究
作　　者：叶阳升　蔡德钩　毕宗琦　李善珍　等

策　　划：刘　霞
责任编辑：刘　霞　　**编辑部电话：**（010）51873405　　**电子邮箱：**604105550@qq.com
封面设计：高博越　　**丛书标识设计：**崔丽芳
责任校对：苗　丹
责任印制：高春晓

出版发行：中国铁道出版社有限公司（100054，北京市西城区右安门西街 8 号）
网　　址：http://www.tdpress.com
印　　刷：北京联兴盛业印刷股份有限公司
版　　次：2023 年 4 月第 1 版　2023 年 4 月第 1 次印刷
开　　本：787 mm×1 092 mm　1/16　**印张：**12.75　**字数：**244 千
书　　号：ISBN 978-7-113-29934-7
定　　价：98.00 元

高速铁路基础研究与技术创新丛书

编　辑　组

组　长： 王　滨

副组长： 杨新阳

策　划：（以姓氏笔画为序）

王　健　王风雨　王明容　亢嘉豪　田　甜　朱敏洁　刘　霞
江新锡　李小军　李润华　李嘉懿　杨　哲　时　博　邱金帅
张　婕　陈小刚　金　锋　徐　艳　徐　清　黄　璐　曹艳芳
崔忠文　傅希刚　曾露平　熊安春　黎　琳　薛丽娜

编　辑：（第二期，以姓氏笔画为序）

王　烁　王　健　冯海燕　朱敏洁　刘　霞　李小军　李润华
李嘉懿　时　博　邱金帅　陈小刚　赵雅敏　胡娟娟　徐　清
高　楠　黄　璐　黎　琳

统　筹： 李小军　刘　霞

序

我国高速铁路起步晚、发展快、后劲足，经过几代人的不懈努力，通过原始创新、集成创新、引进消化吸收再创新，成功地走出了一条符合中国国情路情、具有中国特色的自主创新之路。我国已系统掌握各种复杂地质和气候条件下高速铁路建造成套技术；在工务工程、列车运行控制、牵引供电、动车组等高速铁路核心技术方面实现自主化；形成了复杂路网条件下处理跨线运行的运营管理成套技术，构建了人防、物防、技防三位一体的主动安全保障机制。我国已成为全球高速铁路运营里程最长、在建规模最大、运营速度最快、技术体系最全、运营和管理经验最丰富的国家。我国高速铁路技术已走在世界前列，成为推动世界高速铁路发展的重要力量。

为贯彻落实中共中央、国务院《交通强国建设纲要》，推进国铁集团《新时代交通强国铁路先行规划纲要》的落地，系统总结、梳理我国高速铁路各领域前沿理论和技术，向我国乃至世界高速铁路科研工作者和工程技术人员提供一套前沿性的参考书，中国国家铁路集团有限公司铁道出版社公司特组织编著出版“高速铁路基础研究与技术创新丛书”。

丛书以习近平新时代中国特色社会主义思想为指导，以国家自然科学基金课题、国家基金委-国铁集团高铁联合基金课题、国家“973”课题、国家重点研发计划课题等科研成果为支撑，从高速铁路前沿研究、补短板技术、核心技术、技术发展趋势等方向组织选题，涵盖动车组、供电、通信与信号、列控与检测、工程勘察与设计、智能建造、运营与管理、现代信息技术、安全和维护等领域，规模为100册，是全面系统论述我国高速铁路基础研究与技术创新成就的大型系列原创性科技著作。

丛书力求突出制高点、原创性、权威性、全覆盖特色。丛书各册内容以作者团队长期从事高速铁路科学研究的成果为依托，多数成果居于国内领先水平甚至世界先进水平，多种成果荣获国家科学技术奖一等奖、二等奖，国家技术发明奖一等奖、二等奖，茅以升科学技术奖，詹天佑铁道科学技术奖，铁道科技进步奖等奖项，丛书内容体现了我国当今最新、最前沿以及展现未来发展趋势的高速铁路相关研究成果和应用技术。丛书包括动车组、供电、工程施工与组织等十个系列，基本实现高速铁路各领域全覆盖。

丛书由编委会总负责。编委会阵容强大，认真负责。编委会各成员都是长期从事我国高速铁路科研、技术、生产和管理的一流专家学者，是所从事领域的翘楚，其中包括高速铁路及其相关领域的四位院士。编委会多次开会商讨丛书的体系、内容特色、作者条件及质量保障机制；分工负责，精心审订和修改各册编写提纲；多次遴选选题，先从150多个选题意向中遴选出100个选题，后又剔除了内容特色不太鲜明的8个选题，还对10多个选题提出了较大的改进意见，补充了8个关键技术和弥补技术空白的选题；最后邀请专人对各册内容进行审定，从而保证了各册内容的正确性和先进性。

2021年年底，国家新闻出版署经过严格评审，"高速铁路基础研究与技术创新丛书"(100册)成功入选"'十四五'时期国家重点出版物出版专项规划——重大出版工程"。这是对本丛书项目的认可，也是对编委会、作者和编辑等人员前期工作的认可，更是一种鞭策。我们相信，本丛书的出版，将助力于《交通强国建设纲要》的贯彻落实，推动我国乃至世界高速铁路事业的发展，也将为铁路领域的科研工作者、工程技术人员、管理人员，以及高校相关专业师生提供一套高水平、原创性、权威性、全覆盖的大型高铁科技精品著作。

中国工程院院士

"高速铁路基础研究与技术创新丛书"编委会主任 卢春房

2022年2月

前　　言

本书为“高速铁路基础研究与技术创新丛书”之分册，按照丛书要求，力图体现季冻区高速铁路路基服役性能与孕灾风险研究前沿性、创新性、原创性特色。

季冻区高速铁路路基受长期冻融环境与列车动荷载耦合作用显著，路基冻融病害严重影响线路平顺性与列车运行安全。如何及时科学有效地检测评估季冻区运营高速铁路路基服役状态，提出长效持久的路基病害整治维护技术，是季冻区铁路路基工程面临的重大挑战。历经近10年科技攻关，围绕填料性能演化规律、冻胀机理、路基动力性能、孕灾检测评估、冻害整治维修等方面开展系列研究，形成了具有自主知识产权的季冻区高速铁路路基孕灾评估与检测维护技术体系。

中国铁道科学研究院集团有限公司季冻区高速铁路路基服役性能与孕灾风险研究得到国家自然科学基金(41731288)、中国铁道科学研究院集团有限公司科研项目(2021YJ024、2022YJ082)的支持。本书是对笔者团队多年研究成果的总结和提炼，内容涵盖了高速铁路路基填料性能时效演化规律、填料冻胀模型、路基动力响应与变形稳定状态、服役状态综合评价方法、冻胀维护技术等，提出寒区铁路路基孕灾评估技术，综合考虑了冻融循环水热力耦合影响与列车荷载长期作用，提出寒区铁路路基不均匀冻胀控制临界阈值，实现寒区铁路路基多层次综合评价，为线路维护提供科学依据；针对不同填料特性与运营要求研发了寒区铁路路基冻害精准靶向维护整治技术，实现了冻害维护整治效果的长效持久，应用于典型寒区高速铁路路基，保障了冬夏两季线路平顺性，降低了路基冻害运营养护维修成本。本书所著研究成果将持续为季冻区高速铁路路基的安全耐久服役提供支撑，并为类似冻融环境下公路、机场等基础设施的冻害处理提供重要借鉴。

本书由叶阳升、蔡德钩、毕宗琦、李善珍等著，哈尔滨工业大学凌贤长教授主审。本书内容共分6章，第1章由蔡德钩、毕宗琦撰写，第2章由毕宗琦撰写，第3章～

第5章由李善珍撰写，第6章由毕宗琦、李竹庆、石越峰、杜翠撰写。在本书著述过程中，叶阳升做了细致的规划和统稿工作；张千里、闫宏业、唐亮、尧俊凯、田爽等专家学者对相关研究成果整理和本书内容撰写提供了大力支持与帮助。在此特别感谢周镜院士对本书的无私指导与认真审阅。

本书参考引用了国内外其他学者的研究成果，笔者尽可能地在参考文献部分列出，在此对广大研究工作者和同仁一并表示感谢。

由于水平有限，难免存在不足之处，恳请广大读者批评指正。

著　者

2023年3月

目　　录

第1章　绪　　论

我国是一个冻土大国，冻土面积位居世界第三。多年冻土与季节冻土累计分布面积为729万 km^2，其中，冻深超过1.5 m且对工程有严重影响的深季节冻土面积达367万 km^2，主要分布在东北、内蒙古大部地区，新疆维吾尔自治区、青海、西藏部分地区，东北为典型高寒深季节冻土区[1-4]。自2012年世界上第一条寒区高速铁路——哈大高速铁路开通以来，目前在建和已建的寒区高速铁路包括哈大、盘营、沈丹、哈齐、兰新、哈佳、哈牡、京沈等，总里程超过7 000 km。此外，我国"一带一路"倡议，涉及北京到莫斯科的欧亚高速运输走廊[5,6]，全长超过7 000 km。高速铁路未来几十年在我国和世界范围仍将快速发展，高速铁路建设与运营服役仍将面临大面积的多年冻土与季节冻土区环境条件。

1.1　季冻区高速铁路路基服役现状与特点

尽管世界上在冻土区修筑铁路已有一百多年历史，但是寒区铁路既有运营状况并不乐观，其中冻胀引发的系列问题尤为突出。中国铁道科学研究院集团有限公司（以下简称"铁科院"）路基科研团队通过实地调研发现[7]，哈大高速铁路第一年路基冻胀变形大于等于4 mm的路基长度约占路基总长度的41.5%，最大变形达到40 mm。中国铁路沈阳局集团有限公司冬季需投入大量人力、物力调整轨道结构，养护维修工作量巨大。高峰期哈大高速铁路冬季天窗时间点同时有600人上道作业，仅冬季三个月占全年人力投入量的50%，可见冻胀问题的普遍性和严重性，冬季工务部门线路维护如图1-1所示。吉图珲客运专线2013—2014年周期的监测结果表明[8,9]，路基冻胀量小于8 mm占83.10%、8～12 mm占10.89%、12～16 mm占4.44%、16～20 mm占1.13%、大于20 mm占0.44%，超过8 mm处冻胀主要发生在基床表层100 cm范围内。2015—2016年冬季，丹大线共发现冻害127处/1 119 m，最大冻高29 mm/4处，平均冻高11.9 mm。

经过数年的监测与整治，铁科院路基科研团队对于寒区高速铁路填料路基的宏观冻胀规律已经基本掌握（图1-2），对各影响因素的影响特性也有诸多研究成果[9-11]。在总结国内外寒区修建铁路的经验基础上，为解决高寒地区高速铁路路基病害问题，我国铁路部门采取了一系列措施，如基床表层填筑防冻胀填料、设置防水封闭层、增设排水盲沟等，总体上适应了我国季节性冻土区的不同环境和水文地质条件。

图 1-1　冬季工务部门线路维护

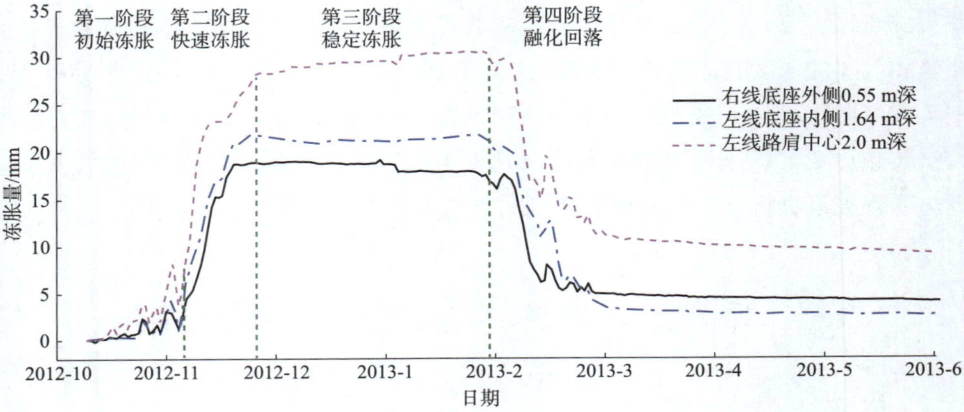

图 1-2　典型监测断面冻胀发展曲线

在高寒深季节冻融环境、浅层地下水丰富条件下，加之冻融循环-行车振动耦合作用，在高速铁路路基长达 100 年的设计使用期内，达到严格的路基变形控制要求，满足服役性能极其困难。此外，过去一直未针对高速铁路路基填料在如此复杂作用下的长期时效性能开展研究，缺乏能够描述其长期力学特性的本构关系模型，没有科学的理论依据评估、预测其服役期内的运行状态。调查表明，冻融循环-行车振动荷载已造成路基性能的初步劣化，包括填料松胀、防水层开裂粉化及结构缝封堵失效等问题，如图 1-3～图 1-5 所示。

图 1-3　封闭层冻胀开裂

图 1-4　结构缝破坏

图 1-5　轨道损伤与离缝

高速铁路安全运营关乎人民生命财产安全。线路高平顺性是高速铁路的显著特点，严寒地区冻土路基的冻融变形和由此带来的结构损伤直接影响线路的平顺性和列车运行安全。目前，我国高速铁路路基孕灾风险评估技术水平不足，思想观念滞后，工作重点主要放在设计与建设方面，对运营期孕灾风险指标、孕灾风险评估的研究相对滞后，缺乏系统、科学的手段，严重制约了我国高速铁路的健康发展。

借助已承担的相关课题，科研团队掌握了哈大、哈齐、京沈、沈丹、丹大、吉图珲等高速铁路大量一手监测、检测数据，涉及路基冻胀、路基温度、综合检测列车监测数据等。在对大量实测资料充分消化、详细分析、深入研究的基础上，科研团队已基本掌握寒区高速铁路路基冻胀的宏观规律、影响填料的主要因素，初步研究了路基冻胀与轨道不平顺的影响关系，提出了渗透性级配碎石、沥青混凝土防水封闭层等处理措施。然而，高速铁路路基填料的长期时效演化规律，尤其是在冻融循环-行车振动荷载复杂作用下其本构关系模型还不明确，高速铁路路基冻胀-轨道结构相互作用分析模型相对缺失，运营高速铁路路基孕灾风险评估方法滞后。综上所述，在高速铁路路基填料性能时效演化规律及力学表述、路基服役性能多因素耦合分析模型和运营高速铁路路基孕灾风险评估方法三方面仍有大量研究工作亟待开展；相关领域研究可以推动冻土力学与冻土工程、非饱和土力学与非饱和土工程、轨道交通动力学与路基工程等学科进一步发展，对我国寒区其他重大工程的建设设计、孕灾风险评估、病害控制、灾变防控等也具有重要指导意义。

1.2 季冻区高速铁路路基服役性能分析评估理论及发展

1.2.1 高速铁路路基及其填料

高速、舒适、安全运送旅客是高速铁路的主要特点。要达到这一目标，对线路来说必须确保轨道结构几何尺寸的高度平顺和稳定，这主要依赖于要给轨道结构提供一个强度高、刚度大且纵向变化均匀、长久稳定的路基。无砟轨道具有稳定性高、刚度均匀性好、结构耐久性强、维修工作量少等特点[12-15]，已成为高速铁路建设的主要发展方向。高速铁路对路基的高标准要求主要表现在以下几个方面。

1. 强度高、刚度大，路基变形小

普速铁路路基是以强度控制设计，而对于高速铁路，变形控制是路基工程设计的主要控制因素，这主要是因为在强度破坏前，可能已出现了不容许的过大变形。我国Ⅰ级干线，《铁路路基设计规范》(TB 10001—2016)规定，路基工后沉降一般不大于 20 cm，过渡段不大于 10 cm。对于有砟轨道高速铁路，《高速铁路设计规范》(TB 10621—2014)规定，路基工后沉降不宜超过 15 mm，路基与桥梁、隧道或横向结构物交界处的工后沉降不应大于 5 mm，不均匀沉降造成的折角不应大于 1/1 000，以保证列车运行的平稳性与旅客乘坐的舒适性。

2. 路基刚度纵向平顺变化

列车速度越高，要求路基的刚度越大，弹性变形越小，但刚度过大会使列车振动加大，不能平稳运行，路基刚度的不平顺会造成轨道动态不平顺。因此，一般要求路基在线路纵向做到刚度均匀、变化缓慢，不允许刚度突变，比如设置路桥过渡段、路涵过渡段等。

高速铁路对轨道的平顺性提出了更高要求，而路基是铁路线路工程的一个重要组成部分，是承受轨道结构重量和列车荷载的基础，也是线路工程中最薄弱最不稳定的环节，路基几何尺寸的不平顺，自然会引起轨道的几何不平顺。因此，高速铁路路基除具备一般铁路路基的基本性能外，还需要满足高速铁路轨道对基础提出的性能要求，不仅要求静态平顺，还要求动态条件下平顺。

3. 良好的耐久性

列车运营时路基不仅承受轨道结构和附属构筑物的静荷载，还要承受列车荷载的长期反复作用。同时，路基直接暴露在自然条件下，需要抵抗气温变化、冻融循环、雨雪作用、行车荷载等不良因素的影响。在这些条件长期作用下，应保证路基强度不会降低、弹性不会改变、变形不会加大，真正做到长寿命、少维修。只有这样，才能满足高速行车，减少维修，增加列车运行安全性。

高速铁路对路基填料的基本要求主要有[16]：在列车和路基的自重荷载作用下能保持长期稳定；压缩沉降能很快完成；力学特性不易受其他因素（如水、温度等）影响，而发生不利于路基稳定的变化。

《铁路路基设计规范》(TB 10001—2016)中[17]，填料的分类主要依据土的粒径组成，以及粒径小于 0.075 mm 的细颗粒含量两个指标来划分，考虑压实要求、相关性质和适用条件分成 A、B、C、D、E 五个组。

高速铁路变形控制严格，其填料与普通铁路相比也具有更高的要求。路基基床是铁路路基的上部基础，应根据区域环境、气候特点和路堤填料等选择适宜的结构形式，而且要考虑防排水和防冻要求。高速铁路基床由表层和底层组成，无砟轨道表层厚度为 0.4 m、有砟轨道为 0.7 m，基床底层厚度为 2.3 m。基床表层填筑的级配碎石应满足：压实系数 $K\geqslant 0.97$，地基系数 $K_{30}\geqslant 190$ MPa/m，动态变形模量 $E_{vd}\geqslant 55$ MPa，寒区有砟轨道级配碎石压实后渗透系数应大于 5×10^{-5} m/s。

基床底层填筑，应采用以中砂以上的砂、砾为主的 AB 组填料。对不符合要求的粗粒土与细砂可采取改良措施。粗粒土宜用物理改良方法，以改善其级配，改良后的粗粒土其级配应接近圆顺，不均匀系数 $C_u>20$；细粒土可根据填料性质选择适宜的掺和料进行化学改良，进行不同配合比的室内试验，优化配合比。为满足最不利气候条件下的动应力要求，提出改良的主要技术参数（如无侧限抗压强度等），压实标准应符合相关规定，当采用无砟轨道时，还应该增加对变形模量 E_{v2} 的控制标准。

综上所述，为适应高速铁路的高平顺性，高速铁路对路基填料的性能要求远远高于普速铁路。同时高速铁路天窗时间短、维修成本高，对填料在服役期内的长期性能也有更高的要求，高速铁路路基填料长期性能演化规律及其力学表述亟待研究。

1.2.2 岩土冻胀理论

早在17世纪后期，人们就已经注意到了冻胀这种现象[18]。受科技水平和试验手段的限制，冻胀被认为是土体“弯曲”引起的，直到20世纪中期，才逐渐认识到导致土体冻胀的主要根源是水分迁移作用[19]。

在细颗粒土冻胀方面，Everett[20]首先提出了第一冻胀理论，即毛细理论，该理论无法解释不连续冰透镜是如何形成的。Miller[21]针对毛细理论的不足提出了冻结缘理论，即在冻结锋面和最暖冰透镜底面存在一个低含水量、低导湿率和无冻胀带，为冻结缘（frozen fringe），称为第二冻胀理论。Harlan[22]于1973年提出了正冻土的水热耦合模型，该模型建立在部分已冻土的未冻水运移与非饱和土的水分运移基础上，随后不少学者基于这个基本概念提出了一些模型（Lundin[23]，Fukuda等[24]）。20世纪80年代初期，根据Miller的第二冻胀理论，O’Neill等[25]提出了刚冰性模型（rigid ice model）。80年代与刚冰性模型并驾齐驱的模型还有分凝势模型（segregation potential model），文献[26-29]把分凝势定义为正冻土冻结缘中水分迁移率与温度梯度的比值。20世纪90年代以来，热力学模型（thermo mechanical model）开始提出，Fremond等[30]将热力学模型建立在质量、动量和能量及熵平衡定律的基础上，利用局部平衡状态，为自由能和耗散势选择适当的表达式来求导多孔介质的基本方程。我国从20世纪70年代有学者开展了大量的细粒土冻胀机理研究工作。何平等[31]对多年冻土区地下较厚冰层的成冰机制与特性进行了系统的研究，指出分凝冰透镜体的形成原因。王家澄等[32]得出温度和压力条件对温度梯度、冻结速度，水分迁移速度、方向和迁移量的影响，从而影响水的相变速度、成冰位置和数量。徐学祖[33]得到未冻水含量变化的综合预报模型及冰分凝温度的确定方法。

国内外学者在粗粒土冻胀特性方面，取得了一定成果。Lai等[34]研究对比了一种新型路堤和粗粒土路堤的冻胀融沉性质。Konrad等[35]认为粗粒土中细粒土含量小于7%时，粗粒土的冻胀量相对较小，但补水量却很明显。同时，Konrad研究认为，细粒土含量和黏土矿物含量增加将提高粗粒土的冻胀敏感性，王正秋[36]、张以晨等[37]也有相同研究结论。Vinson等[38]认为，细粒土粒径大小也是影响粗粒土冻胀敏感性的重要因素。进入21世纪后，我国开展了青藏铁路、哈大高速铁路等一批高寒地区大型基础设施建设，对土体冻胀研究有了更高要求，也激发了国内学者的研究热情。2006年以来，铁路部门相继开展了“寒区铁路路基防冻胀结构及设计参数研究”“哈大高铁运营长期连续观测技术及冻胀整治技术研究”“高寒地区高速铁路路基冻胀综合防治技术试验”等一系列科研课题，以实际工程为依托，发现了土的细粒含量、密实程度、含水率、土的渗透性、孔隙率等因素对粗粒土冻胀性的影响规律。王天亮等[39]研究了某高速铁路不同细粒土含量、不同干密度条件下细圆砾土填料的冻胀特性，认为同时满足冻胀率和压实效果的最大细粒土含量为9%。Niu等[40]提出高速铁路填料中含水率、冻深是影响冻胀的最主要因素，认为水蒸气也有一定的影响。

粗粒土填料冻胀机理研究方面，Sheng等人[41]认为列车动荷载作用下，基床中会产生泵吸现象，将基床中的水分从底部转移至上部，从而导致冻胀，但该理论难以解释高速铁路运营之前就已经发生的冻胀。

综上所述，目前各国学者对细颗粒土冻胀的影响因素以及冻胀机理进行了大量研究工作，取得了丰硕的成果，初步掌握了粗粒土的宏观冻胀规律和影响因素。针对粗粒土填料的冻胀机理研究成果较少，亟待开展高压密粗粒土冻融发育过程与性能衰变理论的研究，掌握高压密粗粒土微冻胀变形的发生发展规律，以及反复冻融作用下填料物理、力学性能变化特性，为严寒地区高速铁路的建设及养护维修提供基础理论支撑。

1.2.3 岩土损伤力学

损伤力学是近40年发展起来的一门新兴学科，主要研究材料或结构在一定荷载与环境条件下劣化过程及损伤演化规律。损伤理论旨在建立材料的损伤本构关系、解释材料的损伤破坏机理，并计算结构的损伤破坏程度[42]。经过几十年发展，损伤力学已成为刻画混凝土材料静力与动力非线性行为[43-48]、岩石材料静力与动力非线性行为[49-52]的一种重要手段。近年来，国内外学者逐步将“损伤”概念引入土的本构模型研究中，损伤理论应用于土的本构模型已成为土力学研究中一个新的分支。

岩土材料损伤方面，国外学者陆续做了很多重要的研究工作。Frantziskonis等[53]将损伤演化曲线近似于能量耗散曲线，认为损伤土体由损伤与未损伤两部分组成。Cordebois等[54]、Sldoroff等[55]将弹性各向异性损伤理论应用于岩土材料损伤研究中。Hayakawa等[56]在损伤张量空间中构造损伤耗散势函数，建立岩土材料的弹塑性各向异性损伤模型与损伤演化方程。Valliappan等[57]在弹性余能相等假设的基础上，建立了岩土材料的横观异性损伤理论。

国内学者在岩土材料损伤方面做了较多卓有成效的研究工作。沈珠江[58-60]首次将损伤概念引入黏土应力-应变关系中，先后提出结构性黏土的弹塑性损伤模型和非线性损伤力学模型、能描述脆性破坏的胶结杆元件。孙红等[61]基于各向异性岩土损伤理论，研究了黄土的各向异性损伤对土体中剪切带形成的影响。熊玉春等[62]从土结构的压缩损伤与剪切损伤入手，构建了与剪切模量、体积模量相对应的损伤演化方程。杨超等[63]利用边界面模型理论，结合饱和软黏土动三轴试验结果，建立了软黏土的黏弹塑性动力本构模型。卢再华等[64,65]首次提出了适用于原状膨胀土的弹塑性损伤本构模型。文献[66-68]分别研究了黄土的损伤本构模型。

近几十年来，由于公路、铁路、输油管线的快速建设，由冻土引发的很多工程事故日益暴露出来。He 等[69]引入损伤力学理论，并基于各向同性损伤假设与热力学原理，分析了冻土所具有的黏弹塑力学性质与围压的强化、弱化双重性质。Lai 等[70]从高温冻土内部裂隙、空洞等缺陷的随机分布角度出发，建立了适用于高温冻土破坏的单轴随机损伤本构模型。Lai 等[71]建立了冻土的弹塑性损伤本构模型，可以较好模拟冻结砂土的变形规律。Zhu 等[72]从材料的细观机理出发，提出了含损伤冻结砂土的弹性本构模型。李栋伟等[73]以冻土试验为基础，研究了冻土黏弹塑性损伤耦合本构关系。朱志武等[74]从材料的细观损伤力学机理出发，根据损伤变量服从 Weibull 分布，建立了含损伤的冻结砂土的弹性本构模型。

总的来看，目前国内外关于岩土材料损伤的研究主要集中于冻土、黄土、膨胀土、黏土的静力损伤分析，针对粗粒土填料在动载作用下的损伤特性研究相对较少。针对高速列车行驶条件，并充分考虑“冻融循环-列车荷载耦合作用”的主要驱动力对路基土结构的破坏效应，开展季节冻土路基填料的结构损伤特性与机理、影响因素、材料性能演化等研究，鲜见文献研究。

1.2.4 冻融环境下岩土性能演化规律

土的冻融作用能导致土的工程性质发生显著变化。对细粒土（黏土和粉土）的研究表明[75,76]，由于冻融循环，土的结构、密度和孔隙率都会发生改变，水分重分布，阿太堡界限受到影响[77]，融化后的强度、压缩性及孔隙水压力均受到影响[78]。微观结构发生变化的结果是渗透性的改变，经常可达几个数量级[79]。Janoo 等[80]深入研究了季节性冻土区春融对整个道路系统的影响。文献[81-82]研究了冻融循环过程中土体的磁滞现象。文献[83-84]通过试验研究发现冻融作用对土体的液塑限指数有较大影响。国内，文献[85-88]研究了土体各项物理力学指标在冻融前后的差异，发现冻融循环作用对压实黄土的水分分布、变形和干密度等有较大影响。

动力荷载卸载至初始荷载水平时，冻土的动应变将产生部分残余应变，一般不会完全恢复。国内不同学者对累积应变定义为残余应变、动蠕变等概念，虽然表述有所不同，但研究目标是一致的。Trimble 等[89]研究发现，静态强度的 30%作为重复荷载幅值时将产生远大于其静荷载的应变，振动荷载较小时将产生破坏。朱元林等[90]开展了围压对振动荷载作用下影响关系试验，认为振动蠕变与累积应变意义是一致的。赵淑萍等[91]进一步研究了冻结砂土的振动蠕变特性，系统分析了加载频率、温度和动应力幅值对蠕变速率的影响，构建了响应的模型。赵淑萍等[92]研究了不同振动幅值和初始偏应力条件下冻土残余应变随振动次数的发展规律。焦贵德等[93]对高温冻土进行了单轴振动三轴试验，并提出了临界动应力概念。

针对冻融循环下路基填料特性的研究主要集中于物理性质（干密度、含水量、渗透系数等）、力学性质（弹性模量、剪切模量、黏聚力、内摩擦角等）以及水理性质等方面。近年来，冻融循环下土体的静力学参数研究已取得大量成果。Aoyama 等[94]通过试验研究发现土体经过冻融循环作用之后黏聚力降低，而内摩擦角变化不大。Van[95]基于一系列冻融试验得出，冻融作用后土体抗剪强度低于冻融前的融土。王大雁等[96]研究了冻融循环后青藏黏土的应力-应变关系、破坏强度、弹性模量、抗剪强度等指标的变化规律，指出反复冻融改变了土体性状，但对土体的影响会达到一个极限值，使土体转向新的动态稳定平衡状态。杨平等[97]研究了原状土与人工冻融土抗剪强度、无侧限抗压强度、压缩模量等力学指标的差异性，结果表明，人工冻融土无侧限抗压强度是原状土的1/3～1/2，灵敏度降低。Berg[98]考虑冻融循环效应，对粗、细颗粒土的回弹模量变化进行了研究。Stark等[99]通过试验研究了冻结与融化条件下不同粒径土的回弹模量、含水率、应力水平的影响。张莎莎等[100]通过剪切试验研究了一维冻融方式下粗粒盐渍土黏聚力和内摩擦角随冻融循环的变化。程培峰等[101]采用承载板试验对冻融循环后砂性路基土的回弹模量进行了研究，指出冻融循环6次后其模量基本不再变化。陈忠达等[102]针对粗粒土填料的强度进行了室内试验，系统研究了冻融循环和含水率因素对土体强度的劣化效应。Liu等[103]借助固结排水三轴剪切试验，分析了冻融循环次数和围压对饱和粉砂静力特性的影响。Wang等[104]对不同细粒含量的粗粒土的强度特性进行了三轴试验研究，认为冻融后细粒土的冻胀弱化了粗粒土结构，其剪切强度随冻融作用增加而减小。张涛等[105]借助无侧限抗压强度试验分析了胶结粗粒土抗压强度随冻融循环作用的变化。Yu等[106]采用三轴试验对粗粒土冻融循环后的静力特性进行研究，结果表明，冻融循环次数削弱了因细粒土不均匀分布而导致的强度差异，使粗颗粒和细颗粒的组合结构趋于稳定。

冻融循环下路基土动力特性方面，Simonsen等[107]通过动三轴试验研究了经历冻融循环后土体的弹性模量变化以及围压的影响。Matsumura等[108]对日本北海道压实火山岩土进行了冻融试验和动三轴试验，结果表明，密实的火山岩土的液化强度受冻融作用后显著降低，且与动荷载加载过程空隙水压的变化有关。王静等[109]研究了不同塑性指数的路基土在经历若干次冻融循环次数后的动力特性，分析了路基土动模量和阻尼比随冻融循环次数、围压和塑性指数的变化规律。严晗等[110]探究了青藏地区黏土的动模量与阻尼比随动应力水平、冻融循环次数、围压等因素的变化规律，表明动应力-应变为非线性滞回圈关系，动模量与冻融循环次数呈负相关，与围压、压实度呈正相关，阻尼比的变化规律与动模量恰好相反。魏海斌[111]研究了路基冻融循环对粉煤灰土动力特性的影响，分析了动强度与冻融次数衰变关系，以及动模量损失率。王天亮[112]研究了冻融循环条件下改良土的变形特性、临界动应力以及回弹模量，建立了不同动应力水平和冻融次数下塑性应变预测模型。施烨辉[113]研究了列车荷载和冻融共同作用下路基的稳定性能，分析了列车移动荷载对冻土路基正冻土、正融土和含冰量的影响。化晋创[114]对高速铁路路基粗粒填料经历冻融循环后的动力特性进行了试验研究，发现冻融循环对动弹性模量和阻尼比的影响大于细粒土含量的影响，冻融作用使填料动弹性模量减小，且在3～6次冻融循环后稳定，冻融循环加剧了阻尼比的提高。孔祥勋[115]采用动三轴试验分析了冻融环境下高速铁路路基填料的动应力应变关系、剪切模量和阻尼比的变化，以及短时动荷载作用下的残余变形特性。Tian等[116,117]通过动三轴试验研究了冻融循环作用下高速铁路路基基床填料的动剪应力幅值、动剪切模量、阻尼比和累积轴向应变的变化，基于Hardin-Drnevich模型和归一化累积应变，提出了确定动剪切模量和阻尼比的拟合方程。

综上所述，国内外学者对冻融循环作用下的路基填料静、动力特性已经进行了一定的研究工作，主要探究了不同应力水平、温度、含水率、细粒含量、冻融次数等因素的影响，研究对象多为黏土、黄土、粉土等，铁路路基粗粒土填料也有涉及。对岩土体内部微结构、回弹模量、液塑限指数、渗透性等物理力学参数研究，初步得到了循环作用对这些参数的影响规律。针对冻融循环和振动荷载的共同作用，现阶段相关研究大多集中于少量动载循环次数内的物理力学参数变化分析上，考虑高周次加载长期效应的路基填料性能演化规律与劣化机理的相关研究较少。

1.2.5 路基-轨道相互作用关系模型

路基不均匀变形控制是高速铁路路基建造无砟轨道的关键技术，列车在无砟轨道线路不均匀变形地段高速运行时，旅客的舒适性会受到很大影响。在路基不均匀变形和列车荷载等的共同作用下，路基不均匀变形地段无砟轨道承载力有可能因不能满足要求而出现破坏，影响列车运行安全。行车振动荷载作用下，板式轨道与路基之间的相互作用是关系列车运行安全和高速铁路路基服役性能的重要问题，是一种典型的土与结构相互作用问题。因此，路基不均匀变形与无砟轨道系统相互作用关系的研究具有很重要的工程实际意义。

高速铁路路基问题研究离不开与轨道的相互作用。为更精确得到轨道路基动力响应，不少学者提出了轨道-路基耦合作用模型。将碎石垫层和枕木与车轮一起考虑，用格林函数时域积分方程式表示轨道振动响应，得到系统时间域解。Berggren等[118]将地基视为层状黏弹性半空间体，钢轨视为欧拉-伯努利梁，建立了移动荷载作用下地基-轨道系统计算模型和相应的动力方程。Versteijlen等[119]对路基上的轨道结构采用弹性半空间上覆欧拉梁模拟，通过稳态解析研究了列车移动导致的路基振动问题；Takemiya[120]和边学成等[121]采用动力子结构方法求解了铁路轨道和多层地基相互作用的问题。Hasslinger等[122]研究了不同轨道结构在列车荷载作用下的动力学响应。翟婉明[123]发展了车辆-轨道耦合动力学模型，将板式轨道系统做成两层梁体系进行分析。Hunt[124]对路桥过渡段处不均匀沉降形式进行了研究，得到了过渡段处路基不均匀沉降对轮轨力和扣件力的影响。Ishikawa等[125]进行了1∶5有砟轨道室内模型试验，研究了移动荷载下路基内部应力的分布特征与沉降发展规律。Krylov[126]建立了能反映高速列车所引起的轨道振动分析模型，研究中将钢轨视为文克尔地基上的欧拉-伯努力梁，将路基视为弹性半空间体。

当路基发生不均匀变形时，列车动荷载作用下轨道与路基的动力相互作用将对轨道结构产生不利的影响。向俊等[127]基于高速列车-板式无砟轨道时变系统竖向振动分析理论，在时域内求解，提出一种改进的积分算法，研究了车速、轨道几何不平顺幅值等动力学参数对系统竖向振动响应的影响规律。周萌等[128]通过移动荷载模拟列车计算了不同沉降条件下轨道结构内力变化情况，认为深 20 mm、长 20 m 的沉降情况下部分混凝土底座拉应力已经达到极限强度，并从混凝土抗拉极限强度角度提出了混凝土底座配受拉钢筋的建议。文献[129-130]采用有限单元法计算了沉降对轨道板内力和砂浆应力的影响，认为沉降将会导致轨道板内力显著增加。韩义涛等[131]通过把路基不均匀沉降完全转化为轨面不均匀沉降，对路基不均匀沉降波长为 20 m 的情况下的动力响应进行了计算，提出了考虑车速的路基不均匀沉降限值。蔡成标[132]对路基不均匀沉降波长为 20 m 的不同沉降幅值情况下的动力响应进行了研究，得出了在此情况下沉降幅值为 20 mm 的沉降控制标准是合理的结论。徐庆元等[133]提出了相关路基不均匀沉降的限值标准。韩义涛等[134]建立了路基上车辆-板式轨道耦合动力学垂向模型，得出轮轨系统的动力响应，以及不均匀沉降对轮轨系统的动力影响规律。詹永祥等[135]通过室内 1∶2 板式轨道模型，研究了轨道-路基系统不同结构层的动力响应。王常晶等[136]用弹性地基上铁木辛柯梁在移动荷载作用下的动力解得到地基表面与路堤之间的反力。刘维宁等[137]以杜哈姆积分为基础，应用动力互等定理，得到了移动荷载作用下半无限弹性空间体内任意点动力响应的一般表达式。

综上所述，已有研究绝大多数集中在车辆-轨道-路基之间动力传递关系，多考虑路基沉降引起的轨道不平顺变形，尚未系统考虑季节性冻土区冻胀引起的路基上拱引起的轨道结构变形，以及路基不同深度和部位冻胀发育对线路平顺性、轨道结构损伤以及路基面冻融对轨道稳定性的影响。

1.2.6　高速铁路路基孕灾风险评估理论

高速铁路路基结构体系长期性能的合理评估是工程质量和线路运营管理的重要依据。对于季节性冻融环境下的高速铁路路基，在其全寿命周期内面临年复一年的冻胀、融沉变形，以及数以亿计的长期列车动荷载作用，更易引起线路平顺性的变化，产生轨道结构的损伤、封闭层和防水封闭结构缝的劣化失效等病害，增加了养护维修成本。因此，对高频次、难处理、影响重大的高速铁路灾害问题，应建立完善评估理论。

目前，国外路基状态评估主要集中在对隐性病害的快速无损检测方法研究上，对构建某条线路或区段的评估体系的研究较少。不论是路基表面的显性病害，还是路基内部的隐性病害，若不及时处理，很有可能影响行车安全，甚至发生重大的铁路运输安全事故。

马伟斌等[138]综合国内外有关提速对路基状态影响的研究，认为提速铁路应该从路基面几何形状、路基密实度和强度、路基刚度三个方面对路基进行评价。路基面几何形状主要包括基床面平整性和道砟囊槽、翻浆冒泥等影响路基几何形状的病害，通过轨检资料、各类原位测试法、物探法对路基进行针对性检测，获得第一手路基几何尺寸评估数据；路基的密实度和强度则主要是通过动力触探、深层核子湿度仪等方法获得有关路基强度和密实度的表征参数;路基刚度主要通过动刚度试验获得路基的动刚度值,并与相关规范规定的路基应该具有的刚度指标值进行对比,进而对基床刚度进行评价。这为扩能改建的重载铁路路基评估提供了思路,但重载铁路路基状态评估与高速铁路的路基评估相比有其自身的特点。

张千里等[139]把既有路基评估分为相对性评估与绝对性评估两类。前者主要在提速的技术条件或标准比较明确和完善时采用,分区段判断其是否满足提速要求,进而确定是否需要对提速线路路基进行加固处理;后者主要在对路基提速条件和路基设计标准不能明确时采用,根据改造能力确定与该能力相应的百分数所对应的状况,判断其是否需要改造。

虞先溢[140]从理论上探讨了高速铁路路基的沉降变形机理,包括地基沉降、路基本体沉降和大面积地面区域沉降机理及相关内因,发掘高速铁路建设和运营过程中路基沉降变形的根本原因,提出高速铁路建设过程中针对上述变形而采取的施工变形技术措施,以此控制路基沉降,满足线路开通运营后高速行车的安全性和舒适性。

综上所述,路基体系风险评价研究是国际灾害研究领域的前沿课题,目前铁路路基长期服役性能评价相关研究主要集中在既有铁路的指标检测方向,常用的评价标准包括路基几何形态变化、路基强度和刚度等基本特性的变化、病害的检测分析以及综合打分结果等,面向路基长期稳定状态的预测评估研究还有待进一步发展,孕灾风险评估研究滞后于高速铁路工程建设。国内高速铁路路基孕灾风险评估,对运营高速铁路路基冻融循环-行车荷载作用下的风险评价方法研究还属空白,且尚未完全形成一个科学、快捷、系统的孕灾风险评估体系。

1.3 季节性冻融环境下高速铁路路基维护技术研究与应用现状

1.3.1 路基冻害检测技术

路基冻害检测是铁路运营中的基础性技术,为线路维护整治提供可靠的依据,决定了线路维护整治决策的科学性。冻害检测技术主要有轨道动态检测、水准观测、自动监测和车载雷达检测等。

1. 轨道动态检测

轨道动态检测是测试路基冻胀影响轨道状态的有效手段。轨道动态检测用轨道不平顺变化反映轨道状态,分析轨道冻害。当轨道不平顺达到动态检测的超限标准,可确定此处发生冻害。为保证结果精确性与全面性,采用轨检车为主、轨检仪为辅的检测方法。轨检仪一般在典型与重点地段或动态检测超限处检测轨道不平顺性。

2. 水准观测

水准观测是用水准仪和水准尺测定测点不同时间高差的方法。利用桥梁、隧道、接触网立柱等建筑物设置的基点为基准，在冻胀不同阶段对测点进行测量，观测设备采用 DS1 级水准仪和铟瓦水准尺进行测量。水准观测一般适用于铁路路基表面、道床面和轨面的变形监测。

3. 自动监测

自动监测内容主要包括冻胀、冻深和水分。冻胀自动监测是在路基不同深度处设置冻胀计测试铁路路基不同深度的冻胀变形发展过程；冻深自动监测是在路基中不同深度设置温度传感器现场测定路基冻结深度的发展变化；水分自动监测是现场监测铁路路基在冻结过程中基床填料水分发展变化过程，原理是不同含水率的路基填料的介电常数不同，电容量亦发生变化，监测设备是水分计。

4. 车载雷达检测

雷达检测通过检测路基含水率来分析路基冻害情况。探地雷达(GPR)通过接收界面反射的电磁波计算振幅和频率等特征值，进而通过介电常数确定路基含水率。GPR 是一种测量基床含水率快速、高效的无损探测手段。

综上所述，目前冻害相关的检测和监测技术较多，为揭示冻害的发生发展规律发挥重要作用，但未对各技术的数据进行充分挖掘，未能充分助力提升冻害的整治维修技术。目前亟须形成综合的冻害检测技术，深度挖掘各技术的冻害数据，为整治维护由“事后修”转为“事前修”提供技术支撑。

1.3.2 路基冻害评估技术

以往对路基冻胀状况的评定，一方面受到评价方法的局限性，评价工作很难展开，即使有了较为合适的评价方法，但具体指标选择及范围确定时仍然存在很多问题。目前国内土体冻胀评定研究可供参考的资料不多，冻胀评定的过程是一个评价方法不断探索、评级指标不断完善的过程，但每次探索都为下一次的研究工作提供了前提和基础。

徐坤等在分析了以往冻胀评判单独采用客观法或主观法存在片面性的基础上，提出一种冻胀灾害预测的模糊综合评判模型，并采用主客观相结合的方法进行评判。2009 年，刘亚芳等将该方法应用在铁路路基冻胀模糊综合评判中，并进行实例分析，评价结果可对铁路路基工程病害、工程改建及整治设计等提供指导。

《铁路路基病害分类》(TB/T 2818—2016)指出，取差异冻胀量为基本特征指标，冻害类型和冻害延长为辅助特征指标，指标 S_i 按表 1-1 取值。《普速铁路线路修理规则》一般把冻起高度小于 25 mm 的冻害称为轻微冻害、25～50 mm 的称为中等冻害、大于 50 mm 的称为严重冻害。《高速铁路路基修理规则》(铁总运〔2015〕60 号)将冻害分为三个级别：5～25 mm、26～50 mm 和大于 50 mm。

表 1-1 冻害计算

差异冻胀量 Δh/mm	冻害类型/mm		病害延长 L/m
$S_1=3\Delta h$	表层冻害 $S_2=10$	深层冻害 $S_2=20$	$S_3=2\sqrt{L}$ 且 $S_3\leqslant 20$

按式(1-1)计算 S 值：

$$S=S_1+S_2+S_3 \tag{1-1}$$

对于一般铁路，病害等级分为三级：Ⅰ级($S\geqslant 120$ mm)、Ⅱ级(90 mm$\leqslant S<120$ mm)和Ⅲ级($S<90$ mm)。冻胀量还可分为Ⅰ级冻胀、Ⅱ级冻胀、Ⅲ级冻胀和Ⅳ级冻胀，以便于不同等级线路使用，见表 1-2。

表 1-2 冻胀等级划分方案 mm

冻胀等级	冻胀等级称呼	冻胀高度 Δh
不冻胀	不冻胀	—
Ⅰ级	轻微冻胀	≤4
Ⅱ级	弱冻胀	5～25
Ⅲ级	冻胀	26～50
Ⅳ级	强冻胀	>50

总之，目前对冻害的评估考虑因素单一，评价方法较为笼统，应综合考虑气候、基床结构、填料、水文地质、排水系统、既往病史和检测监测结果，形成全面科学的评价预测体系，为冻害整治奠定良好基础。

1.3.3 路基冻害整治技术

1960 年，我国已经对冻害问题进行了考察研究。随着铁路事业的发展，早期建设阶段的技术标准偏低，很少进行抗冻设计，导致冻胀现象严重阻碍交通运输事业发展。随后，工程建设者逐渐意识到路基冻胀的广泛影响，通过对现场道路实际情况的调查结果分析，制定相应的防路基冻胀措施，取得了一些效果。

现阶段，在铁路工务工作中，基于不同的冻胀特点，解决路基不均匀冻胀问题一般采取以下措施：

(1)破底清筛。解决连续不均匀冻胀问题，改善基面表层排水，同时要求削平路肩、清理排水沟及截水沟。

(2)排水及隔水措施。主要是开挖排水沟、反压护道、修建渗水盲沟等，减少地表水对本体冻胀的影响。

(3)注盐。降低土体的冰点及部分抑制土体水分迁移。

(4)高抬道。平纵断面适宜的条件下，可有效解决冻胀在 15 mm 以下的连续路基冻害。

(5)路基换填。目的是换除路基土体中的不均匀土质或改良土的性质，以消除和减少路基土体的冻胀。换土分两种情况：一种是换填砂垫层，主要用于冻结深度内的土层；另一种是换填与周围土层冻胀性相同的土，主要用于因土质不同或不均匀的冻害地段。

(6)隔温。目的是冻胀土脱离冻结层或部分脱离冻结层，从而减少和消除路基土体冻胀，主要措施是铺设 EPS 或 XPS 保温板。

还有其他一些解决深层路基冻害的方法，如，壕堑式渗沟(分无管、有管及廊式渗沟)，隧洞，立式渗井及混合渗沟等。

目前，既有线路基冻害整治各项措施仍存在一些问题。由于冻害成因较为复杂，缺乏对路基冻胀成因的分析；冻害整治措施制定不细致，病害整治效果不理想。有些地段路基冻胀受几方面因素共同作用，如不能进行有效的成因分析，选取适当的路基冻害整治方法，往往不容易达到理想的整治效果，浪费人力物力。既有线路基病害对安全行车影响较大，随着既有线高速化、重载化，有些工程措施不适宜在既有线开展，有必要加强对路基状态的监测，分析病害发展趋势，积极预防。

总之，上述冻害整治技术尚不能彻底整治病害，一般整治措施具有一定时效性，有一定盲目性；如果年复一年进行整治处理，也会浪费巨大的人力、物力和财力。因此，亟须形成长效的整治措施。

参考文献

[1] 朱元林，吴紫汪，何平，等. 我国冻土力学研究新进展及展望[J]. 冰川冻土，1995，17(增刊 1)：6-14.

[2] 李宁，程国栋，徐学祖，等. 冻土力学的研究进展与思考[J]. 力学进展，2001，31(1)：95-102.

[3] 程国栋，马巍. 国际冻土工程研究进展：第五届冻土工程国际学术讨论会综述[J]. 冰川冻土，2003，25(3)：303-308.

[4] 陈博，李建平. 近 50 年来中国季节性冻土与短时冻土的时空变化特征[J]. 大气科学，2008，32(3)：432-443.

[5] 兰颖春. 中俄携手共建莫喀高铁[J]. 世界轨道交通，2018(10)：56-57.

[6] 邓鹏，胡健，罗孝平，等. 俄罗斯莫喀高铁项目站场设计特点及案例分析[J]. 铁道标准设计，2018，62(9)：23-27.

[7] 国家铁路局. 高速铁路设计规范[S]. 北京：中国铁道出版社，2014.

[8] 叶阳升. 季节性冻土地区高速铁路路基冻胀规律及控制[C]//中国土木工程学会第十二届全国土力学及岩土工程学术大会论文摘要集. 上海，2015：233-234.

[9] 蔡德钩. 高速铁路季节性冻土路基冻胀时空分布规律试验[J]. 中国铁道科学，2016，37(3)：16-21.

[10] 杜晓燕，叶阳升，张千里，等. 季节性冻土区高速铁路路基冻深研究[J]. 中国铁道科学，2015，36(2)：11-17.

[11] 杜晓燕，叶阳升，张千里，等. 高速铁路路基微冻胀填料冻胀规律研究[J]. 铁道建筑，2016(9)：82-85.

[12] 罗林. 高速铁路的轨道平顺性问题[J]. 铁道建筑，1991(增刊 1)：45-49.

[13] 罗林. 高速铁路轨道必须具有高平顺性[J]. 中国铁路，2000(10)：8-11.

[14] 田宁. 高速铁路运营期路基沉降监测与沉降验算平台开发[D]. 成都:西南交通大学,2012.
[15] 魏晖,朱洪涛,殷华,等. 高铁轨道平顺性的 150 m/300 m 校验及其快速测量[J]. 铁道工程学报,2015,32(1):43-48.
[16] 孟永宁. 高速铁路对路基填料的要求及其压实质量标准[J]. 青春岁月,2010(24).
[17] 国家铁路局. 铁路路基设计规范:TB 10001[S]. 北京:中国铁道出版社,2016.
[18] KAPLAR C W. Phenomenon and mechanism of frost heaving[J]. Highway Research Record,1970.
[19] MAGEAU D W,MORGENSTERN N R. Observations on moisture migration in frozen soils[J]. Canadian Geotechnical Journal,1980,17(17):53-60.
[20] EVERETT D H. The thermodynamics of frost damage to porous solids[J]. Transactions of the Faraday Society,1961,57(5):1541-1551.
[21] MILLER R D. Freezing and heaving of saturated and unsaturated soil[J]. Highway Research Record,1972.
[22] HARLAN R L. Analysis of coupled heat-fluid transport in partially frozen soil[Z]. 1973,9:1313-1323.
[23] LUNDIN L C. Hydraulic properties in an operational model of frozen soil[J]. Journal of Hydrology,1990,118(1-4):289-310.
[24] FUKUDA M,KINOSITA S,NAKAGAWA S. Numerical analysis of frost heaving based upon the copled heat and water flow model[J]. Low Temperature Science. ser. a Physical Sciences,1987,45:83-97.
[25] O'NEILL K,MILLER R D. Exploration of a rigid ice model of frost heave[J]. Water Resources Research,1985,21(3):281-296.
[26] KONRAD J M,MORGENSTERN N R. The segregation potential of a freezing soil[J]. Canadian Geotechnical Journal,2011,18(4):482-491.
[27] KONRAD J M,MORGENSTERN N R. A mechanistic theory of ice lens formation in fine-grained soils[J]. Canadian Geotechnical Journal,2011,17(4):473-486.
[28] KONRAD J M. Estimation of the segregation potential of fine-grained soils using the frost heave response of two reference soils[J]. Canadian Geotechnical Journal,2005,42(1):38-50.
[29] KONRAD J M,Morgenstern N R. Effects of applied pressure on freezing soils[J]. Canadian Geotechnical Journal,2011,19(4):493-505.
[30] FREMOND M,MIKKOLA M. Thermomechanical modelling of freezing soil[J]. Ground Freezing,1991,91:17-24.
[31] 何平,程国栋,朱元林. 土体冻结过程中的热质迁移研究进展[J]. 冰川冻土,2001,23(1):92-98.
[32] 王家澄,徐学祖,张立新,等. 温度和压力条件对正冻土中成冰过程和冷生组构的影响[J]. 冰川冻土,1995,17(3):250-257.
[33] 徐学祖. 冻土中水分迁移的实验研究[M]. 北京:科学出版社,1991.
[34] LAI Y M,WU Z,ZHU Y,et al. Nonlinear analysis for the coupled problem of temperature and seepage fields in cold regions tunnels[J]. 中国科学:地球科学,1999,42(增刊 1):23-29.
[35] KONRAD J M,LEMIEUX N. Influence of fines on frost heave characteristics of a well-graded bas[J].

Canadian Geotechnical Journal, 2011, 42(2): 515-527.

[36] 王正秋. 粗粒土冻胀性分类[J]. 冰川冻土, 1986, 8(3): 195-200.

[37] 张以晨, 李欣, 张喜发, 等. 季冻区公路路基粗粒土的冻胀敏感性及分类研究[J]. 岩土工程学报, 2007, 29(10): 1522-1526.

[38] VINSON T S, AHMAD F, RIEKE R. Factors important to the development of frost heave susceptibility criteria for coarse-grained soils[J]. Transportation Research Record Journal of the Transportion Research Board, 1986(1089): 124-131.

[39] 王天亮, 岳祖润. 细粒含量对粗粒土冻胀特性影响的试验研究[J]. 岩土力学, 2013, 34(2).

[40] NIU F, LI A, LUO J, et al. Soil moisture, ground temperatures, and deformation of a high-speed railway embankment in Northeast China[J]. Cold Regions Science & Technology, 2016, 133: 7-14.

[41] SHENG D, ZHANG S, NIU F, et al. A potential new frost heave mechanism in high-speed railway embankments[J]. Géotechnique, 2014, 64(2): 143-154.

[42] 赵锡宏, 孙红, 罗冠威. 损伤土力学[M]. 上海: 同济大学出版社, 2000.

[43] 李庆斌, 张楚汉. 单压状态下混凝土的动力损伤本构模型[J]. 水利学报. 1994(3): 85-88.

[44] LEE J, FENVES G L. A plastic-damage concrete model for earthquake analysis of dams[J]. Earthquake Engineering & Structural Dynamics, 1998, 27(9): 937-956.

[45] 张我华, 金荑. 各向异性损伤力学中的弹塑性分析[J]. 固体力学学报, 2000, 21(1): 89-94.

[46] CICEKLI U, VOYIADJIS G Z, AL-RUB R K A. A plasticity and anisotropic damage model for plain concrete[J]. International Journal of Plasticity, 2007, 23(10): 1873-1900.

[47] 白卫峰. 混凝土损伤机理及饱和混凝土力学性能研究[D]. 大连: 大连理工大学, 2008.

[48] AL-RUB R K A, KIM S M. Computational applications of a coupled plasticity-damage constitutive model for simulating plain concrete fracture[J]. Engineering Fracture Mechanics, 2010, 77(10): 1577-1603.

[49] 单仁亮, 薛友松, 张倩. 岩石动态破坏的时效损伤本构模型[J]. 岩石力学与工程学报, 2003, 22(11): 1771-1776.

[50] 朱泽奇, 盛谦, 张占荣. 脆性岩石侧向变形特征及损伤机理研究[J]. 岩土力学, 2008, 29(8): 2137-2143.

[51] ZHOU X P. Dynamic damage constitutive relation of mesoscopic heterogenous brittle rock under rotation of principal stress axes[J]. Theoretical & Applied Fracture Mechanics, 2010, 54(2): 110-116.

[52] JIANG T, SHAO J F, XU W Y, et al. Experimental investigation and micromechanical analysis of damage and permeability variation in brittle rocks[J]. International Journal of Rock Mechanics & Mining Sciences, 2010, 47(5): 703-713.

[53] FRANTZISKONIS G, DESAI C S. Elastoplastic model with damage for strain softening geomaterials [J]. Acta Mechanica, 1987, 68(3): 151-170.

[54] CORDEBOIS J P, SIDOROFF F. Damage induced elastic anisotropy[M]. Berlin: Springer Netherlands, 1982: 761-774.

[55] SIDOROFF F. Description of anisotropic damage application to elasticity[M]. Berlin: Springer Berlin

Heidelberg,1981:237-244.

[56] HAYAKAWA K,MURAKAMI S,LIU Y. An irreversible thermodynamics theory for elastic-plastic-damage materials[J]. European Journal of Mechanics-A/Solids,1998,17(1):13-32.

[57] VALLIAPPAN S,MURTI V,ZHANG W. Finite element analysis of anisotropic damage mechanics problems[J]. Engineering Fracture Mechanics,1990,35(6):1061-1071.

[58] 沈珠江. 结构性黏土的弹塑性损伤模型[J]. 岩土工程学报. 1993,15(3):21-28.

[59] 沈珠江. 土体结构性的数学模型:21世纪土力学的核心问题[J]. 岩土工程学报,1996,18(1):95-97.

[60] 沈珠江. 结构性黏土的堆砌体模型[J]. 岩土力学,2000,21(1):1-4.

[61] 孙红,赵锡宏. 软土的损伤对剪切带形成的影响[J]. 同济大学学报自然科学版,2001,29(3):278-282.

[62] 熊玉春,房营光,徐国辉. 软黏土的动力损伤模型及其应用[J]. 岩石力学与工程学报,2006,25(增刊1):3152-3156.

[63] 杨超,杨林德,季倩倩. 软黏土在循环荷载作用下动力本构模型的研究[J]. 岩土力学,2006,27(4):609-614.

[64] 卢再华,陈正汉,蒲毅彬. 膨胀土干湿循环胀缩裂隙演化的CT试验研究[J]. 岩土力学,2002,23(4):417-422.

[65] 卢再华,陈正汉. 非饱和原状膨胀土的弹塑性损伤本构模型研究[J]. 岩土工程学报,2003,25(4):422-426.

[66] 胡再强,沈珠江,谢定义. 结构性黄土的本构模型[J]. 岩石力学与工程学报,2005,24(4):565-569.

[67] 夏旺民,郭增玉. 黄土弹塑性损伤本构模型基本构架研究[J]. 岩土力学,2007,28(增刊):241-243.

[68] 王朝阳,许强,倪万魁,等. 非饱和原状黄土的非线性损伤本构模型研究[J]. 岩土力学,2010,31(4):1108-1111.

[69] HE P,ZHU Y,CHENG G. Constitutive models of frozen soil[J]. Canadian Geotechnical Journal,2011,37(4):811-816.

[70] LAI Y,LI S,QI J,et al. Strength distributions of warm frozen clay and its stochastic damage constitutive model[J]. Cold Regions Science & Technology,2008,53(2):200-215.

[71] LAI Y,LONG J,CHANG X. Yield criterion and elasto-plastic damage constitutive model for frozen sandy soil[J]. International Journal of Plasticity,2009,25(6):1177-1205.

[72] ZHU Z,NING J,SONG S. Finite-element simulations of a road embankment based on a constitutive model for frozen soil with the incorporation of damage[J]. Cold Regions Science & Technology,2010,62(2-3):151-159.

[73] 李栋伟,汪仁和,林斌. 粘弹塑本构模型及用于冻土数值计算的柔度矩阵[J]. 冰川冻土,2007,29(2):322-326.

[74] 朱志武,宁建国,马巍. 基于损伤的冻土本构模型及水、热、力三场耦合数值模拟研究[J]. 中国科学:物理学力学天文学,2010(6):2163.

[75] KONRAD J M. Physical processes during freeze-thaw cycles in clayey silts[J]. Cold Regions Science & Technology,1989,16(3):291-303.

[76] EIGENBROD K D. Effects of cyclic freezing and thawing on volume changes and permeabile of soft

fine-grained soils[J]. Canadian Geotechnical Journal,2011,33(4):529-537.
[77] DAGESSE D F. Cyclic Freezing and Thawing Effects on Atterberg Limits of Clay Soils[C]. GEO Québec,2015.
[78] BROMS B B,YAO L Y C. Shear strength of a soil after freezing and thawing[J]. Journal of Soil Mechanics & Foundations Div,1964,90(4):1-25.
[79] WONG L C,HAUG M D. Cyclical closed-system freeze-thaw permeability testing of soil liner and cover materials[J]. Canadian Geotechnical Journal,1991,28(6):783-793.
[80] JANOO V C,BERG R L. Thaw weakening of pavement structures in seasonal frost areas[J]. Transportion Research Record,1990,1286:217-233.
[81] SIMONSEN E,JANOO V C,ISACSSON U. Resilient properties of unbound road materials during seasonal frost conditions[J]. Journal of Cold Regions Engineering,2002,16(1):28-50.
[82] CHAMBERLAIN E J,GOW A J. Effect of freezing and thawing on the permeability and structure of soils[J]. Engineering Geology,1979,13(1):73-92.
[83] EIGENBROD K D. Effects of cyclic freezing and thawing on volume changes and permeabilities of soft fine-grained soils[J]. Canadian Geotechnical Journal,2011,33(4):529-537.
[84] VIKLANDER P,EIGENBROD D. Stone movements and permeability changes in till caused by freezing and thawing[J]. Cold Regions Science & Technology,2000,31(2):151-162.
[85] 杨平,张婷. 人工冻融土物理力学性能研究[J]. 冰川冻土,2002,24(5):665-667.
[86] 杨成松,何平,程国栋,等. 冻融作用对土体干容重和含水量影响的试验研究[J]. 岩石力学与工程学报,2003,22(增刊2):2695-2699.
[87] 王国亮,苏贺. 人工冻融土的物理力学性能实验研究[J]. 山东煤炭科技,2008(4):93-95.
[88] 李国玉,马巍,李宁,等. 冻融对压实黄土工程地质特性影响的试验研究[J]. 水利与建筑工程学报,2010,8(4):5-7.
[89] TRIMBLE J R,MITCHELL R J. A comparison of static and repeated loading tests on natural frozen soils[J]. Journal of Theoretical Biology,1982,73(4):755-767.
[90] 朱元林,何平,张家懿,等. 围压对冻结粉土在振动荷载作用下蠕变性能的影响[J]. 冰川冻土,1995(增刊1):20-25.
[91] 赵淑萍,何平,朱元林,等. 冻结砂土在动荷载下的蠕变特征[J]. 冰川冻土,2002,24(3):270-274.
[92] 赵淑萍,马巍,焦贵德,等. 长期动荷载作用下冻结粉土的变形和强度特征[J]. 冰川冻土,2011,33(1):143-151.
[93] 焦贵德,赵淑萍,马巍. 冻融循环后高温冻结粉土在循环荷载下的动力特性试验研究[J]. 土木工程学报,2010,43(12):107-113.
[94] AOYAMA K,OGAWA S,FUKUDA M. Temperature dependencies of mechanical properties of soils subjected to freezing and thawing[C]. Anon. Proceedings of the 4th International Symposium on Ground Freezing. Rotterdam Netherlands A. A. Balkema Publishers,1985:217-222.
[95] VAN K R W. Hydraulic erosion resistance of thawing soil[D]. Washington:Department of Agricultural Engineering,Washington State University,1987.

[96] 王大雁,马巍,常小晓,等. 冻融循环作用对青藏黏土物理力学性质的影响[J]. 岩石力学与工程学报,2005,24(23):4313-4319.
[97] 杨平,张婷. 人工冻融土物理力学性能研究[J]. 冰川冻土,2002,24(5):665-667.
[98] BERG R L. Resilient modulus testing of materials from Mn/ROAD,Phase 1[M]. DIANE Publishing,1996.
[99] STARK J A,DURRELL G D,BIGL S R,et al. Resilient modulus testing of materials from Mn/ROAD. Phase 1[J]. Defects,1996.
[100] 张莎莎,杨晓华. 粗粒盐渍土大型冻融循环剪切试验[J]. 长安大学学报:自然科学版,2012,32(3):11-16.
[101] 程培峰,陈景龙,韩春鹏,等. 季冻区路基土回弹模量影响因素分析[J]. 公路,2013(10):174-178.
[102] 陈忠达,陈冬根,陈建兵,等. 冻融循环对不同含水率粗粒土回弹模量的影响[J]. 郑州大学学报:工学版,2014(4):9-13.
[103] LIU J,CHANG D,YU Q. Influence of freeze-thaw cycles on mechanical properties of a silty sand[J]. Engineering Geology,2016,210:23-32.
[104] WANG T L,YUE Z R,SUN T C,et al. Influence of fines content on the anti-frost properties of coarse-grained soil[J]. Sciences in Cold and Arid Regions,2015,7(4):0407-0413.
[105] 张涛,张广田,李东兴. 冻融循环对胶结粗粒土强度特性的影响[J]. 科技通报,2017,33(6):131-133.
[106] YU Q M,LIU J K,LIU J Y,et al. Experimental study of the effects of non-uniformly distributed fine soil on mechanical properties of Shenyang—Dandong Railway coarse-grained soil[J]. Sciences in Cold and Arid Regions,2015,7(5):0503-0512.
[107] SIMONESN E,ISACSSON U. Soil behavior during freezing and thawing using variable and confining pressure triaxial tests[J]. Canadian Geotechnical Journal,2001,38(4):863-875.
[108] MATSUMURA S,MIURA S,YOKOHAMA S,et al. Cyclic deformation-strength evaluation of compacted volcanic soil subjected to freeze-thaw sequence[J]. Soils & Foundations,2015,55(1):86-98.
[109] 王静,刘寒冰,吴春利. 冻融循环对不同塑性指数路基土动力特性影响[J]. 岩土工程学报,2014,36(4):633-639.
[110] 严晗,王天亮,刘建坤. 反复冻融条件下粉砂土动力学参数试验研究[J]. 岩土力学,2014(3):683-688.
[111] 魏海斌. 冻融循环对粉煤灰土动力特性影响的理论与试验研究[D]. 长春:吉林大学,2007.
[112] 王天亮. 冻融条件下水泥及石灰路基改良土的动静力特性研究[D]. 北京:北京交通大学,2011.
[113] 施烨辉. 列车荷载和冻融循环作用下冻土路基稳定性研究[D]. 北京:北京交通大学,2011.
[114] 化晋创. 冻融循环条件下粗粒土填料的静、动力特性研究[D]. 石家庄:石家庄铁道大学,2014.
[115] 孔祥勋. 冻融环境下高铁路基粗粒土填料动力特性研究[D]. 哈尔滨:哈尔滨工业大学,2018.
[116] TIAN S,TANG L,LING X,et al. Experimental and analytical investigation of the dynamic behavior of granular base course materials used for China's high-speed railways subjected to freeze-thaw cycles[J]. Cold Regions Science and Technology,2019,157:139-148.

[117] TIAN S,TANG L,LING X,et al. Cyclic behaviour of coarse-grained materials exposed to freeze-thaw cycles:Experimental evidence and evolution model[J]. Cold Regions Science and Technology,2019,167:102815. 1-102815. 14.

[118] BERGGREN E G,KAYNIA A M,DEHLBOM B. Identification of substructure properties of railway tracks by dynamic stiffness measurements and simulations[J]. Journal of Sound & Vibration. 2010,329(19):3999-4016.

[119] VERSTEIJLEN W G,DE O B,et al. A Method for extracting an equivalent Winkler model of the 3D dynamic soil-structure interaction of large-diameter offshore monopile foundations[C]. Proceedings of 43th International Summer School-Conference Advanced Problems in Mechanics (APM),Russia:2015.

[120] TAKEMIYA H. Simulation of track-ground vibrations due to a high-speed train:the case of X-2000 at Ledsgard[J]. Journal of Sound & Vibration,2003,261(3):503-526.

[121] 边学成,蒋红光,金皖锋,等. 板式轨道-路基相互作用及荷载传递规律的物理模型试验研究[J]. 岩土工程学报,2012(8):1488-1495.

[122] HASSLINGER H L. Track with a levelling curve and force-minimal superelevation ramp[P]. 2004-01-29.

[123] 翟婉明. 车辆-轨道耦合动力学[M]. 2 版. 北京:中国铁道出版社,2001.

[124] HUNT H E M. Settlement of railway track near bridge abutments[J]. Transport,1997,123(1):68-73.

[125] ISHIKAWA,Tatsuya,Sekine,et al. Cyclic deformation of granular material subjected to moving-wheel load. [J]. Canadian Geotechnical Journal,2011,48(5):691-703.

[126] KRYLOV V V. Vibrational impact of high-speed trains. I. Effect of track dynamics[J]. Journal of the Acoustical Society of America,1996,100(5):3121-3134.

[127] 向俊,曹晔,刘保钢,等. 客运专线板式无碴轨道动力设计参数[J]. 中南大学学报(自然科学版),2007,38(5):981-986.

[128] 周萌,宫全美,王炳龙,等. 路基不均匀沉降值对板式轨道动力响应的影响[J]. 铁道标准设计,2010(10):1-4.

[129] 刘茹冰. 路基不均匀沉降对板式轨道动力学影响分析[D]. 成都:西南交通大学,2008.

[130] 陈鹏. 高速铁路无砟轨道结构力学特性的研究[D]. 北京:北京交通大学,2008.

[131] 韩义涛,姚力. 基础沉降对土路基上板式轨道动力性能影响分析[J]. 铁道工程学报,2007,24(10):28-31.

[132] 蔡成标. 高速铁路列车-线路-桥梁耦合振动理论及应用研究[D]. 成都:西南交通大学,2004.

[133] 徐庆元,李斌,范浩. 路基不均匀沉降对列车-路基上无砟轨道耦合系统动力特性的影响[J]. 铁道科学与工程学报,2012,09(3):13-19.

[134] 韩义涛,姚力. 基础沉降对土路基上板式轨道动力性能影响分析[J]. 铁道工程学报,2007,24(10):28-31.

[135] 詹永祥,蒋关鲁,牛国辉,等. 高速铁路无碴轨道桩板结构路基模型试验研究[J]. 西南交通大学学报,

2007,42(4):400-403.
[136] 王常晶,陈云敏.列车荷载在地基中引起的应力响应分析[J].岩石力学与工程学报,2005,24(7):1178-1186.
[137] 刘维宁,张昀青.轨道结构在移动荷载作用下的周期解析解[J].工程力学,2004,21(5):100-102.
[138] 马伟斌,张千里,朱忠林,等.既有线提速路基评估方法综述及进展[J].中国铁路,2006(6):33-37.
[139] 张千里,韩自力,史存林,等.既有线提速路基检测评估技术[J].中国铁路,2002(8):32-33.
[140] 虞先溢.高速铁路路基沉降变形分析方法与评估实践[D].成都:西南交通大学,2011.

第 2 章　季节性冻融环境下高速铁路路基填料性能时效演化规律及力学表述

填料作为路基结构最基本的组成材料，其在冻融循环-行车振动耦合作用下的性能演化直接影响路基结构整体服役特性。本章节主要分析季节性冻融环境高速铁路路基典型粗粒土填料，采用循环三轴试验研究冻融循环-行车振动耦合作用下路基粗粒土填料的基本特性演化规律以及其性能的关键影响因素。

2.1　试验设备与试验方案

2.1.1　试验仪器简介

试验过程使用的主要仪器为 GDS 大直径温控动三轴系统(DYNTTS)，试验系统主要包括动力加载系统、压力室、围压控制系统、循环冷浴温度控制系统、数据采集与控制操作系统等部分组成，如图 2-1 所示。

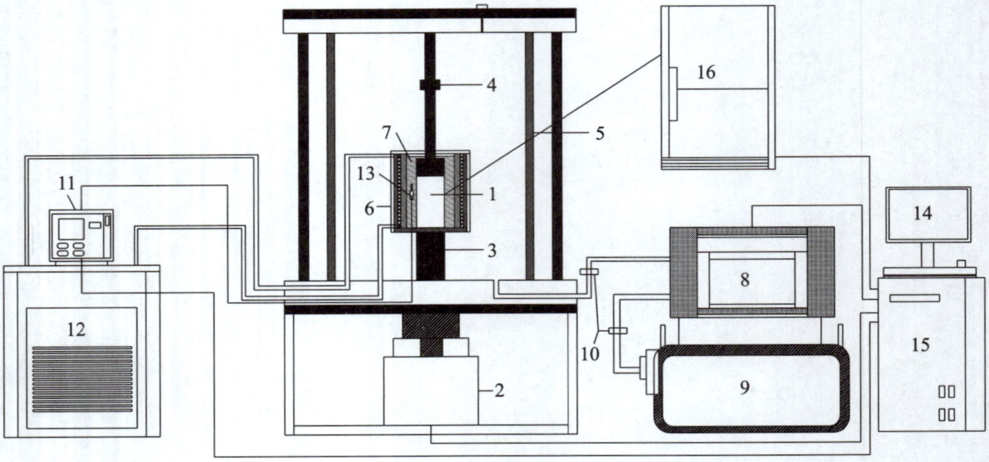

图 2-1　大直径温控动三轴系统示意

1—三轴试样；2—动力作动器；3—活塞杆及隔温底座；4—轴向压力传感器；5—压力室；6—温控仓；7—耐低温冷浴液；8—围压控制器；9—气泵；10—导气管与伺服阀；11—温度控制器；12—循环冷浴供给源；13—试样温度传感器；14—控制操作系统；15—主机与电源；16—温度循环试验箱

图 2-1 各模块组成中，动力加载系统由伺服电机进行闭合回路控制，轴向力为 0～64 kN，频率为 0～5 Hz，位移行程为±100 mm，控制精度为 0.20 μm；可提供高精度的动态荷载控制性能，压力室适配最大直径 300 mm 的三轴试样，满足粗粒土试样配置尺寸要求；围压循环冷浴系统用于控制三轴试样的冻融过程，温度控制最大范围为－60～200 ℃，在－20～60 ℃范围单次升、降温速度可达 3.3 ℃/h。试验系统如图 2-2 所示。试验过程还可利用温度循环试验箱实现批量试样的冻融循环过程，其他辅助试验装置和设备还包括击实器、筛分器、烘箱、试样承膜桶、养土箱、橡皮膜、保鲜膜、拌土勺、称量仪器等。

(a)大直径温控动三轴系统　　(b)围压压力室

(c)控制器与通信设备　　(d)操作系统

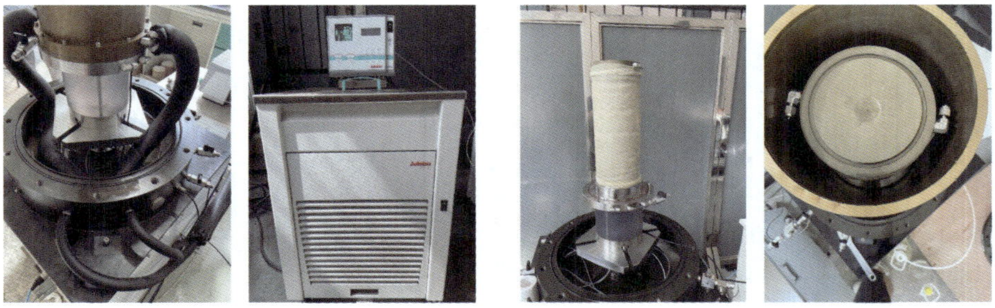

(e)循环冷浴系统　　(f)试样与温控套筒

图 2-2　三轴试验系统实物照片

2.1.2 试验材料与试样制备

试验所用三轴试样参照我国季节性冻土区高速铁路路基典型粗粒土填料级配进行制备，其不同粒径的颗粒组分如图 2-3 所示，级配曲线如图 2-4 所示。试样不均匀系数 C_u 和曲率系数 C_c 分别为 110.8 和 24.1，根据我国《铁路路基设计规范》(TB 10001—2016)[1]，属于 B 组填料。经前期击实试验测试，试样的最大干密度和最优含水率分别为 2.44×10^3 kg/m^3 和 5.1%。

(a)10～20　(b)5～10　(c)2～5　(d)1～2

(e)0.5～1　(f)0.25～0.5　(g)0.075～0.25　(h)<0.075

图 2-3　三轴试样不同粒径颗粒组分(单位：mm)

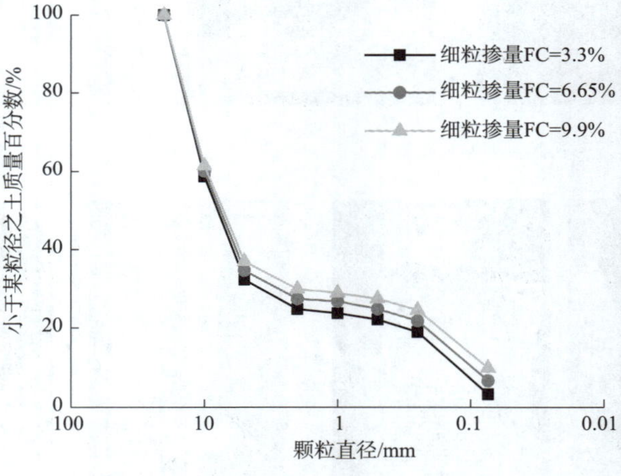

图 2-4　路基填料颗粒级配曲线

试样的制备过程简述如下：

在 105 ℃温度条件下将试样材料置入烘箱 24 h，初步破碎后，对试验材料进行筛分水洗，通过/保留粒径：20/10 mm、10/5 mm、5/2 mm、2/1 mm、1 mm、0.5 mm、0.5/0.25 mm、0.25/0.075 mm。根据不同颗粒含量将分离出的颗粒材料分级，按照粒径区间分别放入对应存放桶中，如图 2-5 所示。

图 2-5　试样烘干、筛分与颗粒存放

根据级配曲线称量各级颗粒所需质量，加入所需的净水，充分搅拌均匀。根据一个试样分层填筑每一层所需的土样量平均配置，分别放入养土箱中，密封保存 24 h，至水分充分浸润，如图 2-6 所示。

图 2-6　试样拌和与养护

将橡皮膜套于承膜桶上，根据预设的压实度，进行土样分层击实，完成击实成样后利用保鲜膜密封保存，如图 2-7 所示。

将需要冻融循环预处理的成样安装好温度传感器，置于环境温度循环箱中进行一定次数的预冻融循环，以备后续三轴试验使用，如图 2-8 所示。

图 2-7　试样分层击实与成样

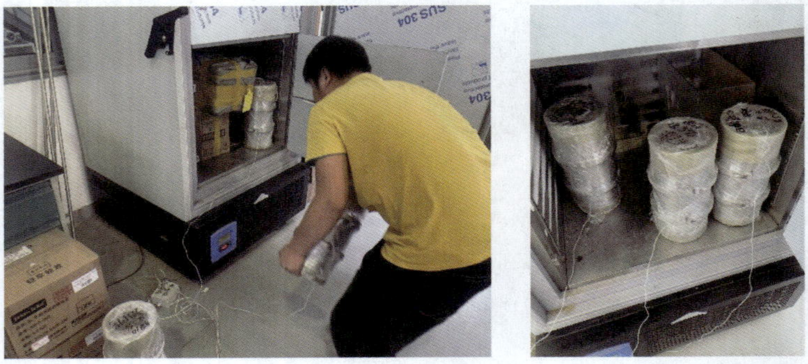

图 2-8　试样预冻融循环

2.1.3　试验方案

试验主要分为三部分开展。使填料试样经历反复冻融循环作用，随后施加短期的多级循环加载，研究其冻融循环后力学行为特性改变；施加长期循环，主要关注列车长期循环荷载作用下路基填料的动力特性和长期变形规律；主要分析冻融循环-列车长期循环动载耦合作用下填料的变形演化规律与安定特性。具体的试验方案与步骤详述如下。

1. 冻融循环对饱和填料短期动力性能影响试验

开始试验后首先通过温控仓和循环冷浴系统对试样进行升降温循环。在试样放置于三轴压力室中的固定底座上，施加试验所需的围压，进行至少 6 h 的固结稳定过程，并在轴向施加一个极小的静荷载(约 0.01 kN)。温度循环过程中设置冻结过程最低温度为－15 ℃，融化过程最高温度为 30 ℃，单次降温过程耗时约 20 h。典型的试样温度随时间变化曲线如图 2-9 所示。施加冻融循环的同时记录试样的轴向应变曲线，如图 2-10 所示。可以看出，由于温度变化导致了土体内部冰水相变的体积变化，进而引起试样的冻胀-融沉变形，一个冻融循环的最大轴向应变量约为 1％。

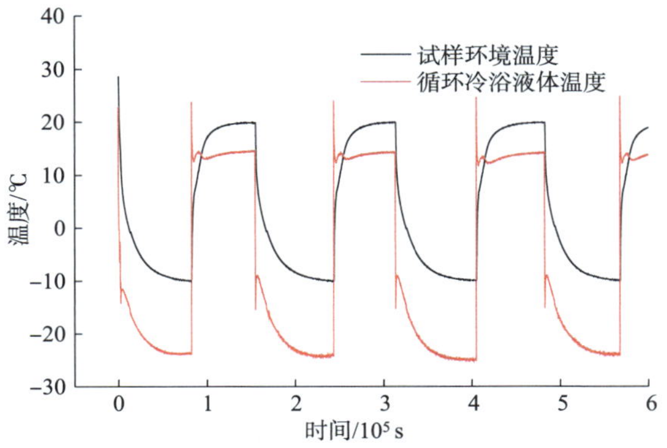

图 2-9　冻融循环升降温曲线

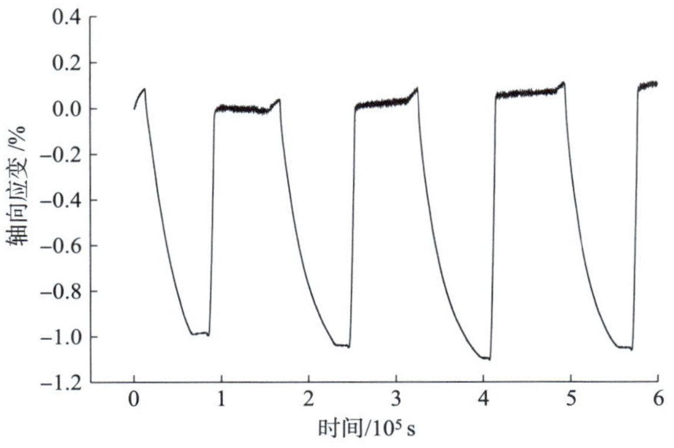

图 2-10　试样冻胀-融沉轴向应变曲线

施加冻融循环后，为获取冻融循环对路基填料动力性能的影响，在不同影响因素下对试样进行多级循环加载的饱和动三轴试验。试验考虑影响因素主要包括围压、含水量和细颗粒含量等。通过反压和过水饱和，使试样饱和度达到 95%。对试样进行固结时，应保持有效围压(围压和反压的差值)不变。当试样达到固结标准时，开始进行动力试验。施加的应力从小到大共分为 11 个级别，每一级包括 12 个加载周期，本部分恒定频率为 3 Hz。加载的轴向动应力曲线如图 2-11 所示，加载应力控制条件见表 2-1，试验工况见表 2-2。

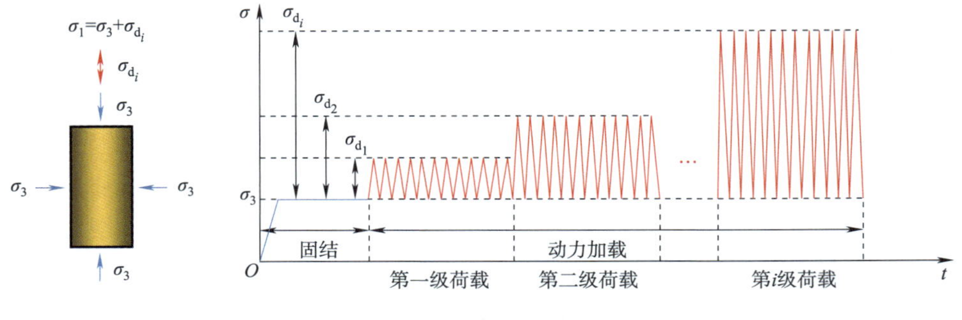

图 2-11　三轴试样应力状态及多级加载试验及轴向动应力示意

表 2-1 分级加载应力控制条件

围压/kPa	轴力控制/kPa	1	2	3	4	5	6	7	8	9	10	11
$\sigma_3=30$	σ_1	50	90	130	170	210	250	290	330	370	410	450
	σ_{d_i}	20	60	100	140	180	220	260	300	340	380	420
$\sigma_3=60$	σ_1	80	140	200	260	320	380	440	500	560	620	680
	σ_{d_i}	20	80	140	200	260	320	380	440	500	560	620
$\sigma_3=90$	σ_1	110	190	270	350	430	510	590	670	750	830	910
	σ_{d_i}	20	100	180	260	340	420	500	580	660	740	820

表 2-2 饱和动三轴试验工况

编　号	围压 σ_3/kPa	细粒掺量 FC/%	冻融循环次数 N_{FT}/次
1	30	3.3	0
2	30	3.3	1
3	30	3.3	3
4	30	3.3	5
5	30	3.3	7
6	30	6.65	0
7	60	6.65	0
8	90	6.65	0
9	30	6.65	1
10	30	6.65	3
11	30	6.65	5
12	30	6.65	7
13	30	9.9	0
14	30	9.9	1
15	30	9.9	3
16	30	9.9	5
17	30	9.9	7

2. 冻结温度对非饱和填料短期动力性能影响试验

选取高寒深季节冻土典型铁路基床底层填料作为研究对象。基床底层填料级配曲线如图 2-12 所示，填料 $C_u=27.37$、$C_c=2.46$，属于级配良好的 A 组填料。由于三轴试样对土颗粒尺寸限制，根据《铁路工程土工试验规程》(TB 10102—2010)[2]采用等量替换法将大于 10 mm 颗粒进行替代(图 2-12 中虚线)。此时，填料不均匀系数 $C_u=13.78$，曲率系数 $C_c=6.49$，属于 B 组填料，仍满足基床底层填料要求。通过重型击实试验对等量替代后的填料进行击实，得到土样的最优含水率为 4.5%，最大干密度为 2.02 g/cm^3。

采用冻土工程国家重点实验室自主研发的多功能试验机——MTS 低温动三轴试验机

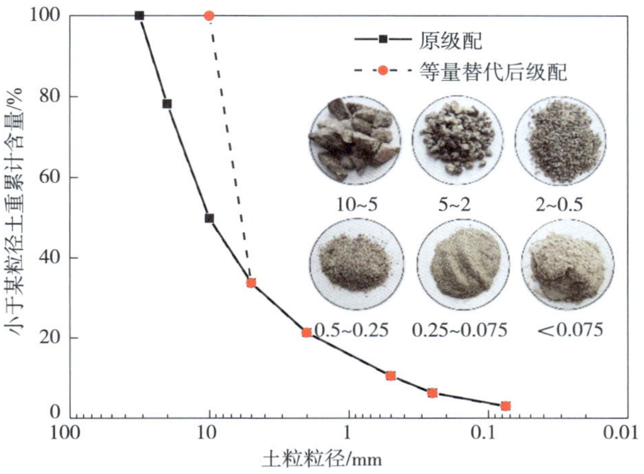

图 2-12　粗粒料颗粒级配曲线

进行试验，如图 2-13 所示。该仪器由轴压加载系统、围压加载系统、控制系统、制冷系统组成，围压范围为 0～20 MPa，控温范围为−30～40 ℃，频率范围为 0～20 Hz，最大轴向位移为 50 mm。

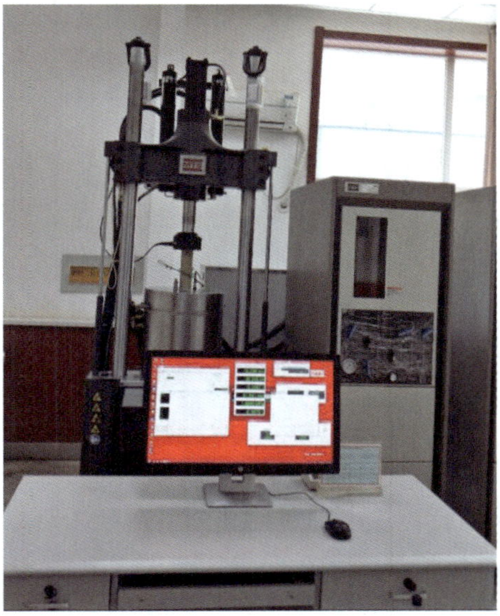

图 2-13　MTS 低温动三轴试验设备

根据铁路沿线气候特点，最低地温低于−10 ℃，因此选取温度−2 ℃、−5 ℃、−10 ℃和−15 ℃进行试验。由于低温动三轴试验机围压控制范围大，且土体冻结过程中产生冻胀力，导致侧向压力增加，综合考虑仪器控制精度和冻胀力的影响，围压选为 0.2 MPa、0.5 MPa 和 1 MPa。根据作者前期研究，获得试样静力破坏强度 q_f，采用相对动应力水平 $n_i=\sigma_{d_i}/q_f$

确定动力加载幅值 σ_{d_i}，试验工况见表 2-3。

表 2-3　低温动三轴试验方案

<table>
<tr><th>编号</th><th>含水率 w/%</th><th>最大干密度 ρ_d/(g·cm^{-3})</th><th>温度/℃</th><th>围压 σ_3/MPa</th><th>静强度 q_f/MPa</th><th>频率 f/Hz</th><th>动应力水平目标值 n_i</th></tr>
<tr><td>D1</td><td rowspan="15">4.5</td><td rowspan="15">2.02</td><td rowspan="3">−2</td><td>0.2</td><td>1.415</td><td rowspan="12">4</td><td rowspan="15">0.3,0.6,0.8,1.0,1.2,1.4,1.6,1.8,2.0</td></tr>
<tr><td>D2</td><td>0.5</td><td>2.390</td></tr>
<tr><td>D3</td><td>1</td><td>3.570</td></tr>
<tr><td>D4</td><td rowspan="3">−5</td><td>0.2</td><td>2.323</td></tr>
<tr><td>D5</td><td>0.5</td><td>3.541</td></tr>
<tr><td>D6</td><td>1</td><td>4.283</td></tr>
<tr><td>D7</td><td rowspan="3">−10</td><td>0.2</td><td>3.206</td></tr>
<tr><td>D8</td><td>0.5</td><td>4.342</td></tr>
<tr><td>D9</td><td>1</td><td>5.566</td></tr>
<tr><td>D10</td><td rowspan="3">−15</td><td>0.2</td><td>4.183</td></tr>
<tr><td>D11</td><td>0.5</td><td>4.892</td></tr>
<tr><td>D12</td><td>1</td><td>6.123</td></tr>
<tr><td>D13</td><td rowspan="3">−5</td><td>0.5</td><td>2.323</td><td>0.1</td></tr>
<tr><td>D14</td><td>0.5</td><td>3.541</td><td>1</td></tr>
<tr><td>D15</td><td>0.5</td><td>4.283</td><td>2</td></tr>
</table>

3. 冻融循环-列车动载耦合作用下填料性能演化与安定特性试验

为获取冻融循环-动载耦合作用下填料的长期变形规律和性能劣化特征，针对经历不同冻融循环次数的填料试样开展长期循环加载动三轴试验。施加动载前首先施加初始围压条件，以模拟钢轨、轨道板等上部结构静载作用下，填料在路基基床所处不同深度位置的初始应力状态。依据标准路基结构的分层厚度，分别取基床底层表面、基床底层中心以及基床底层底部位置开展研究，与三种位置相对应的试验围压设置为 15 kPa、30 kPa、60 kPa。

随后利用作动器在试样轴向施加不同幅值的循环动载以模拟列车动力作用的影响。加载频率为 5 Hz，对应于约 350 km/h 的列车运行速度下通过时相邻转向架引起的荷载频率。根据研究目的的不同，加载方式分为两种，单级加载形式与分级加载形式。

单级加载试验首先施加初始固结应力 σ_3，随后施加幅值为 σ_d 的循环动应力，针对一个试样动荷载幅值是固定不变的，循环总次数 N 为 100 000 次或累积变形达到 20%时试验终止。分级加载试验则针对一个试样施加幅值由小至大的若干级动载，第一级幅值为20 kPa，后续每级动应力幅值增量 $\Delta\sigma_d$ 为 20 kPa，每级荷载循环次数 ΔN 为 10 000 次。

试验控制条件的方案见表 2-4。主要关注围压水平 σ_3、细粒含量 FC、含水率 w、冻融循环次数 N_{FT}、动应力水平 σ_d 等影响因素。试验按照上述两种加载方式分为两个组别，组别

G1 采用单级加载形式，考虑围压大小不同，分析不同动应力幅值下应变累积规律，并对比冻融前后的影响，主要目的是获取长时间尺度下填料塑性变形累积和塑性应变率变化的完整曲线，分析长期变形发展的基本规律。组别 G2 采用分级加载形式，主要目的是利用递增形式的荷载寻找试样由稳定转变为不稳定状态的临界条件与相应的动应力幅值门槛限值，并分析不同影响因素的影响程度。

表 2-4　三轴试验方案与控制条件

<table>
<tr><th>组别</th><th>试验编号</th><th>围压
σ_3/kPa</th><th>细粒含量
FC/%</th><th>含水率
w/%</th><th>冻融循环次数
N_{FT}</th><th>施加轴向力/kN</th><th>加载次数
N，ΔN^*</th></tr>
<tr><td rowspan="4">G1：单级加载试验</td><td>S01-S06</td><td>15</td><td>6</td><td>5</td><td>0</td><td>0.2，0.4，0.8，1.0，1.4，1.8</td><td rowspan="4">$N=1\times10^5$</td></tr>
<tr><td>S07-S13</td><td>30</td><td>6</td><td>5</td><td>0</td><td>0.8，1.0，1.4，1.8，2.0，2.2，2.6</td></tr>
<tr><td>S14-S19</td><td>60</td><td>6</td><td>5</td><td>0</td><td>1.4，1.8，2.0，2.6，3.0，3.4</td></tr>
<tr><td>S20-S26</td><td>30</td><td>6</td><td>5</td><td>6</td><td>0.4，0.8，1.0，1.4，1.8，2.2，2.6</td></tr>
<tr><td rowspan="5">G2：分级加载试验</td><td>M01-M03</td><td>15，30，60</td><td>6</td><td>5</td><td>0</td><td rowspan="5">$l_{d,i}=l_{d,i-1}+\Delta l_d$
$l_{d,1}=0.4$
$\Delta l_d=0.2$</td><td rowspan="5">$\Delta N^*=1\times10^4$</td></tr>
<tr><td>M04-M06</td><td>15，30，60</td><td>6</td><td>5</td><td>6</td></tr>
<tr><td>M07-M10</td><td>30</td><td>2，10，15，20</td><td>5</td><td>6</td></tr>
<tr><td>M11-M14</td><td>30</td><td>6</td><td>2，4，6，8</td><td>6</td></tr>
<tr><td>M15-M16</td><td>30</td><td>6</td><td>5</td><td>1，10</td></tr>
</table>

2.2　试验结果与分析

2.2.1　冻融循环对路基填料动力性能影响分析

1. 动剪应力-动剪应变关系影响

(1)冻融循环次数

参考文献[3]中方法对数据进行处理，得到不同冻融循环次数下粗粒土填料动剪应力-动剪应变关系曲线，如图 2-14 所示。由图 2-14 可知，不同细粒含量的粗粒土在未经历冻融作用时刚度最大。冻融循环对试样具有损伤作用，削弱了粗粒土试样的刚度。随着冻融循环次数增加，粗粒土的动剪应力-动剪应变关系斜率变小，相同幅值应力作用下产生的应变增加。在所研究冻融循环次数范围内，细粒含量 3.3%和 6.65%的试样动剪应力-动剪应变曲线基本达到稳定，而细粒含量 9.9%的试样受冻融循环作用影响较大，其动剪应力-动剪应变曲线尚未达到稳定状态。这是因为细粒含量大，对冻融作用敏感，冻融循环对试样结构影响大,从而对其动剪应力-动剪应变关系产生较大影响。

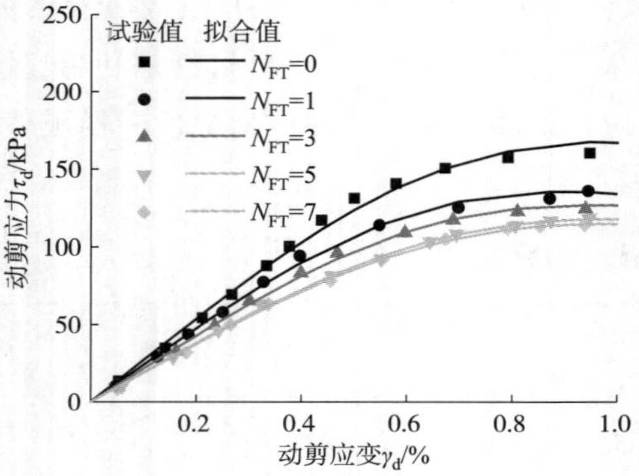

(a)FC=3.3%

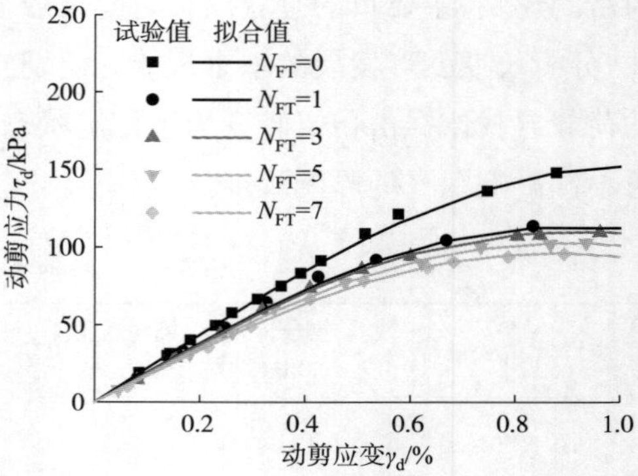

(b)FC=6.65%

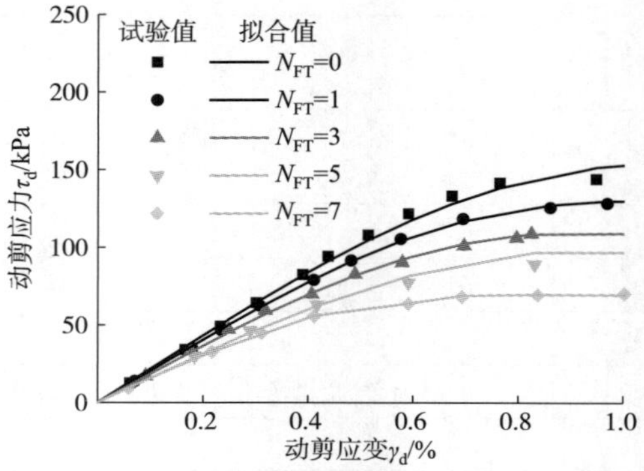

(c)FC=9.9%

图 2-14 不同冻融循环次数下粗粒土动剪应力-动剪应变关系

(2)冻融循环后围压

图 2-15 为细粒含量 6.65%的粗粒土填料在不同围压下动剪应力 τ_d-动剪应变 γ_d 关系曲线。

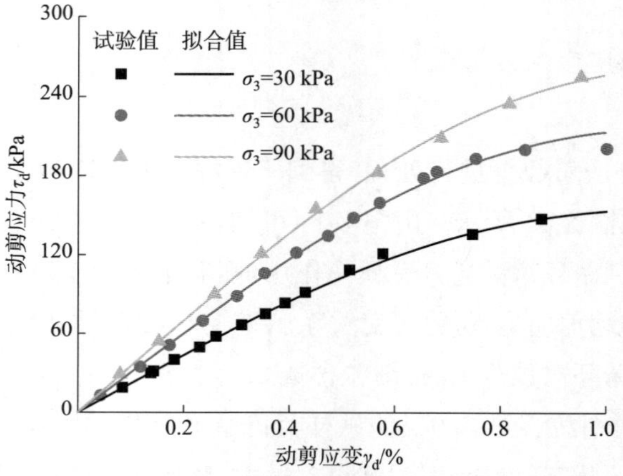

图 2-15 不同围压下粗粒土动剪应力-动剪应变关系

由图 2-15 可知，在试验开始阶段，试样受到动剪应力幅值较小时，由于粗粒土结构密实、强度高，土体结构变化微小，动剪应力-动剪应变曲线基本呈线性发展；随着应力幅值提高，试样内部结构发生变化，产生较大应变，动剪应力-动剪应变曲线斜率降低，趋于平缓，说明土体从最初的弹性阶段逐渐进入了弹塑性阶段。随着围压的增加，试样产生相同动剪应变所需的动剪应力也增加，即相同动剪应力作用下，围压越大，所引起的动剪应变越小。这是由于在较高围压条件下，土颗粒接触充分，试样孔隙减小，土体密实，因此试样的刚度大幅提高。

(3)细粒含量

图 2-16 为不同细粒含量的粗粒土动剪应力-动剪应变关系。由图 2-16 可知，细粒含量为 3.3%时，动剪应力-动剪应变关系曲线位于上方，表明当粗粒土中细粒含量较少时，试样模量较高。这是因为当细粒含量较小时，粗颗粒对土体的动力特性起决定作用。随着土体中细粒含量的增加，土体对变形的抵抗能力降低，使得动剪切模量减小。细粒含量较大的试样结构受冻融循环的影响越大，因此，当冻融循环次数较大时，细粒含量对其动剪应力-动剪应变关系的影响也越显著。

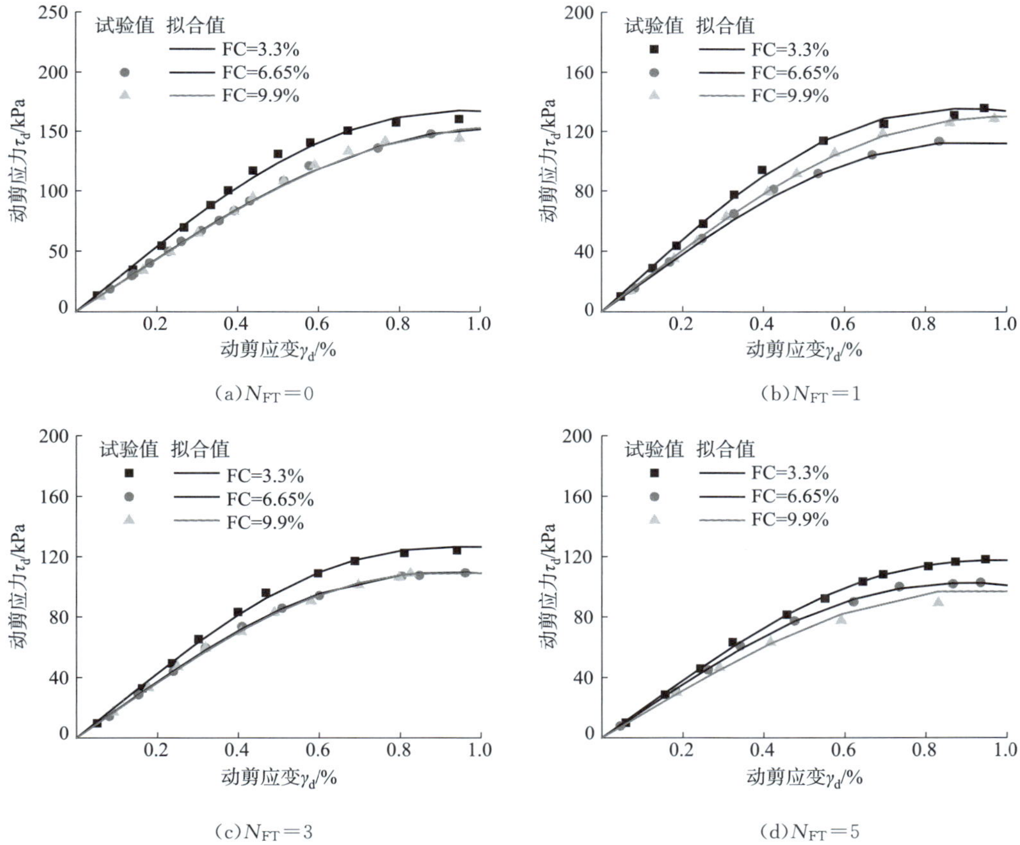

图　2-16

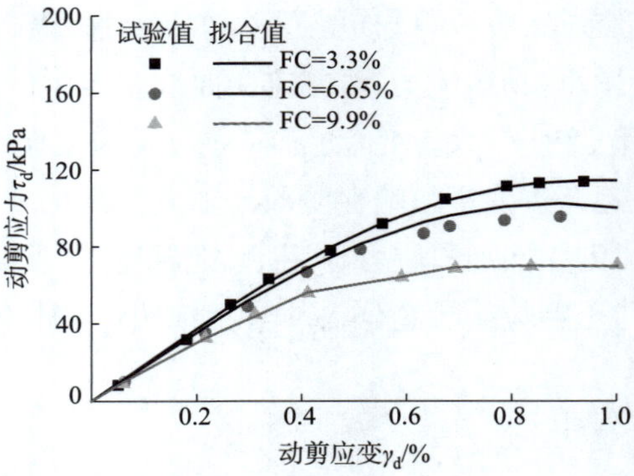

(e)$N_{FT}=7$

图 2-16 不同细粒含量下粗粒土动剪应力-动剪应变关系

2. 阻尼比影响

(1)冻融循环次数

参考文献[3]中阻尼比的计算方法,得到不同冻融循环下粗粒土阻尼比与动剪应变的关系,如图 2-17 所示。

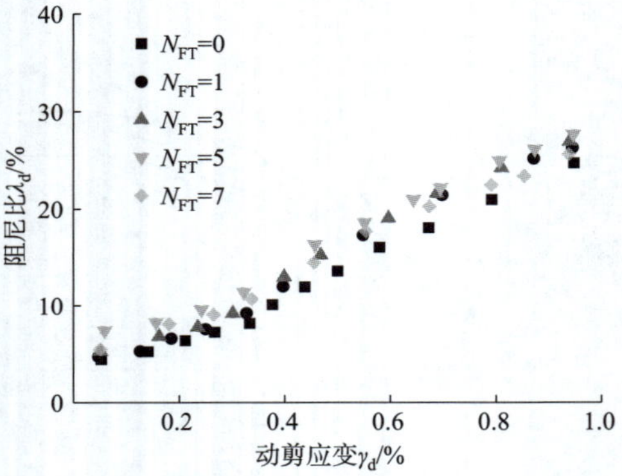

(a)FC=3.3%

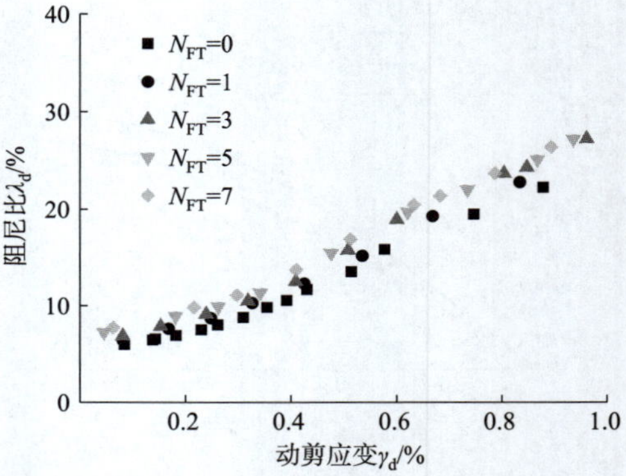

(b)FC=6.65%

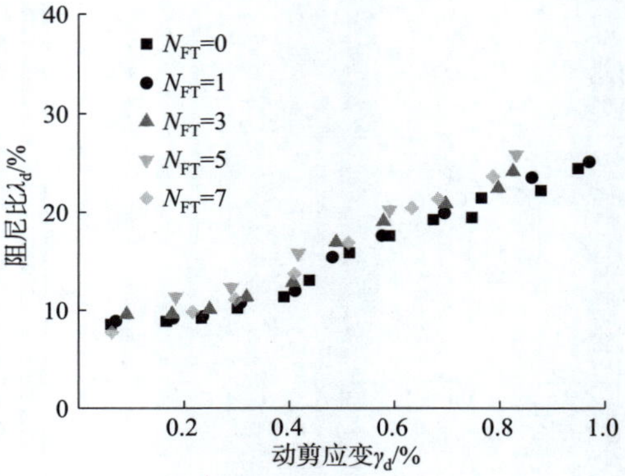

(c)FC=9.9%

图 2-17 不同冻融循环下粗粒土阻尼比-动剪应变关系

由图 2-17 所知，在相同动剪应变下，随冻融循环次数的增加，试样阻尼比略有提高，存在阻尼相互交叉的现象。这是由于冻融循环作用下，试样土粗颗粒间接触减弱，波的传播受阻，传播速度变慢，波传播时消耗的能量增加，因此代表能量损耗参数的阻尼比也随之增加。

（2）围压

粗粒土阻尼比随动剪应变的发展而显著增加，且表现出较强的非线性，表明土的耗能能力随动剪应变的发展而非线性增加，如图 2-18 所示。粗粒土阻尼比在 5%～25%之间变化。在应变较小时，阻尼比基本保持平稳；随动剪应变水平的提高，粗粒土的耗能能力提高，阻尼比也随之增大。

在相同动剪应变下，阻尼比随围压的增加轻微减小。然而，由于试样总体围压较低，对土样阻尼降低作用不明显。

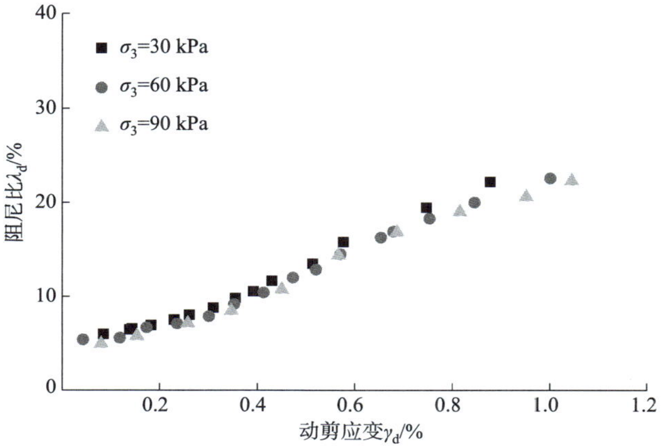

图 2-18　不同围压下粗粒土阻尼比-动剪应变关系

（3）细粒含量

图 2-19 为不同细粒含量下阻尼比与动剪应变的关系。由图 2-19 可见，不同细粒含量下粗粒土的阻尼比并无明显差距，存在阻尼相互交叉的现象，表明在 3.3%～9.9%的细粒含量范围内粗粒土的耗能能力相近。

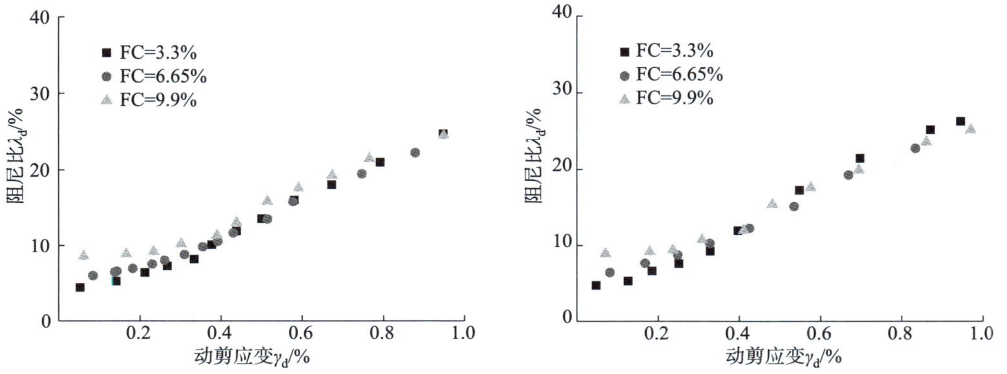

（a）$N_{FT}=0$　　（b）$N_{FT}=1$

图　2-19

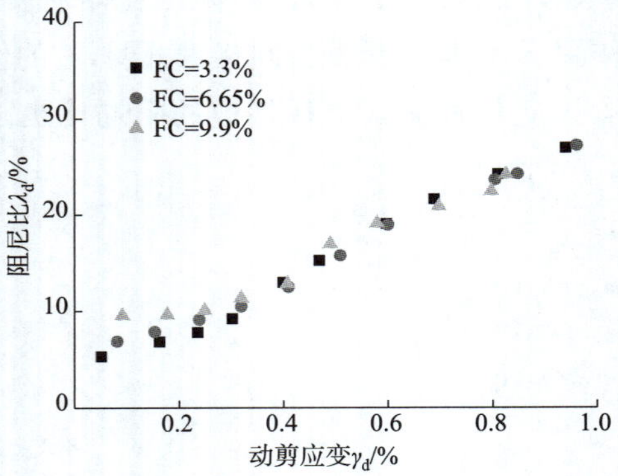

(c) $N_{FT}=3$

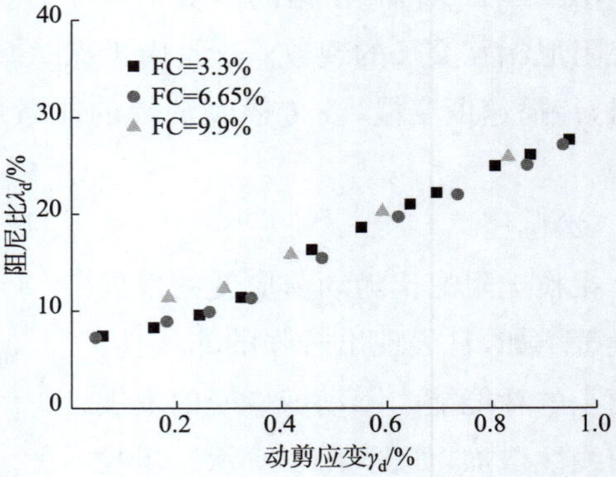

(d) $N_{FT}=5$

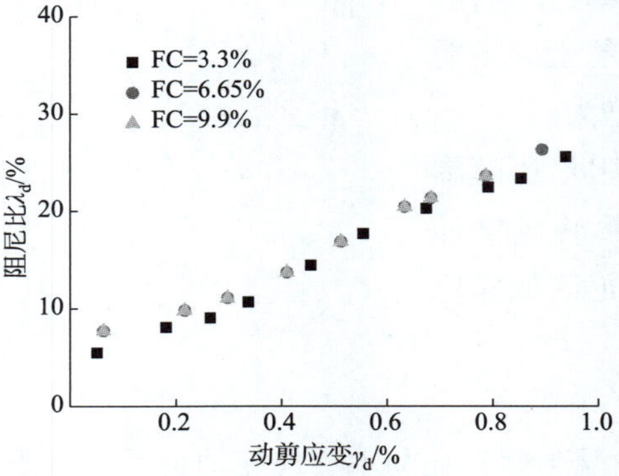

(e) $N_{FT}=7$

图 2-19 不同细粒含量下粗粒土阻尼比-动剪应变关系

2.2.2 考虑冻融循环效应的路基粗粒料动力学指标方程

1. 动剪切模量的数学表达式

根据文献[3]，动荷载作用下土的割线动剪切模量 G_d 可由式(2-1)计算：

$$G_d=\frac{1}{A+B\gamma_d^m}=\frac{1}{\frac{1}{G_{d,max}}\cdot\left[1+\left(\frac{\gamma_d}{\gamma_r}\right)^m\right]} \tag{2-1}$$

式中 $G_{d,max}$——最大动剪切模量；

A,B,m——拟合参数；

γ_r——参考剪应变，是动剪切模量降低到最大动剪切模量一半时对应的动剪应变。

归一化动剪切模量表示为

$$\frac{G_d}{G_{d,max}}=\frac{1}{1+\left(\frac{\gamma_d}{\gamma_r}\right)^m} \tag{2-2}$$

由式(2-1)可知,当动剪应变趋于零时,土体处于弹性状态,此时动剪切模量即为最大动剪切模量($G_{d,max}=1/A$)。

(1)围压

由图 2-20 可知,围压越大,最大动剪切模量也越大。许多文献指出,最大动剪切模量与围压存在关系为

$$G_{d,max}=\alpha p_a\left(\frac{\sigma_3}{p_a}\right)^n \tag{2-3}$$

式中　p_a——大气压强,取 101 kPa;

α,n——材料常数。

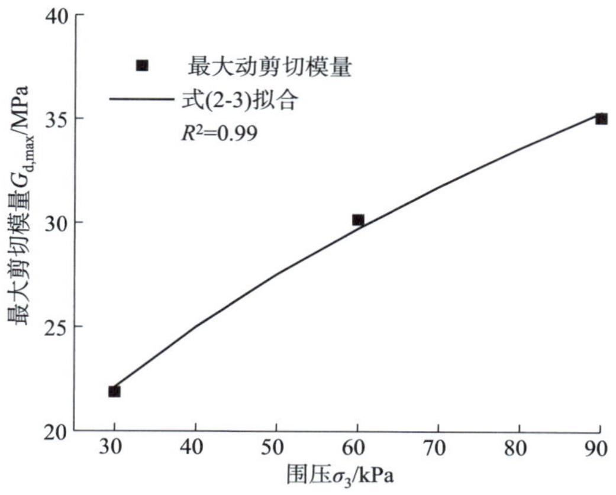

图 2-20　最大动剪切模量与围压关系

(2)冻融循环和细粒含量

图 2-21 和图 2-22 为围压 30 kPa 下冻融循环次数和细粒含量对最大动剪切模量的影响。由图 2-21 和图 2-22 可知,最大动剪切模量随着冻融循环次数和细粒含量的增加而减小。冻融循环作用与细粒含量对动剪切模量的影响存在耦合关系,因此将针对这两种因素进行耦合分析处理。

首先对不同冻融循环次数(0,1,5,7)下最大动剪切模量取平均,如图 2-23 所示,得平均最大动剪切模量与细粒含量关系为

$$\overline{G}_{d,max}=27\ 770\mathrm{FC}^{-0.19} \tag{2-4}$$

式中　$\overline{G}_{d,max}$——平均最大动剪切模量,kPa;

FC——细粒含量,%。

然后,将不同冻融循环次数下最大动剪切模量归一化,得 $G_{d,max}/\overline{G}_{d,max}$-$N_{FT}$ 关系。如图 2-24 所示,拟合得关系式:

$$\frac{G_{d,max}}{\overline{G}_{d,max}}=0.34e^{-0.38N_{FT}}+0.837 \tag{2-5}$$

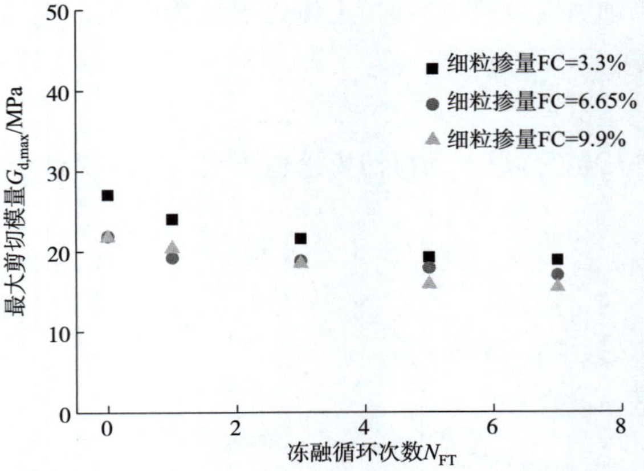

图 2-21　最大动剪切模量与冻融循环次数的关系

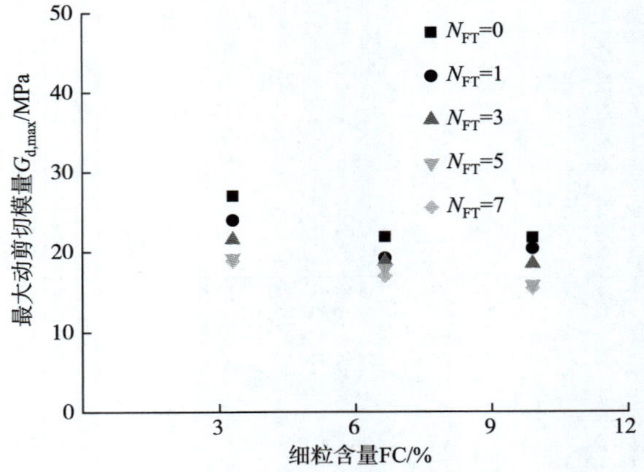

图 2-22　最大剪切模量与细粒含量关系

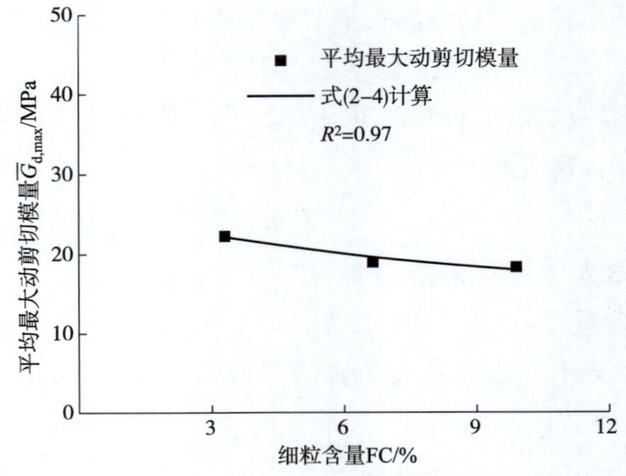

图 2-23　平均最大动剪切模量与细粒含量关系

将式(2-4)带入式(2-5)，可得考虑冻融循环和细粒含量的最大动剪切模量表达式为

$$G_{d,max}=27\ 770FC^{-0.19}\times(0.34e^{-0.38N_{FT}}+0.837) \tag{2-6}$$

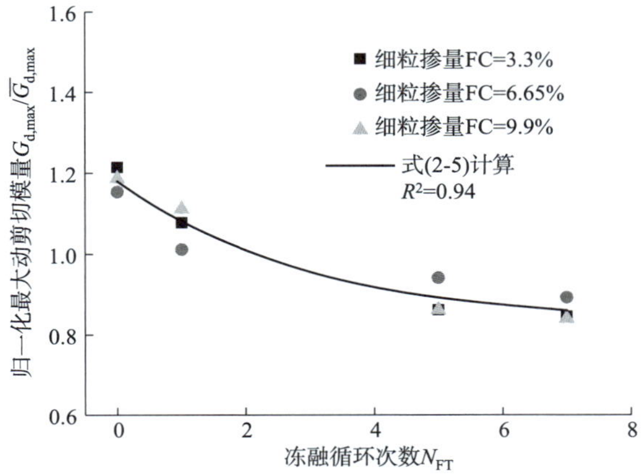

图 2-24　归一化最大动剪切模量与冻融循环次数关系

图 2-25 为归一化动剪切模量衰减曲线。由图 2-25 可见，式(2-7)很好地反映了粗粒土填料动力性能随动剪应变的衰减规律。

综上所述，围压 30 kPa 条件下，考虑冻融循环次数与细粒含量的粗粒土动剪切模量公式为

$$G_d=27\ 770FC^{-0.19}\times(0.34e^{-0.38N_{FT}}+0.837)\times\left[1+\left(\frac{\gamma_d}{1.17\times10^{-2}}\right)^{2.7}\right]^{-1} \tag{2-7}$$

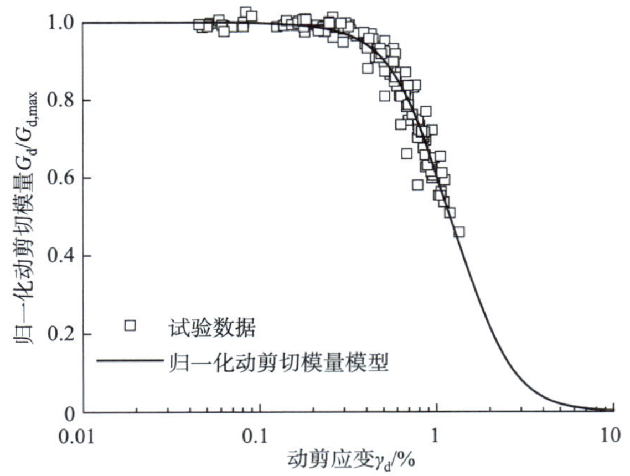

图 2-25　归一化动剪切模量-动剪应变关系

由图 2-25 可知，随动剪应变增加，动剪切模量衰减较慢。当动剪应变达到 3×10^{-3} 后，模量迅速衰减。许多学者[4-8]也给出了粗粒土归一化动剪切模量的边界，如图 2-26 所示。由图 2-26 可知，高速铁路路基 B 组填料不同于前人研究的砂土或级配碎石所得结果，与文献[5-6]给出的边界存在较大差别。由图 2-25 可知，文献[7-8]给出的固体废弃物动剪切模

量衰减曲线在砂土和级配碎石上方，其中文献[7]给出的动剪切模量上边界与试验数据较为接近。因此，在没有可靠试验数据时，可参考文献[7]给出的动剪切模量边界进行低围压下粗粒土的相关分析与研究。

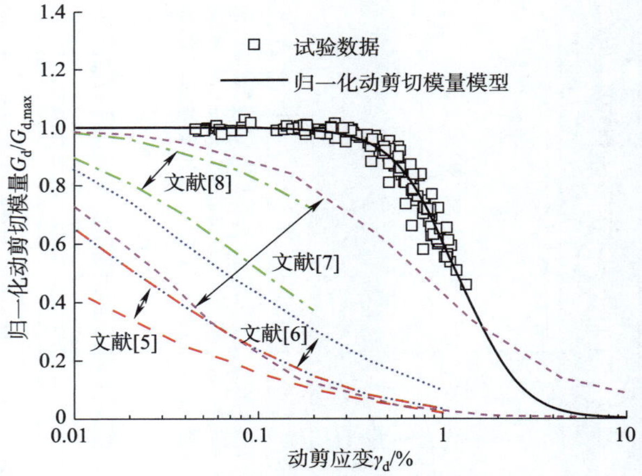

图 2-26 归一化动剪切模量-动剪应变关系研究结果

2. 归一化动剪切模量与阻尼比数学关系式

Hardin 等[9]提出，阻尼比和归一化动剪切模量存在函数关系：

$$\lambda_d = f\left(\frac{G_d}{G_{d,max}}\right) \tag{2-8}$$

由前文可知，在低围压条件下，围压对阻尼比的影响比其他因素均小，故忽略围压影响。如图 2-27 所示，根据粗粒土阻尼与归一化剪切模量倒数的关系，可采用下式进行回归分析：

$$\lambda_d = \xi\left(\frac{G_{d,max}}{G_d}\right)^{\eta} + \theta \tag{2-9}$$

式中 ξ,η,θ——试验参数。

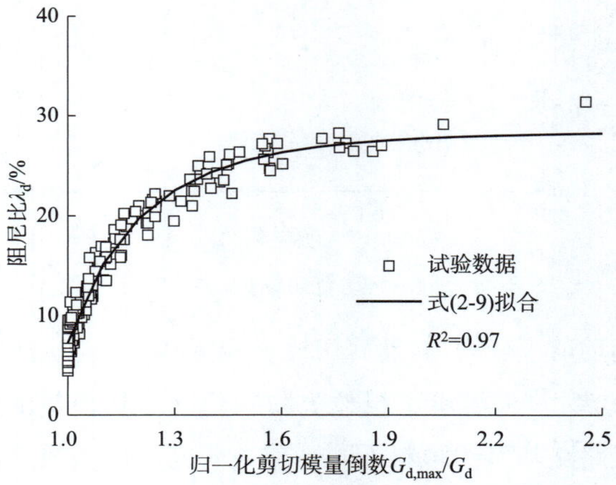

图 2-27 阻尼比归一化剪切模量倒数关系

图 2-28 为阻尼比与动剪应变的关系，对粗粒土阻尼比进行回归分析，得到统一的阻尼比-动剪应变关系为

$$\lambda_d = -0.21\left[1+\left(\frac{\gamma_d}{1.17\times10^{-2}}\right)^{2.7}\right]^{-4.88}+0.28 \tag{2-10}$$

由图 2-28 可知，式(2-10)可很好地反映粗粒填料阻尼比。

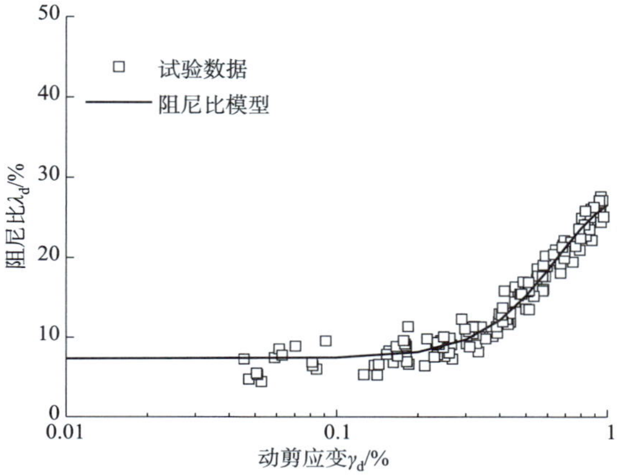

图 2-28　阻尼比动剪应变关系

阻尼比随动剪应变增加，表明其耗能能力也在增加。图 2-29 对比了试验研究结果与文献中阻尼比边界范围。可以看出，粗粒土填料的阻尼比落在 Augello 等[8]给的固体废弃物阻尼比范围内，再次说明了高速铁路路基 B 组填料与固体废弃物动力特性的相似性，对工程应用与学术研究具有一定借鉴意义。

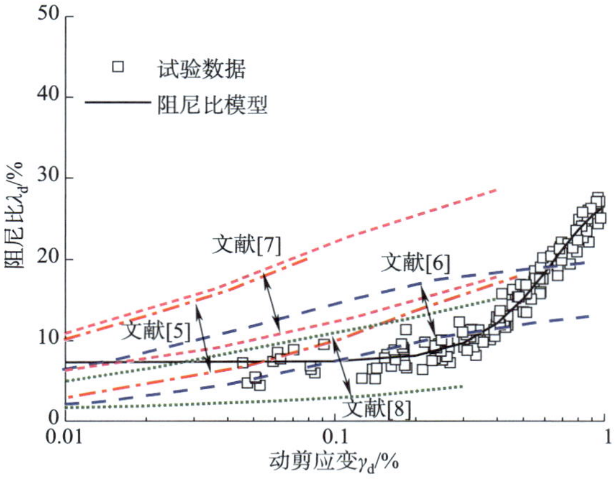

图 2-29　阻尼比动剪应变关系研究结果

2.2.3 考虑温度和频率耦合效应的路基粗粒料动力学指标方程

图 2-30(a)为冻结粗粒料加载和卸载曲线围成的滞回圈。在加载过程中，试样产生弹性和塑性变形，而卸载阶段只存在弹性变形。因此，选取卸载曲线对应的弹性变形和动应力计算动剪切模量。

阻尼比 λ_d 采用式(2-11)计算：

$$\lambda_d = \frac{S_1}{4\pi S_2} \tag{2-11}$$

式中 S_1——滞回圈所围成椭圆的面积；

S_2——弹性应变能，即图 2-30(a)中阴影三角形面积。

当土样受到由小到大不同幅值的动荷载作用时，每一个幅值均可得到对应的滞回曲线，将这些滞回曲线的端点连接起来，得到土体的应力-应变关系，即骨干曲线。一般而言，土的动力性能表现出非线性的特点。文献[9]提出了应用最广泛的双曲线模型来描述土体动应力-动应变关系。由图 2-30(b)可知，对于冻结粗粒料而言，Hardin 双曲线模型不能很好地反映其动应力-动应变关系。因此，引入系数 k 对双曲线模型进行修正，使其能够更好地反映粗粒料的动力性能。具体公式为

$$\tau_d = \frac{a\gamma_d}{\left[1+\left(\frac{\gamma_d}{b}\right)^k\right]^{1/k}} \tag{2-12}$$

式中 a,b,k——大于零的材料参数，当 $k=1$ 时，可以退化为 Hardin 模型。

由式(2-12)可得，动剪切模量与动剪应变之间的关系为

$$G_d = \frac{a}{\left[1+\left(\frac{\gamma_d}{b}\right)^k\right]^{1/k}} \tag{2-13}$$

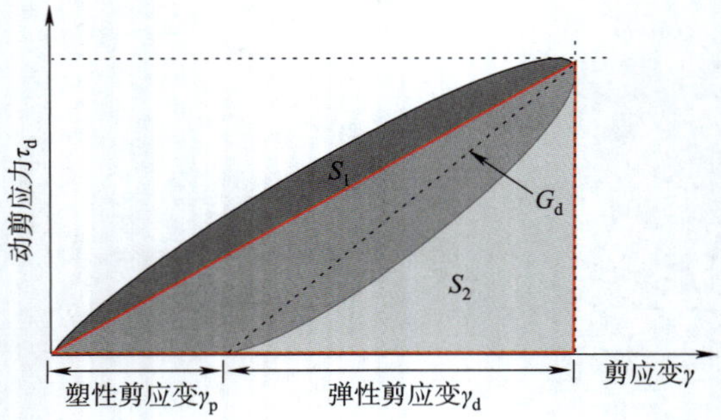

(a)滞回曲线

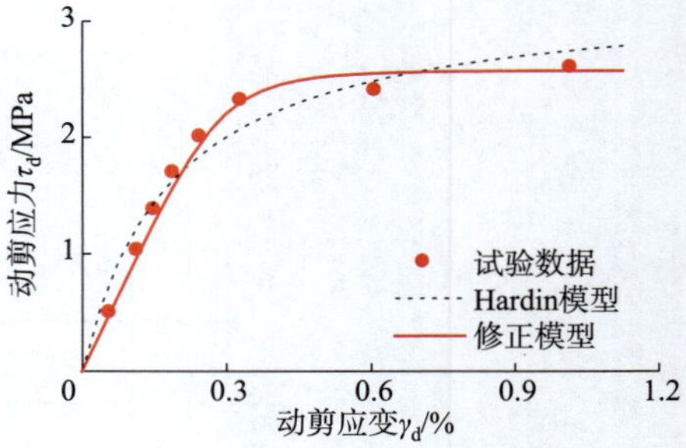

(b)修正双曲线模型

图 2-30 数据处理方法

1. 动剪应力-动剪应变关系影响分析

(1)温度与围压

图 2-31 为不同温度(−2 ℃、−5 ℃、−10 ℃和−15 ℃)下冻结粗粒土填料动剪应力-动剪应变曲线，散点表示试验结果，曲线为修正双曲线模型预测结果。由图 2-31 可知，试验值和预测值相差不大，表明修正模型能较好地刻画冻结粗粒土动剪应力-动剪应变关系。在相同振动频率下，随着围压的增加和温度的降低，动剪应力-动剪应变关系曲线逐渐上移。因此，温度和围压对动剪应力-动剪应变关系影响显著。温度降低，土颗粒中冰的黏结强度增加，对动荷载的抵抗作用也升高；围压增加提高了颗粒间相互作用，导致抗剪强度增加。当围压为 0.2 MPa，温度由−2 ℃降低到−15 ℃，其最终剪应力幅值由 1.338 MPa 增至 2.960 MPa，增幅为 121.2%。当温度为−2 ℃，围压由 0.2 MPa 增加到 1 MPa，最终剪应力增加了 103.3%。

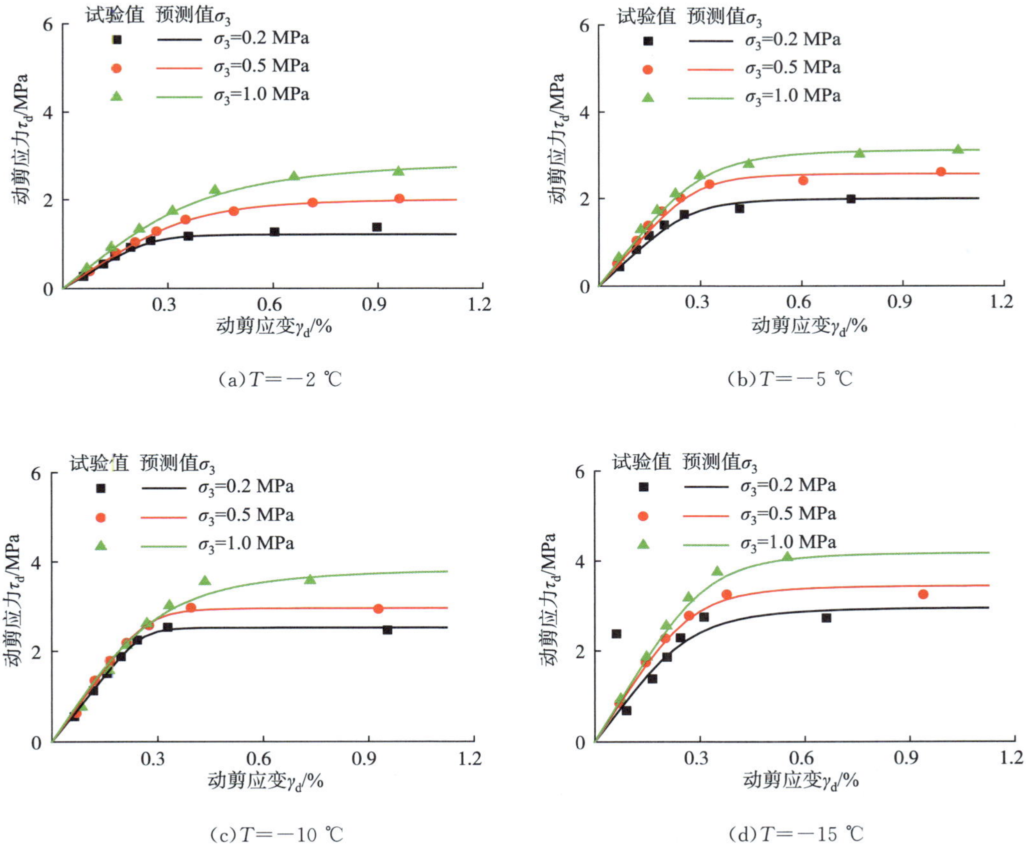

图 2-31　温度与围压对动应力-动应变关系的影响曲线

(2)加载频率

将频率对动剪应力-动剪应变关系的影响绘制于图 2-32 中。由图 2-32 可知，相同应变条件下，随频率的增加，应力幅值有所提高，试样刚度和强度均增大。当加载频率 f 为 0.1 Hz

时，曲线斜率低于其他工况；随着加载频率的提高，曲线斜率迅速增加。加载频率 f 由 0.1 Hz 提高到 4 Hz 时，其最终剪应力幅值由 1.986 MPa 增至 2.532 MPa，增幅为 27.5%。

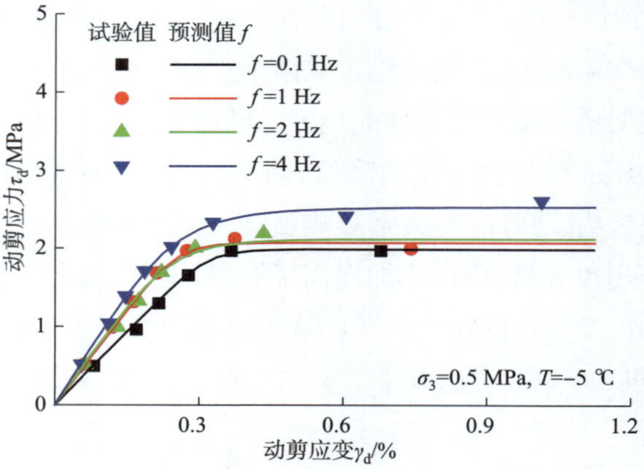

图 2-32　加载频率对动应力-动应变关系的影响曲线

2. 动模量模型分析

(1)温度与围压

不同温度和围压条件下冻结粗粒土动剪切模量衰减曲线如图 2-33 所示。由图 2-32 可知，当剪应变水平较低时，动剪切模量变化不大；随着动剪应变的增加，模量迅速衰减；当动剪应变水平达到一定程度时，试样动剪切模量对围压和温度的依赖程度逐渐降低。随温度的降低和围压的升高，相同动剪应变幅值对应的动剪切模量大幅增加，原因在于，温度越低，更多的自由水冻结成冰，冰晶的黏结性能增强，导致动剪切模量增加。同时，围压的增加使得土体抗剪强度增加，也增加了冻结粗粒土的动剪切模量。

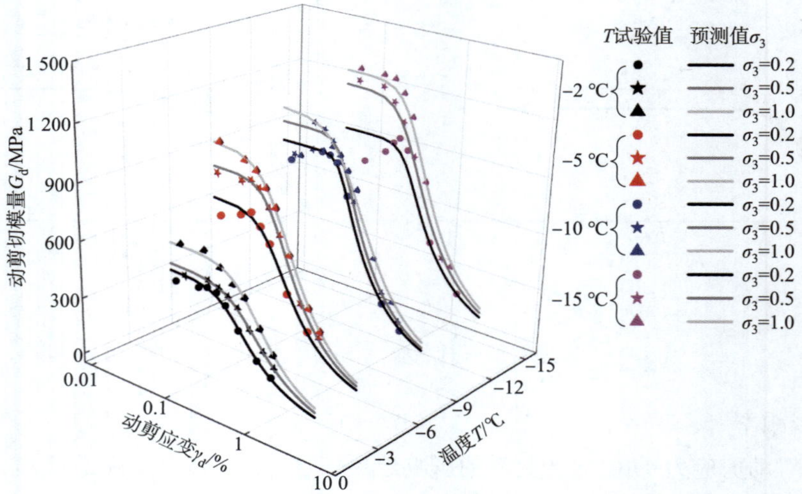

图 2-33　动剪切模量衰减曲线

将不同温度与围压下最大动剪切模量 $G_{d,max}$ 绘制于图 2-34 中。由图 2-34 可知，当围压为 0.5 MPa 时，温度由 −2 ℃降低到 −15 ℃，最大动剪切模量由 542.8 MPa 增至 1 171 MPa，增幅为 115.7%。当温度为 −2 ℃时，围压由 0.2 MPa 增加到 1 MPa，最大动剪切模量加了 25.3%。基于试验结果，获得了冻结粗粒土填料最大动剪切模量随二者的变化关系，采用幂函数建立最大动剪切模量经验模型：

$$G_{d,max}(T,\sigma_3)=(342|T|^{0.350}+87)\times\left(\frac{\sigma_3}{p_a}\right)^{0.127} \tag{2-14}$$

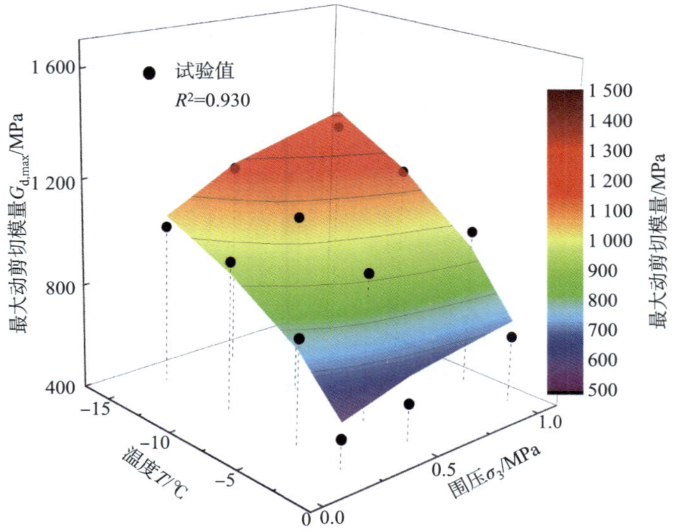

图 2-34　最大动剪切模量与温度与围压关系

(2)加载频率

图 2-35 为不同荷载频率作用下冻结粗粒土试样的滞回圈形状特性。由图 2-35 可知，当加载频率 f 为 0.1 Hz 时，滞回圈较为饱满，加卸载阶段产生的应变大于其他荷载频率产生的应变。随着加载频率的升高，滞回圈斜率逐渐变陡，加卸载阶段产生的应变逐渐减小，相同幅值荷载作用下，试样刚度变大。

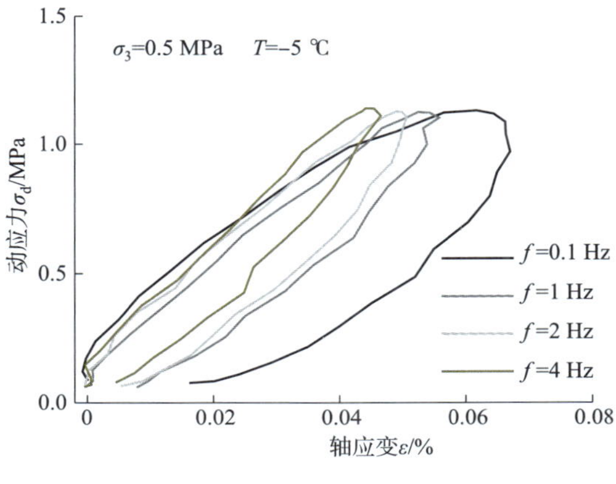

图 2-35　不同频率下滞回圈特征

不同加载频率下冻结粗粒土试样的动剪切模量衰减曲线如图 2-36 所示。由图 2-36 可见，频率越高，动剪切模量初始值越大。这主要是由频率效应造成的，频率高时，试样来不及变形，导致动剪切模量增加。随着动剪应变的增加，动剪切模量迅速衰减。

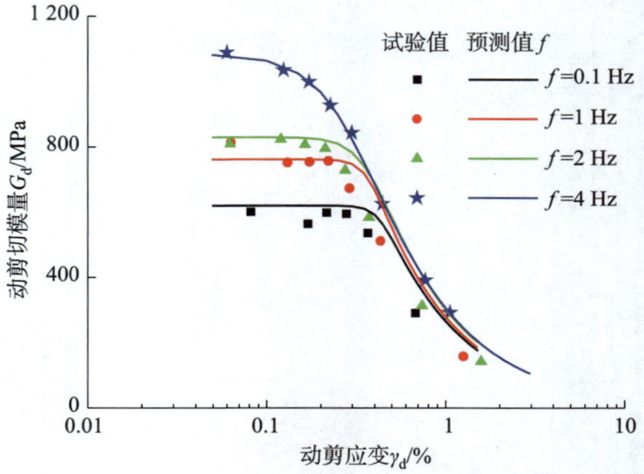

图 2-36　不同加载频率下冻结粗粒土刚度衰减曲线

最大动剪切模量与加载频率关系如图 2-37 所示。由图 2-37 可知，随着加载频率的升高，最大动剪切模量的增长速率逐渐降低，二者之间的关系可表示为

$$G_{d,max}(f)=85.95\ln f+808.5 \tag{2-15}$$

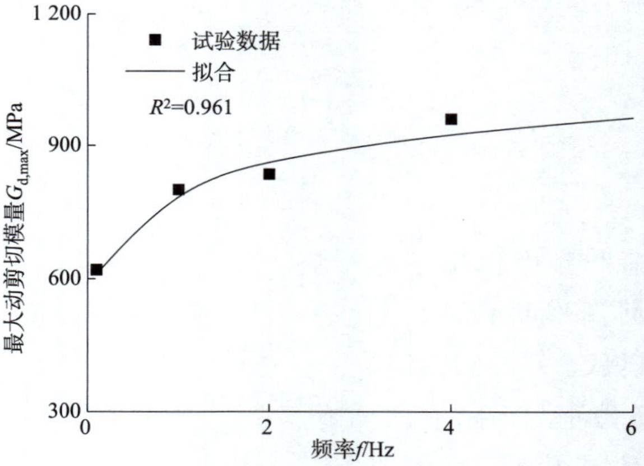

图 2-37　最大动剪切模量与加载频率关系

综合考虑不同因素影响，基于多元回归分析，得到最大动剪切模量预测公式为

$$G_{d,max}(T,\sigma_3,f)=1.147\times10^{-3}\times G_{d,max}(T,\sigma_3)\times G_{d,max}(f) \tag{2-16}$$

图 2-38 为考虑温度、围压和加载频率等因素作用下冻结粗粒土填料最大动剪切模量试验值与预测值对比图。由图 2-38 可知，试验值与预测值吻合较好，说明式(2-11)能够较为准确地预测冻结粗粒土的最大动剪切模量。

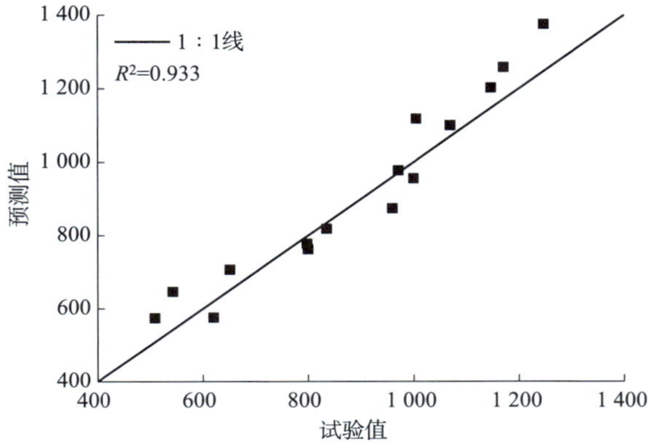

图 2-38　最大动剪切模量预测值与试验值对比

3. 归一化剪切模量模型

不同试验条件下冻结粗粒土填料归一化动剪切模量如图 2-39 所示。由图 2-39 可知，归一化动剪切模量衰减规律基本一致，采用统一的模型描述为

$$G_d/G_{d,\max}=\frac{1}{\left[1+\left(\frac{\gamma_d}{\gamma_r}\right)^k\right]^{1/k}} \tag{2-17}$$

式中　γ_r，k——模型系数，$\gamma_r=3.093\times10^{-3}$，$k=3.318$。

当动剪应变低于 0.1%时，归一化动剪切模量基本保持为 1；当动剪应变从 0.1%增加到 1%时，曲线迅速衰减，降幅接近 70%。

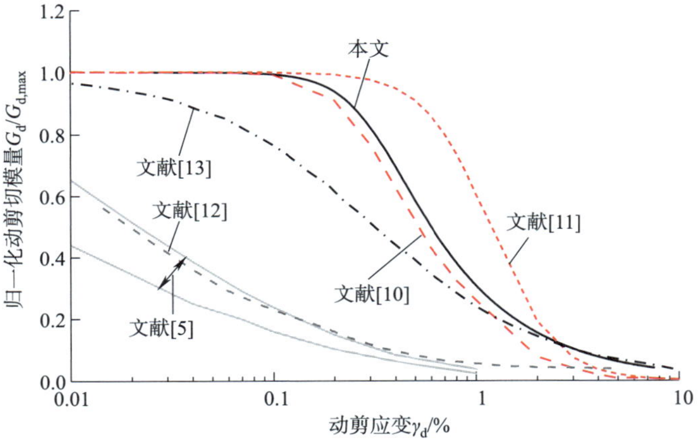

图 2-39　归一化动剪切模量衰减规律

图 2-39 汇总了国内外有关动剪切模量的典型成果。Ling 等[10]通过动三轴试验研究了列车荷载作用下冻结砂土的动力特性；Kong 等[11]给出冻融循环后高速铁路粗粒土填料动

剪切模量衰减曲线；Seed 等[5]总结了地震荷载作用下，砂土动剪切模量取值范围；Kumar 等[12]关注地震大应变幅值作用时砂土动力特性变化规律；Liu 等[13]在初始静应力的基础上施加正弦加载，得到青藏铁路沿线高温冻土动应力-动应变关系。由图 2-39 可知，本文冻结粗粒土填料试验结果与 Ling 等[10]、Kong 等[11]所得结果较为接近；但是，Seed 等[5]和 Kumar 等[12]得到的归一化动剪切模量衰减速度快，与冻结粗粒土填料的曲线相差较远；Liu 等[13]的结果介于二者之间。这一方面与粗粒料自身性质相关，另一方面是由加载模式不同导致。冻结粗粒土填料采用半正弦荷载模拟列车作用，单向压力导致土体压实，表现为动剪切模量在低应变水平（动剪应变小于 0.1%）时基本不变。

4. 归一化动剪切模量与阻尼比模型分析

（1）温度与围压

不同围压和温度下冻结粗粒土阻尼比与动剪应变关系如图 2-40 所示。当动剪应变水平较低时，试样阻尼变化不大；随着动剪应变的增加，试样阻尼比迅速提高。在试验研究范围内，围压对冻结粗粒土填料阻尼比的影响较小，可以忽略。温度降低，阻尼比也随之降低，这与文献[14-15]所得结论一致。出现这种现象的原因是，温度降低，未冻水含量逐渐减少，土颗粒之间的黏结力增加，试样刚度提高，相同荷载下土体耗能减少，阻尼比降低。

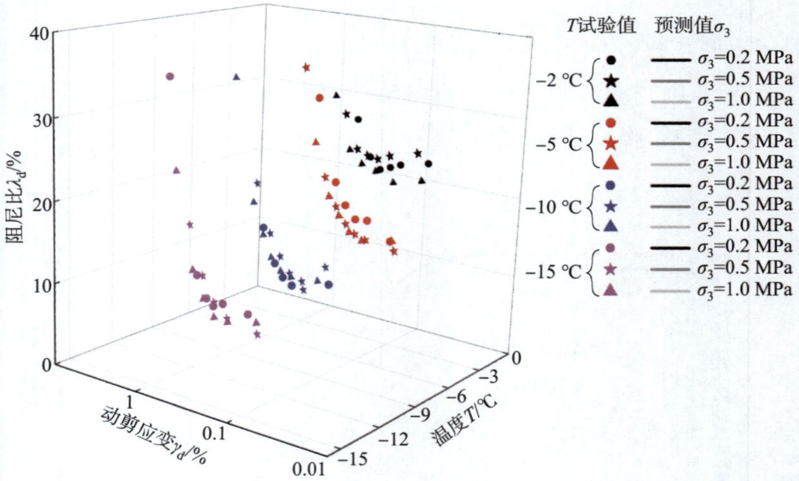

图 2-40 不同围压和温度下阻尼比变化曲线

已有研究表明，归一化动剪切模量与阻尼比存在一定关系[16]。围压对冻结粗粒料阻尼比的影响较小，可以忽略，得到图 2-41 所示结果。采用以下公式描述归一化动剪切模量与阻尼比的关系为

$$\lambda_d=\xi\left(\frac{G_d}{G_{d,\max}}\right)^{\eta} \tag{2-18}$$

式中 ξ,η——与温度和频率有关的参数，具体数值汇总于表 2-5 中。

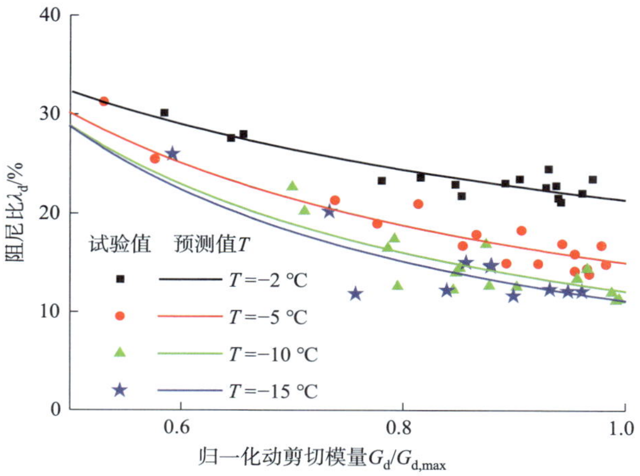

图 2-41　归一化剪切模量与阻尼比之间的关系

表 2-5　归一化剪切模量与阻尼比关系参数

序号	温度 T/℃	频率 f/Hz	ξ	η	R^2
1	−2	4	0.214	−0.592	0.843
2	−5	0.1	0.226	−0.799	0.985
3	−5	1	0.205	−0.73	0.973
4	−5	2	0.18	−0.702	0.989
5	−5	4	0.15	−1.002	0.938
6	−10	4	0.122	−1.246	0.9
7	−15	4	0.112	−1.361	0.929

将式(2-17)代入式(2-18)，得到不同温度下阻尼比与归一化动剪应变关系，如图 2-42 所示。在试验研究范围内，阻尼比在 10%～35%之间变化，且温度越低，阻尼比越小。当动剪应变幅值小于 0.2%时，阻尼比变化不大；当动剪应变幅值超过 0.2%时，阻尼比迅速增加。

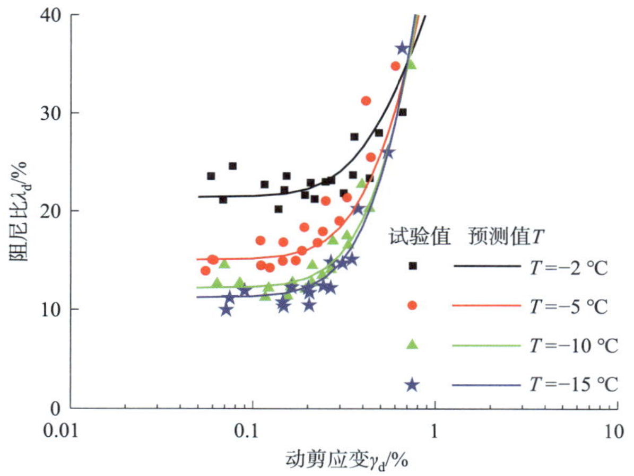

图 2-42　温度对阻尼比变化曲线影响

冻结粗粒土最小阻尼比 ξ 与温度的关系见图 2-43(a)。当温度从 −2 ℃降到 −15 ℃的过程中，ξ 以幂函数的形式逐渐减小。由图 2-43(b)可知，不同温度下 η 的变化规律与 ξ 类似。

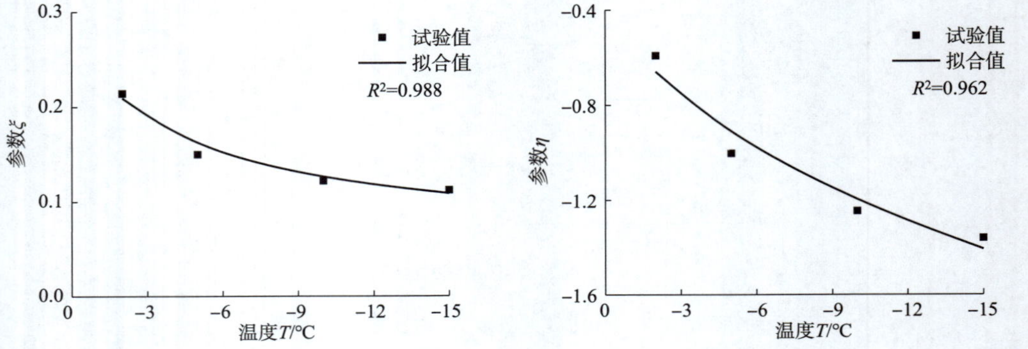

(a)参数 ξ　　　　(b)参数 η

图 2-43　温度对阻尼比模型参数影响

ξ 和 η 与温度之间的关系可以用式(2-19)和式(2-20)表示为

$$\xi(T)=0.262\times|T|^{-0.325} \tag{2-19}$$

$$\eta(T)=-0.509\times|T|^{0.376} \tag{2-20}$$

(2)加载频率的影响

采用同样的方法对不同加载频率下归一化动剪切模量与阻尼比的关系进行处理，得到图 2-44 所示结果。归一化动剪切模量与阻尼比之间仍然满足幂函数关系。

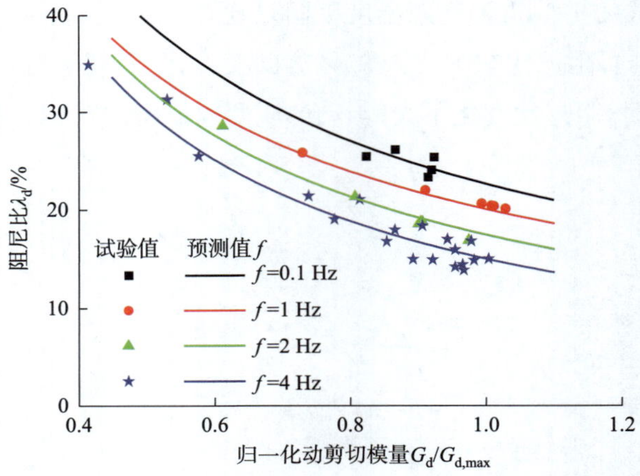

图 2-44　不同频率下阻尼比与归一化剪切模量关系曲线

不同加载频率下阻尼比与动剪应变的关系见图 2-45。随着加载频率的提高，冻结粗粒土阻尼比降低。从图 2-46(a)中可以看出，当加载频率从 0.1 Hz 增加到 4 Hz 过程中，最小

阻尼比 ξ 逐渐减小，其变化规律可用式(2-21)表示。由图 2-46(b)可知，随着加载频率的增加，参数 η 先增加后减小，采用式(2-22)表示：

$$\xi(f)=0.120e^{-0.266f}+0.109 \tag{2-21}$$

$$\eta(f)=-0.049f^2+0.153f-0.819 \tag{2-22}$$

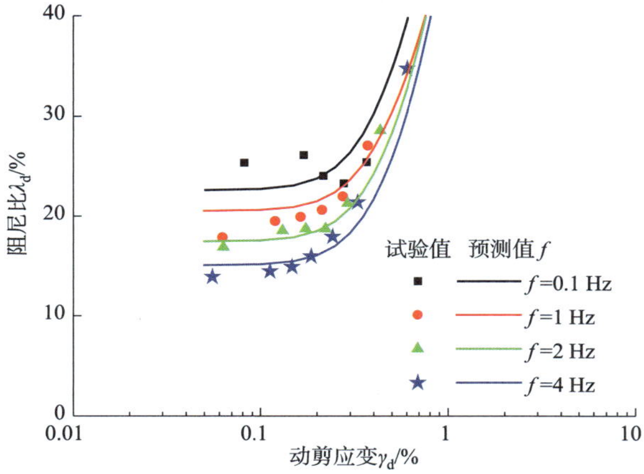

图 2-45　加载频率对阻尼比变化曲线的影响

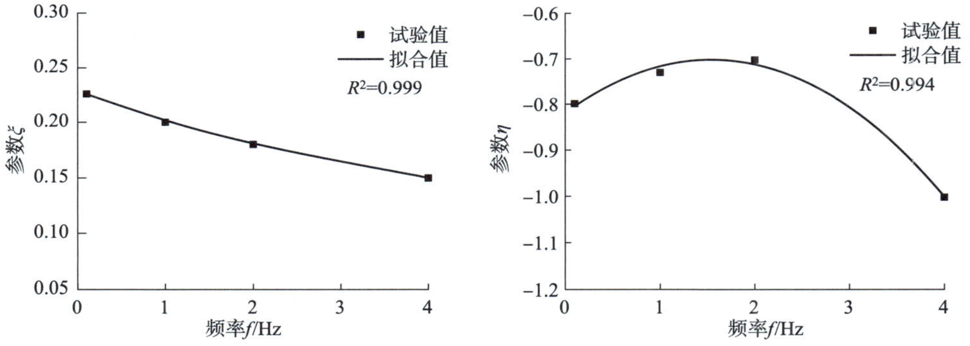

(a)参数 ξ　　(b)参数 η

图 2-46　加载频率对阻尼比模型参数的影响

通过多元回归分析得到不同温度和频率影响下 ξ 和 η 变化规律预测公式为

$$\xi(T,f)=6.549\times\xi(T)\times\xi(f) \tag{2-23}$$

$$\eta(T,f)=-1.036\times\eta(T)\times\eta(f) \tag{2-24}$$

基于以上公式，得到图 2-47 所示参数 ξ 和 η 试验值与预测值对比结果。图 2-47 中，1∶1 线代表试验值和预测值相等时的结果，试验点越接近这条曲线表明试验值和预测值吻合度越高。由图 2-47 可知，试验值与预测值二者相差不大，能够合理预测 ξ 和 η 的变化规律。

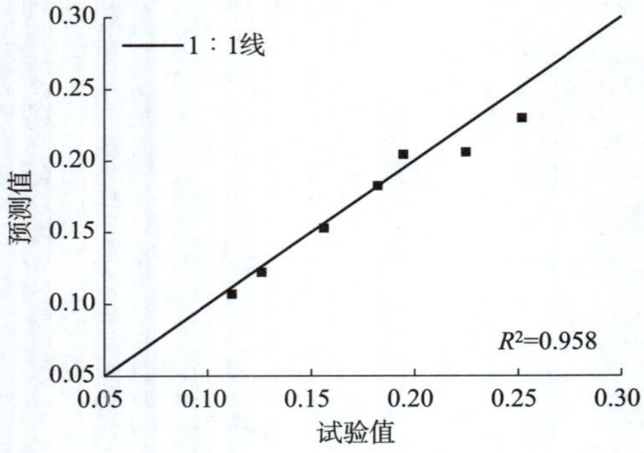

(a)参数 ξ

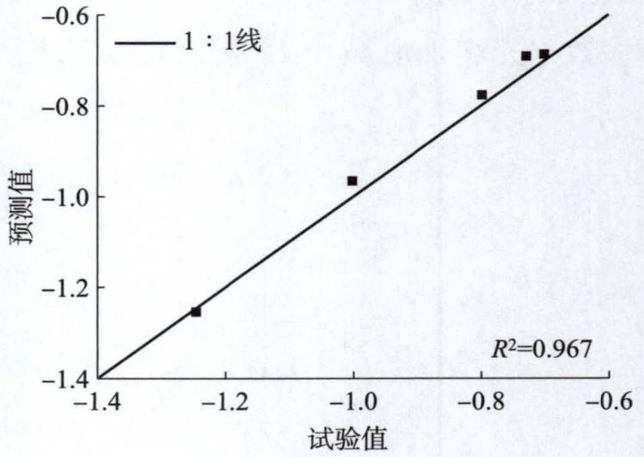

(b)参数 η

图 2-47　试验值与预测值对比

图 2-48 汇总了国内外阻尼比研究的典型成果。由图可知,冻结粗粒土填料试验结果与文献[10-11]的结果较为接近;当动剪应变幅值介于 0.1%～1%之间时,与文献[12-13]的曲线相差不大;对比砂土阻尼比变化规律[5]可知,冻结粗粒土填料动剪应变幅值较大,阻尼比整体偏大。这与粗粒土材料自身性质[17]和加载模式有关。

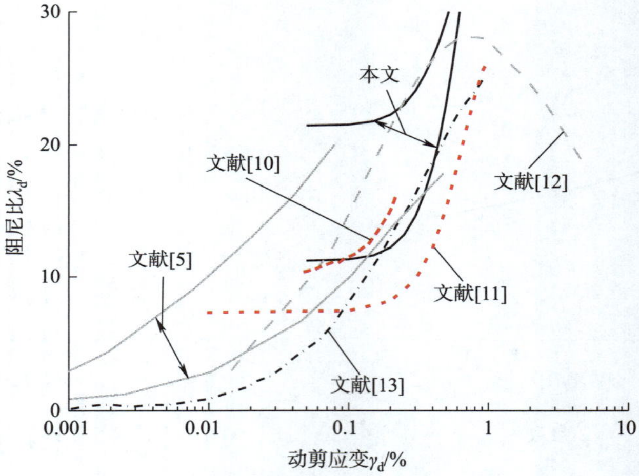

图 2-48　阻尼比变化规律对比

2.3　冻融循环-行车振动耦合作用下路基填料安定特性分析

2.3.1　路基填料长期变形发展趋势与安定特性的关联

在安定理论体系中,当一个具有弹塑性的结构或系统受到一循环荷载作用时,根据应力-应变水平的差异将出现不同的变形发展状态,呈现不同的安定特性。不同的安定特性对应的长期变形收敛性趋势将呈现出较大的差异。如图 2-49 所示，循环加载下岩土材料的长期变形可大致分为 A、B、C 三类发展趋势，其中，A 类区域的累积应变在初始的几个周期即达到稳定，后续不发生新的变形累积，为“塑性安定状态”；B 类区域的累积应变始终缓慢的增长，表现出持续累积发展的“塑性蠕变状态”状态；C 类区域的累积应变则在较短时间内发生了突增，为“增量破坏状态”。与之对应的，应变率同样按照此规律划分为三类不同的发展趋势。这与第 2 章中冻融循环-列车长期循环动载耦合作用下填料变形演化规律的三种类别一一对应，说明填料的长期变形发展趋势与其安定特性之间有潜在的关联。

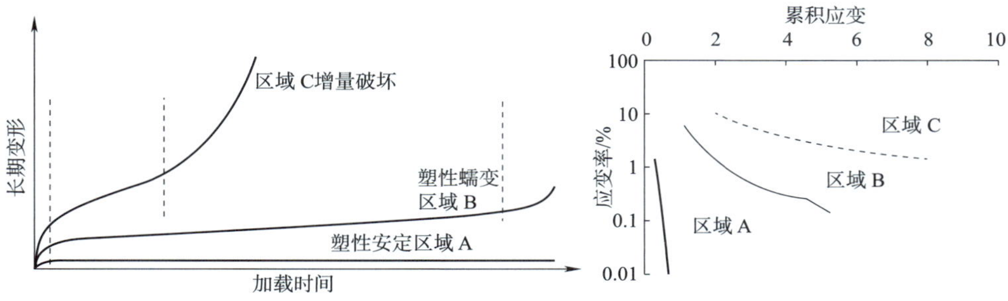

(a)长期变形的三类发展趋势　　(b)应变率与累积应变关系

图 2-49　材料累积变形与应变率表现的安定特性

针对高速铁路路基填料而言，粗粒土填料对拉力是没有承载能力的，因此较低压应力作用下，拉应力阶段滞回圈恢复部分不会发生。考虑岩土材料的基本特性，图 2-50 描述了粗颗粒填料在不同应力比的循环荷载作用下的安定性状态，对于粗颗粒填料，当作用十几万次循环荷载后，处于 A 类状态的路基填料的应力-应变曲线并没有完全恢复，而存在一个面积较小的滞回圈，也就是说，试验中并未出现纯弹性状态。C 类状态与增量破坏阶段特性是一

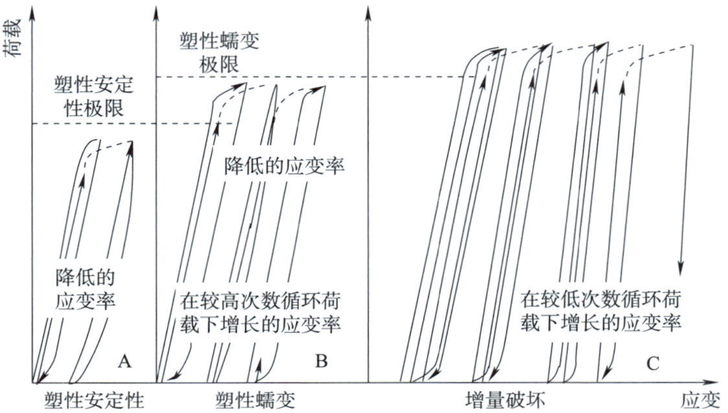

图 2-50　竖向永久应变率与竖向永久应变关系

致的。在大多应力状态下表现出的 B 类状态是一种处于 A 类与 C 类状态间的中间过渡状态，起初的变形特性与 A 类状态相似，但存在微小的残余增量永久应变，而并没有硬化。

根据上述理论概念，结合三轴试验结果，针对路基填料在不同应力水平、环境条件下的长期变形发展趋势进行安定临界状态判别和长期稳定性评估。针对路基填料累积应变与应变率的不同，通过区分几类安定特性，给定 A 塑性安定状态、B 塑性蠕变状态和 C 增量破坏状态三种类型的收敛性差异与变形趋势，探究应力-应变水平、冻融环境因素等对填料安定性的影响，给出不同安定特性的判别准则。

2.3.2 路基填料长期变形演化安定特性

为分析填料的安定特性，已经开展了长期单级循环加载（10 万次）以及大量分级加载试验，以获取高周次列车荷载下填料累积变形随时间的发展曲线及其不同影响因素，并对其应变率、收敛趋势进行分析，以研究 A、B、C 三类安定状态间的特性差异。

以高速铁路路基结构基床底层表面、基床底层中心以及基床底层底部位置的典型围压环境所对应的试验工况为例，图 2-51、图 2-52 分别展示了不同动应力幅值下试样累积变形、应变率的变化曲线。由图 2-51 和图 2-52 可知，随着动偏应力水平的增大，永久累积应变的幅值和速率也随之增加。此外，对于路基填料，即使在小应力水平下，所有试验也都表现出一定的永久应变，这说明在列车行驶荷载作用下铁路路基填料并不会处于纯弹性状态，不论荷载作用大小，路基填料总是会表现出一定的永久或回弹变形特性。

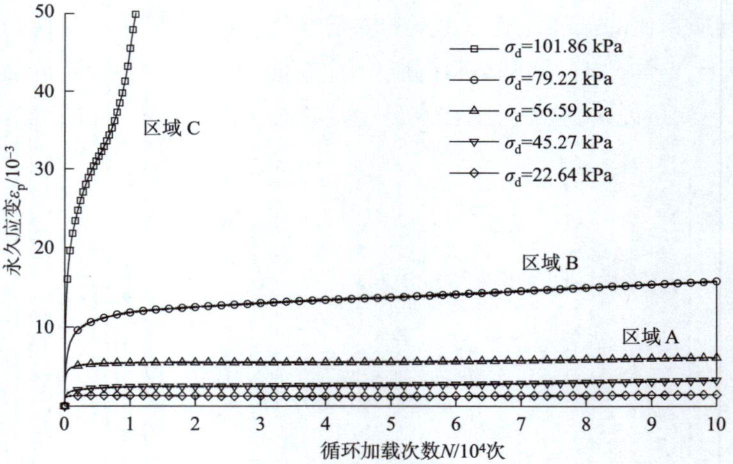

(a)σ_c=15 kPa

图 2-51

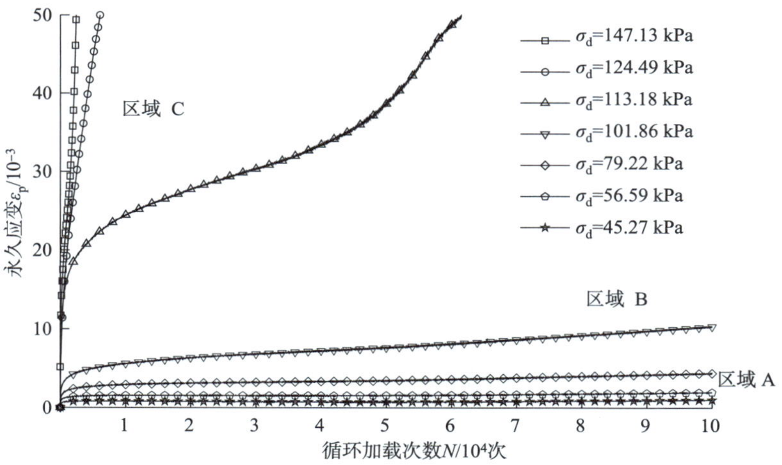

(b)σ_c=30 kPa

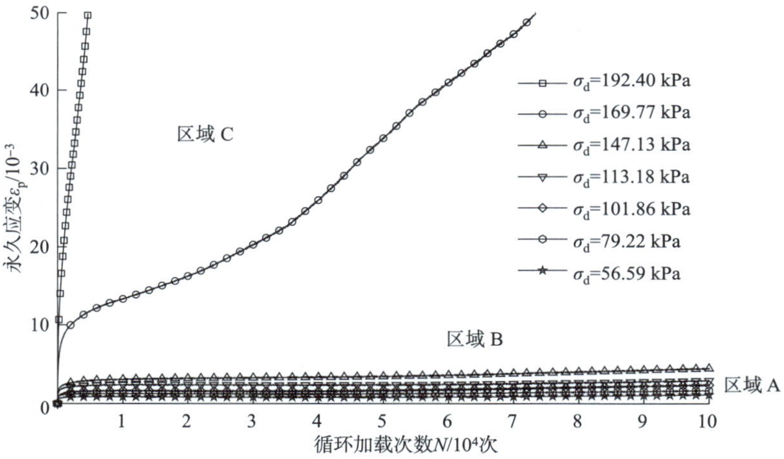

(c)σ_c=60 kPa

图 2-51　试样累积变形随加载次数的变化以及安定性趋势分类

由图 2-52 可知，根据永久应变率随永久塑性累积应变的变化曲线斜率的不同三类安定特性表现为：A 类（塑性安定状态），竖向永久应变率随着竖向应变的发展迅速降低，表明在有限次循环荷载作用下，路基填料处于塑性安定状态，只发生可恢复的回弹变形，而塑性永久应变不再发展；C 类（增量破坏），竖向永久应变率随着竖向应变的发展趋于稳定，表明在有限次循环荷载作用下，路基填料的永久变形将持续发展直至破坏；B 类（塑性蠕变），是一种 A 与 C 之间的中间状态，在起始循环荷载作用下永久应变率维持在较高的水平，而后应变率降低并保持不变，表明在有限次循环荷载作用下，路基填料处于蠕变状态，永久变形极其缓慢发展，直至最终破坏。研究表明，永久应变率与应力水平有关；高速铁路路基结构设计中，只要总的应变足够小，A 类的稳定状态是允许的，而 C 类状态是严格禁止的。

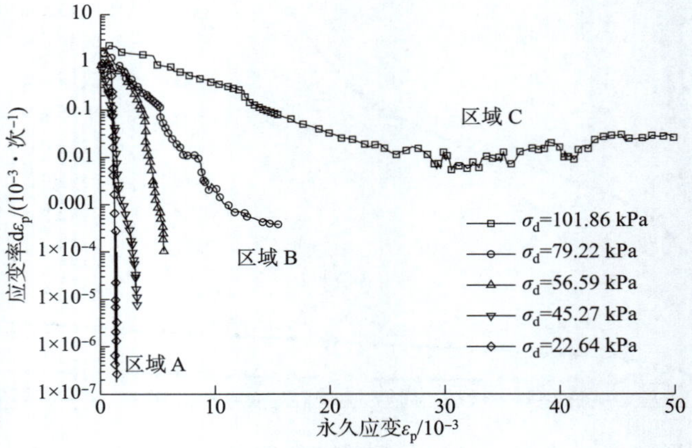

(a)σ_c＝15 kPa

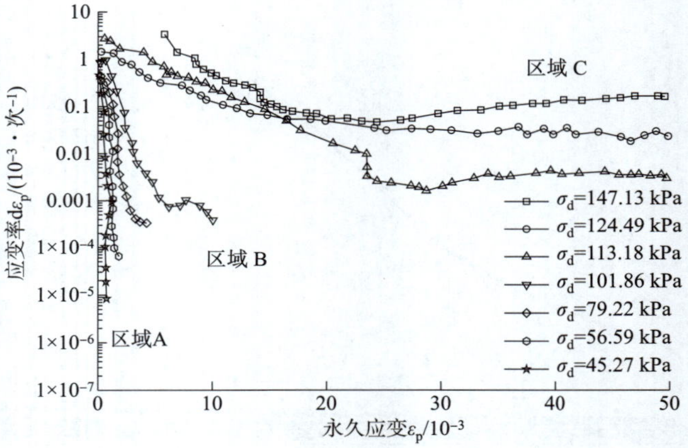

(b)σ_c＝30 kPa

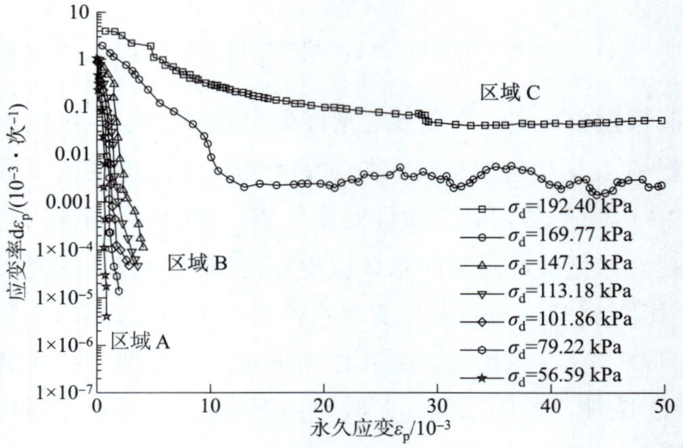

(c)σ_c＝60 kPa

图 2-52　试样应变率的变化以及安定性趋势分类

2.3.3 基于安定理论的长期变形收敛性判别标准

基于前序分析，在 A、B、C 三类安定状态之间，存在某一临界阈值，当动应力、动应变超出这一限值后，填料的长期变形发展模式和稳定状态将会发生改变。为保证路基填料等岩土材料在交通荷载等循环动力作用下的长期耐久稳定，需要使其尽量处于 A“塑性安定状态”，而避免 C“增量破坏状态”的发生。因此，如何确定不同安定状态之间的临界条件，并给出其变形状态的判别标准，是控制填料变形长期稳定的关键前提。

在安定理论研究领域，前人针对安定临界条件估算给出了不同的解决策略，其中最为广泛采用的是 Werkmeister 提出的应变累积率经验判别准则：

$$\begin{aligned}&\text{区域 A}：\Delta\varepsilon_{p5\,000}-\Delta\varepsilon_{p3\,000}<4.5\times10^{-5}\\&\text{区域 B}：4.5\times10^{-5}<\Delta\varepsilon_{p5\,000}-\Delta\varepsilon_{p3\,000}<4.0\times10^{-4}\\&\text{区域 C}：\Delta\varepsilon_{p5\,000}-\Delta\varepsilon_{p3\,000}>4.0\times10^{-4}\end{aligned}\tag{2-25}$$

式中，$\Delta\varepsilon_{p3\,000}$ 和 $\Delta\varepsilon_{p5\,000}$ 分别为试样在第 3 000 次和第 5 000 次循环加载时的永久累积应变量，即利用加载曲线中 3 000～5 000 次循环这一具有代表性的阶段应变速率对变形发展趋势和安定状态进行判别，并依据两个永久应变的经验值计算确定 A～B、B～C 之间的安定临界条件。该判别准则已经被欧洲规范 EN 13286-7 所采纳，并被广泛应用于循环动载下岩土颗粒类材料的安定特性分析中。诸多学者在该准则基础上，通过特定材料的试验结果对其临界状态判别经验值进行了修正和改进，取得了较好的预测结果。

本文研究中同样参照 Werkmeister 提出的判别基本格式，在大量室内试验数据的支撑下，提出适用于高速铁路路基粗粒土填料的安定临界状态判别准则。

提取长期累积变形试验曲线中 3 000 次循环至 5 000 次循环的累积应变量差值，绘制不同围压、不同动偏应力条件下的试验结果散点图，并依据长期累积变形曲线的发展趋势、长期累积应变速率的收敛性等进行综合判断，统计分析给出相应的安定分区经验性准则，见图 2-53。由图 2-53 可知，对于研究的高速铁路路基粗粒土填料，将永久应变和累积应变速率按 A、B、C 三类状态进行分类，依据数据点将区域间的临界线进行划分，由此获取的高速铁路路基粗粒土填料安定特性应变累积率经验判别准则为：

$$\begin{aligned}&\text{区域 A}：\Delta\varepsilon_{p5\,000}-\Delta\varepsilon_{p3\,000}<1.5\times10^{-4}\\&\text{区域 B}：1.5\times10^{-4}<\Delta\varepsilon_{p5\,000}-\Delta\varepsilon_{p3\,000}<1.0\times10^{-3}\\&\text{区域 C}：\Delta\varepsilon_{p5\,000}-\Delta\varepsilon_{p3\,000}>1.0\times10^{-3}\end{aligned}\tag{2-26}$$

据此，可对不同条件下的填料长期变形安定特性进行分类判别，确定相应的长期变形发展模式和安定临界条件。

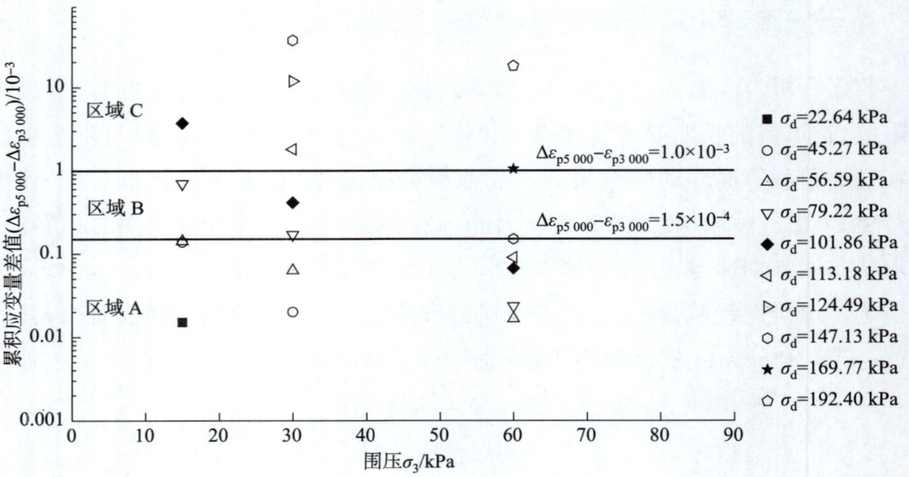

图 2-53 高速铁路路基粗粒土填料累积应变量差值与安定分区准则

2.3.4 路基填料安定临界条件分析

依据提出的安定特性应变累积率经验判别准则，绘制累积应变量差值和动应力幅值的关系曲线，并在图中标注判别临界值常数 $\Delta\varepsilon_{p5\,000}-\Delta\varepsilon_{p3\,000}=1.5\times10^{-4}$ 以及 $\Delta\varepsilon_{p5\,000}-\Delta\varepsilon_{p3\,000}=1.0\times10^{-3}$ 的准则线，如图 2-54 所示。可以看出，不同围压条件下，随动应力幅值的增加，对应的应变累积率随之变大。为获取路基填料的安定临界条件，计算累积应变量差值和动应力幅值的关系曲线与临界值常数线相交位置的动应力幅值，其代表了随动应力幅值增大最先由 A 塑性安定状态转变为 B 塑性蠕变状态以及 C 增量破坏状态的最起始数据点，可看作对应围压条件下的 A～B 临界动应力幅值以及 B～C 临界动应力幅值，如图 2-54 中的红色箭头所示。

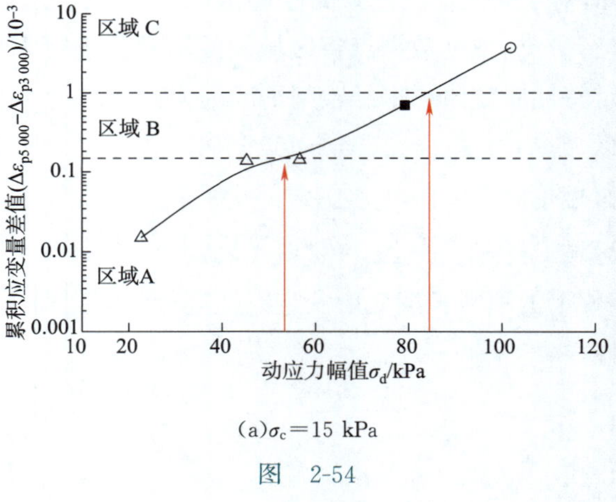

(a)σ_c＝15 kPa

图 2-54

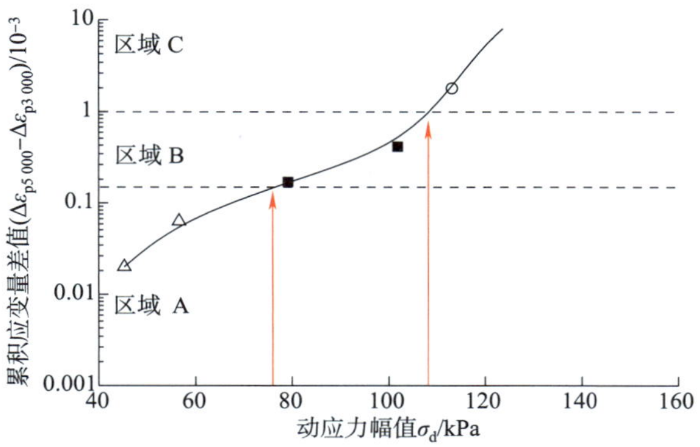

(b)σ_c＝30 kPa

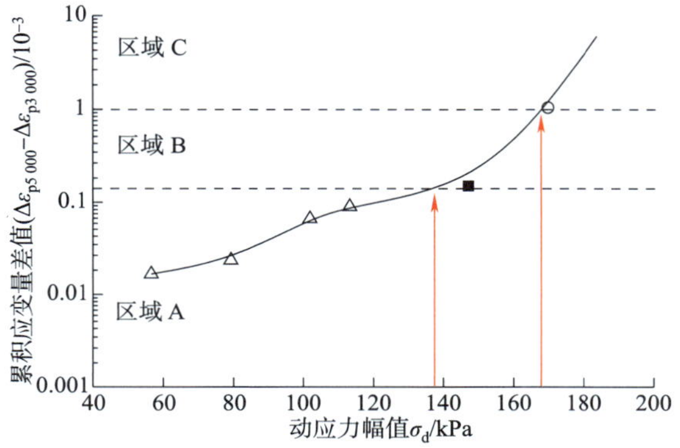

(c)σ_c＝60 kPa

图 2-54　高速铁路路基粗粒土填料动应力安定临界条件

针对不同试验条件下的动应变幅值，其对应的应变累积率进行安定临界条件分析，计算累积应变量差值和动应变幅值的关系曲线与临界值常数线相交位置的动应变幅值，视作对应围压条件下的 A～B 临界动应变幅值以及 B～C 临界动应变幅值，如图 2-55 所示。

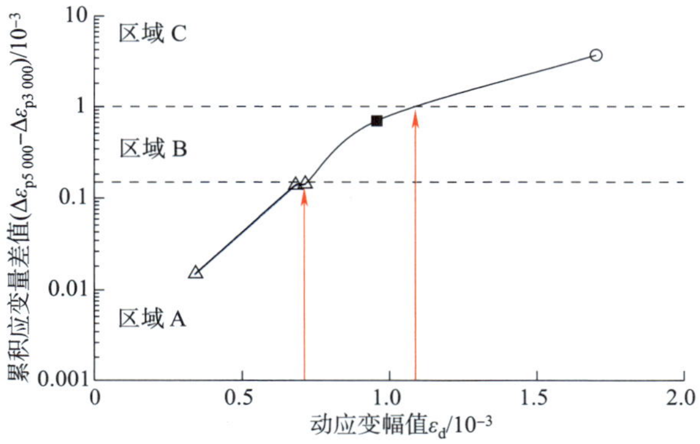

(a)σ_c＝15 kPa

图　2-55

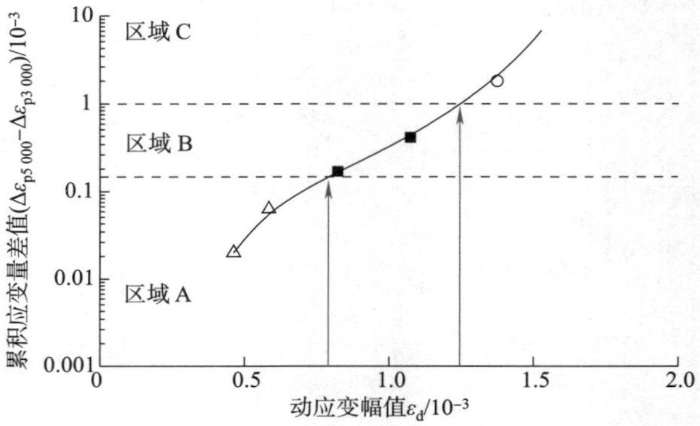

(b)$\sigma_c=30$ kPa

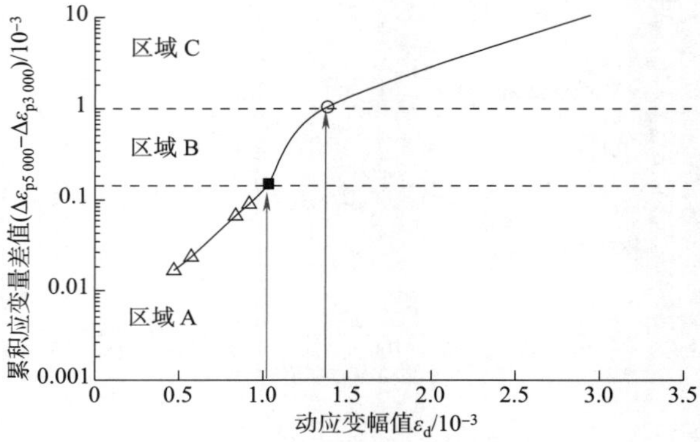

(c)$\sigma_c=60$ kPa

图 2-55　高速铁路路基粗粒土填料动应变安定临界条件

为定量分析高速铁路路基粗粒土填料的动应力安定临界条件和相应的安定阈值，定义循环应力比 CSR 为

$$CSR=\sigma_d/2\sigma_3 \tag{2-27}$$

式中　σ_d——动应力幅值，kPa；

σ_3——围压，kPa。

通过无量纲参数 CSR，结合各试验条件下累积应变量差值对应的临界动应力幅值，绘制塑性安定、塑形蠕变、增量破坏三类变形状态在循环应力比-围压应力空间中的数据点，并给出 A～B、B～C 状态间的临界阈值曲线，如图 2-56 所示。

由图 2-56 可知，不同围压和动偏应力条件下，塑性安定、塑性蠕变、增量破坏三类变形状态间存在临界循环应力比范围。根据试样的变形形态，可绘出塑性安定状态-塑性蠕变状态的临界阈值曲线，如图 2-56 中虚线，该线左下方试样处于塑性安定状态，反之则处于塑性蠕变状态。同理，也可绘制塑性蠕变状态-增量破坏状态的临界阈值曲线，如图 2-56 中实线所示。结合获取的安定临界条件，利用指数函数形式对高速铁路路基粗粒土填料的临界循

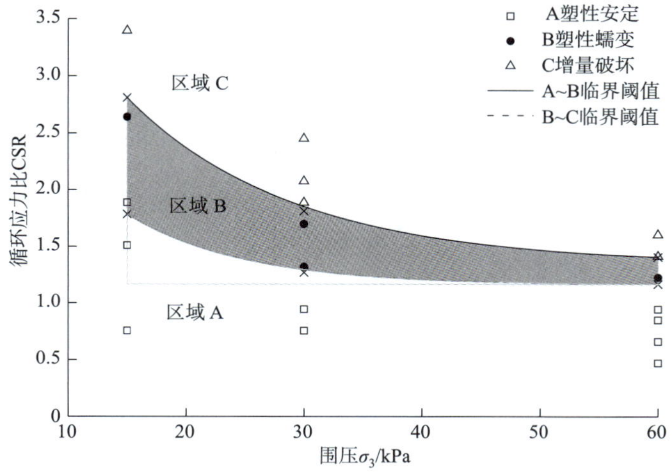

图 2-56　铁路基粗粒土填料在不同应力水平下安定行为分布与临界阈值曲线

环应力比临界阈值曲线进行拟合，如式(2-28)和式(2-29)。

A 塑性安定状态-B 塑性蠕变状态的动应力临界阈值曲线为

$$CSR=4.254\exp(-0.071\sigma_3)+1.348 \tag{2-28}$$

B 塑性蠕变状态-C 增量破坏状态的动应力临界阈值曲线为

$$CSR=2.869\exp(-0.102\sigma_3)+1.160 \tag{2-29}$$

对动应变幅值的临界阈值曲线进行分析，如图 2-57 所示。绘出 A 塑性安定状态～B 塑性蠕变状态的临界阈值曲线，以及 B 塑性蠕变状态～C 增量破坏状态的临界阈值曲线，分别如图 2-57 中实线、虚线所示。结合获取的动应变安定临界条件，利用线性函数形式对高速铁路路基粗粒土填料的临界动应变临界阈值曲线进行拟合，得到式(2-30)和式(2-31)。

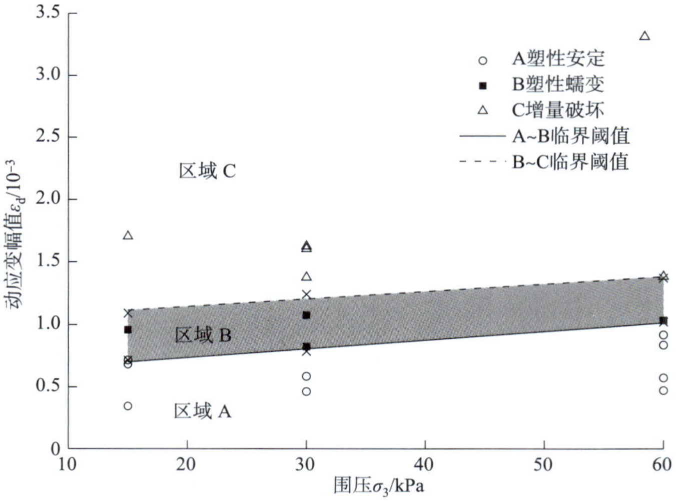

图 2-57　高速铁路路基粗粒土填料在不同应力水平下的安定行为分布与临界阈值曲线

A 塑性安定状态～B 塑性蠕变状态的动应变临界阈值曲线为

$$\varepsilon_d = 0.000\,694\sigma_3 + 0.059\,7 \tag{2-30}$$

B 塑性蠕变状态～C 增量破坏状态的动应变临界阈值曲线为

$$\varepsilon_d = 0.000\,595\sigma_3 + 0.103 \tag{2-31}$$

由图 2-57 可以看出，相对于动应力幅值，动应变的临界阈值曲线更趋向于线性，且斜率较小（10^{-4}量级）。在本文研究涉及的围压范围内，B 塑性蠕变状态的阴影区域大致处于 $0.7\times10^{-3}\sim1.3\times10^{-3}$ 的动应变幅值范围附近，可以近似得出结论，引起高速铁路路基填料由稳定的长期变形状态向不稳定的失稳状态的平均动应变约为 1×10^{-3}。

结合前述分析，安定临界阈值曲线与围压和循环应力比之间存在关系，给出的拟合参数适用于本试验条件下即典型季节性冻土区高速铁路路基粗粒土填料的试验结果，相关参数还取决于冻融循环影响、级配、密实度、含水量等因素。后续将采用类似方法对不同影响因素下的临界阈值曲线进行分析，以研究冻融循环-行车振动耦合作用对填料安定特性的影响。

2.3.5 冻融循环-行车振动耦合作用对填料安定特性的影响

1. 冻融循环-行车振动耦合作用下安定临界条件变化

冻融循环-行车振动耦合作用对填料维持长期变形稳定能力有一定削弱作用，历经冻融的影响，填料抗变形能力发生不同程度的劣化，更易发生变形累积和失稳破坏。通过安定理论分析，首先针对前述单级加载试验条件下的试验结果，提取冻融循环前后高速铁路路基填料动应力安定临界条件与动应变安定临界条件，如图 2-58 和图 2-59 所示。

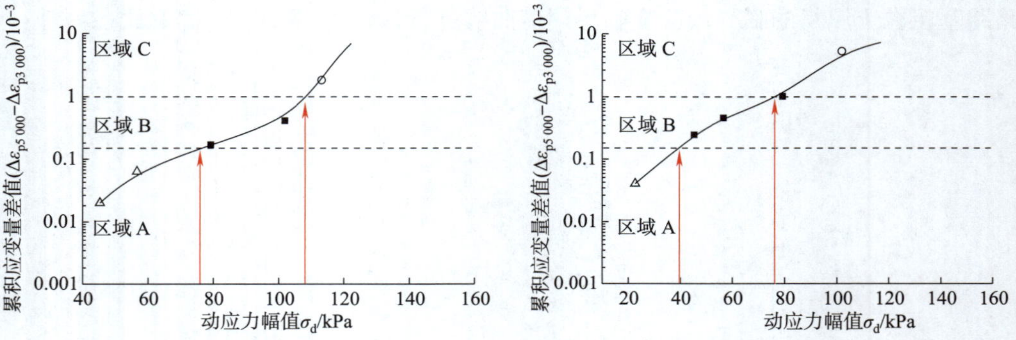

(a)σ_3＝30 kPa，冻融循环次数 N_{FT}＝0　　(b)σ_3＝30 kPa，冻融循环次数 N_{FT}＝6

图 2-58　冻融循环对高速铁路路基填料动应力安定临界条件的影响

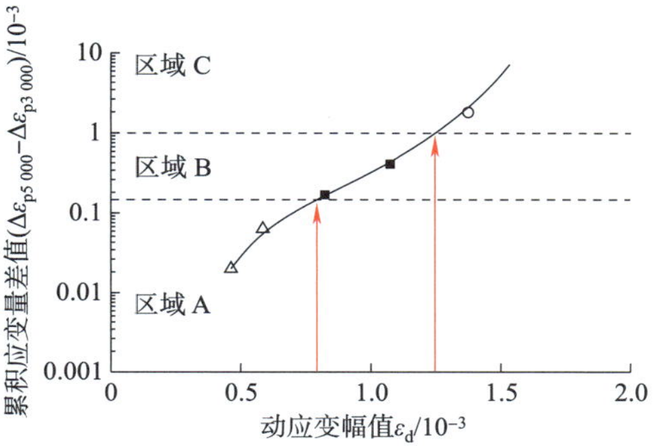

(a)σ_3＝30 kPa，冻融循环次数 N_{FT}＝0

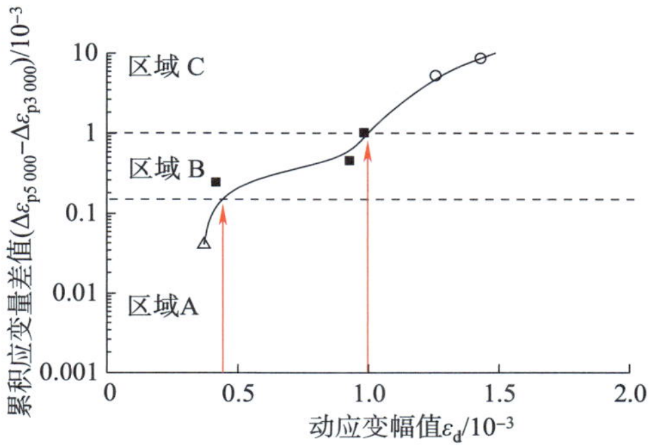

(b)σ_3＝30 kPa，冻融循环次数 N_{FT}＝6

图 2-59　冻融循环对高速铁路路基填料动应变安定临界条件影响

由图 2-58 可以看出，历经 6 次冻融循环作用的试样，其 A 塑性安定～B 塑性蠕变状态的动应力安定临界条件由约 75.9 kPa 下降至 39.9 kPa，幅度约 47.4%；B 塑性蠕变～C 增量破坏状态的动应力安定临界条件由约 108.5 kPa 下降至 76.9 kPa，幅度约 29.1%。由图 2-59 可以看出，历经 6 次冻融循环作用的试样，A 塑性安定-B 塑性蠕变状态的动应变安定临界条件由约 0.79×10^{-3}下降至 0.44×10^{-3}，幅度约 44.3%；B 塑性蠕变～C 增量破坏状态的动应变安定临界条件由约 1.24×10^{-3}下降至 0.99×10^{-3}，幅度约 20.2%。

由此可得，在经历冻融循环-行车振动耦合作用后，试样的长期变形稳定性削弱较为明显，引起路基变形由塑性安定状态转变为不稳定的塑性蠕变与增量破坏状态的动应力和动应变临界阈值均有不同程度的降低。基于大量多级加载下的试验结果，对围压、含水率等影响因素开展分析。

2. 围压的影响

图 2-60 给出了不同围压条件下冻融前后动应力安定临界条件的变化情况。可以看出，在未施加冻融循环时，A 塑性安定～B 塑性蠕变状态以及 B 塑性蠕变～C 增量破坏状态的动应力安定临界条件均随着围压增大而增大，与单级加载试验结果规律基本相符。经历 6 次冻融循环的试样，动应力临界条件的量值依旧随围压增大而增大，但两个动应力临界条件均有所下降。其中，15 kPa 围压下 A～B 动应力临界条件下降约 42.1%，B～C 动应力临界条件下降约 37.1%；30 kPa 围压下 A～B 动应力临界条件下降约 59.8%，B～C 动应力临界条件下降约 38.8%；60 kPa 围压下 A～B 动应力临界条件下降约 42.8%，B～C 动应力临界条件下降约 44.7%。整体而言，不同围压条件下 A～B 动应力临界条件削弱幅度相较 B～C 动应力临界条件稍大，随围压增大，两个动应力临界条件的削弱幅度变化不明显。

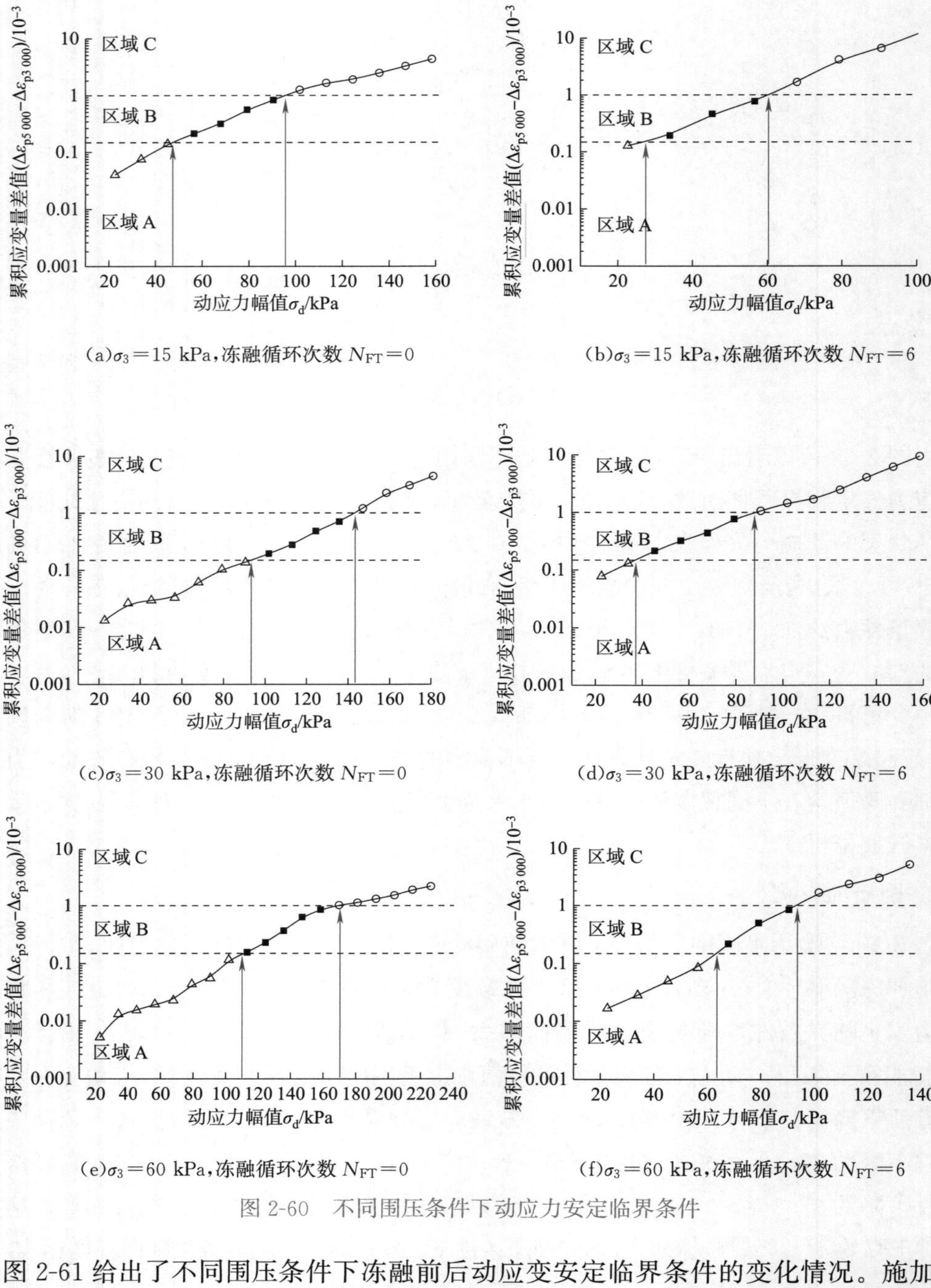

图 2-60　不同围压条件下动应力安定临界条件

图 2-61 给出了不同围压条件下冻融前后动应变安定临界条件的变化情况。施加冻融循环前后,A 塑性安定～B 塑性蠕变状态以及 B 塑性蠕变～C 增量破坏状态的动应变安定临界条件均随围压增大而增大,但增大的幅度较小。经历 6 次冻融循环和分级动载施加的试样,两个动应变临界条件均有所下降。其中,15 kPa 围压下 A～B 动应变临界条件下降约

29.5%，B～C 动应变临界条件下降约 25.8%；30 kPa 围压下 A～B 动应变临界条件下降约 29.5%，B～C 动应变临界条件下降约 21.3%；60 kPa 围压下 A～B 动应变临界条件下降约 23.5%，B～C 动应变临界条件下降约 11.0%。相对而言，动应变临界条件的削弱幅度相比动应力临界条件的变化较小，随围压增大，两个动应变临界条件同样呈现较不明显的削弱幅度变化。

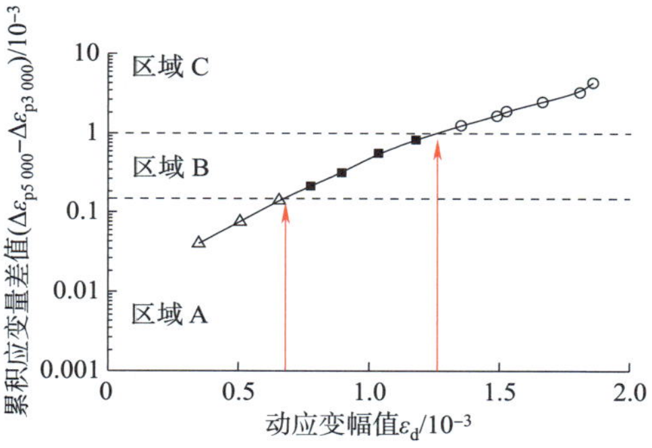

(a)σ_3＝15 kPa，冻融循环次数 N_{FT}＝0

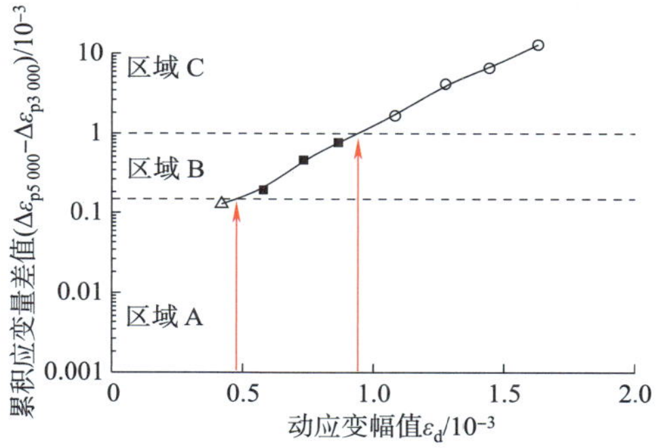

(b)σ_3＝15 kPa，冻融循环次数 N_{FT}＝6

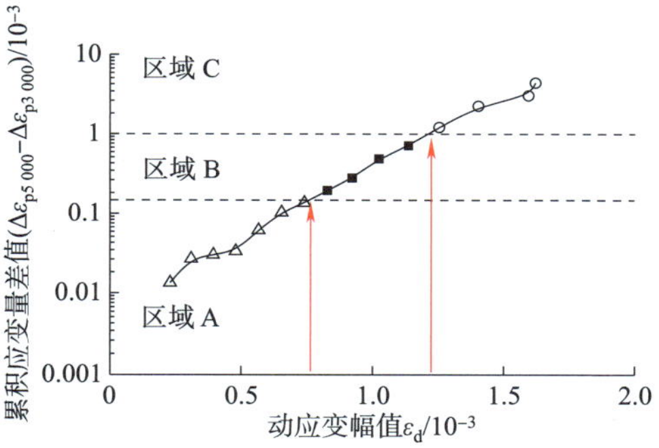

(c)σ_3＝30 kPa，冻融循环次数 N_{FT}＝0

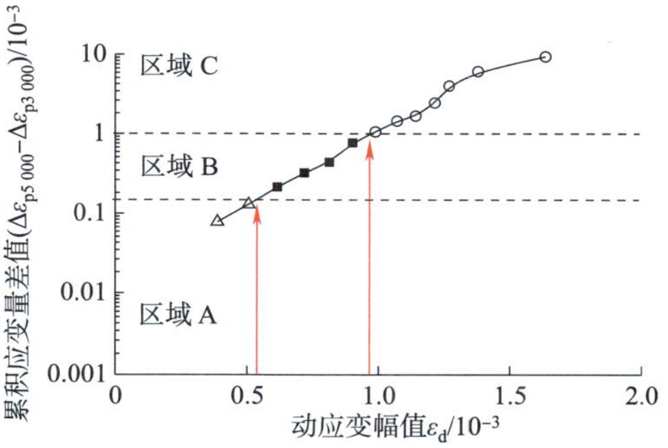

(d)σ_3＝30 kPa，冻融循环次数 N_{FT}＝6

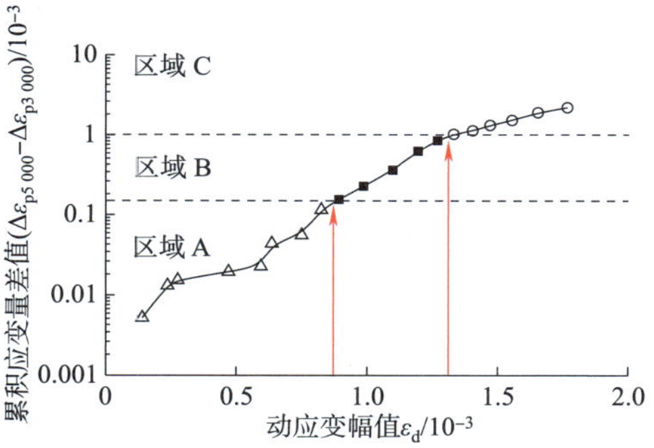

(e)σ_3＝60 kPa，冻融循环次数 N_{FT}＝0

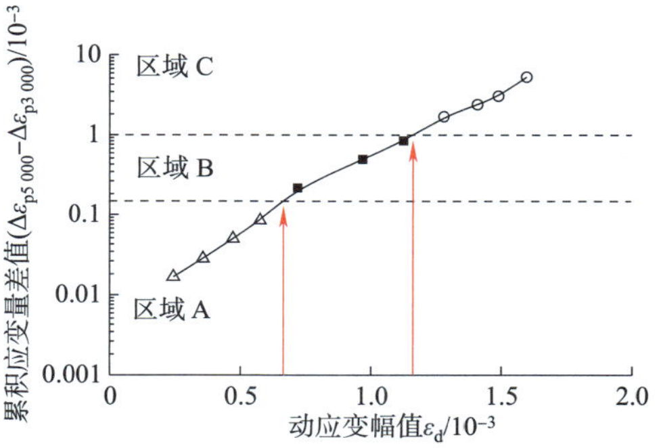

(f)σ_3＝60 kPa，冻融循环次数 N_{FT}＝6

图 2-61　不同围压条件下动应变安定临界条件

3. 含水率的影响

图 2-62 给出了不同含水率条件下的动应力安定条件。由图 2-62 可以看出，经历了 6 次冻融循环与多级动载耦合作用的试样，随含水率的增大，A 塑性安定～B 塑性蠕变状态以及 B 塑性蠕变～C 增量破坏状态的动应力安定临界条件均有所减小，相对于 2％含水率条件，4％、6％、8％含水率下的 A～B 动应力安定临界条件分别相对减小约 41.1％、62.1％、71.8％，B～C 动应力安定临界条件分别相对减小约 20.5％、43.0％、63.6％。含水率的变化对冻融循环-动载耦合作用下试样的两个动应力安定临界状态均有显著的影响。

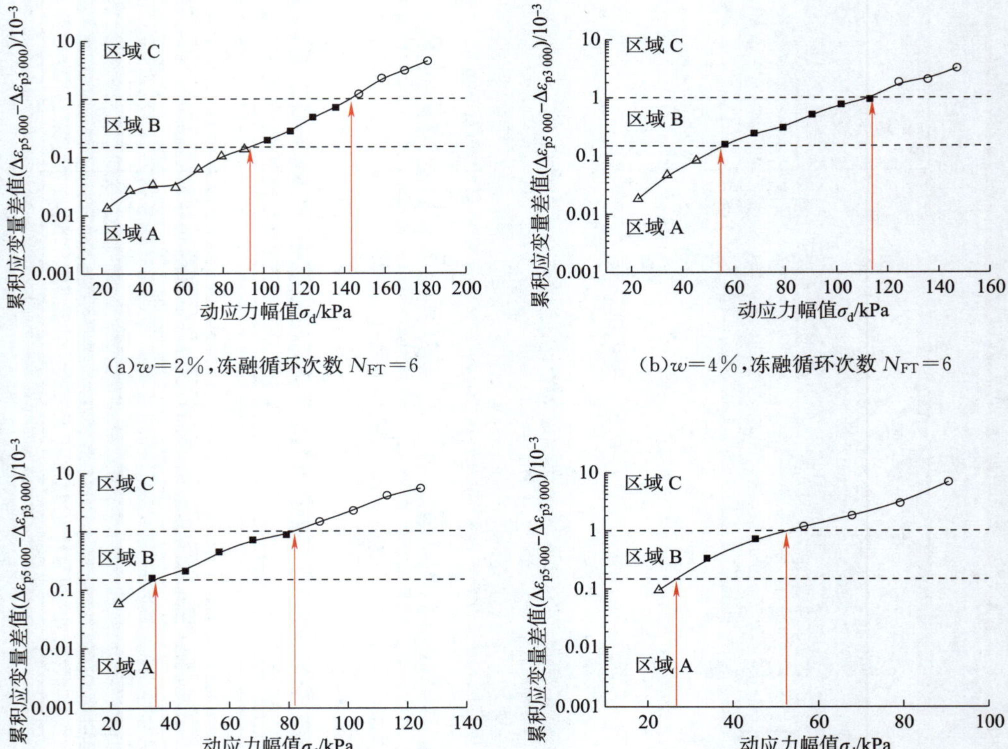

(a)w＝2％，冻融循环次数 N_{FT}＝6

(b)w＝4％，冻融循环次数 N_{FT}＝6

(c)w＝6％，冻融循环次数 N_{FT}＝6

(d)w＝8％，冻融循环次数 N_{FT}＝6

图 2-62　不同含水率条件下动应力安定临界条件

图 2-63 给出了不同含水率条件下的动应变安定条件。随含水率的增大，A 塑性安定～B 塑性蠕变状态以及 B 塑性蠕变～C 增量破坏状态的动应变安定临界条件均有所减小，相对于 2％含水率条件，4％、6％、8％含水率下的 A～B 动应变安定临界条件分别相对减小约 20.9％、38.3％、43.5％，B～C 动应变安定临界条件分别相对减小约 5.8％、18.3％、21.0％。含水率的变化对冻融循环-动载耦合作用下试样的两个动应变安定临界状态均有一定削弱影响，对动应力安定临界状态影响不明显。

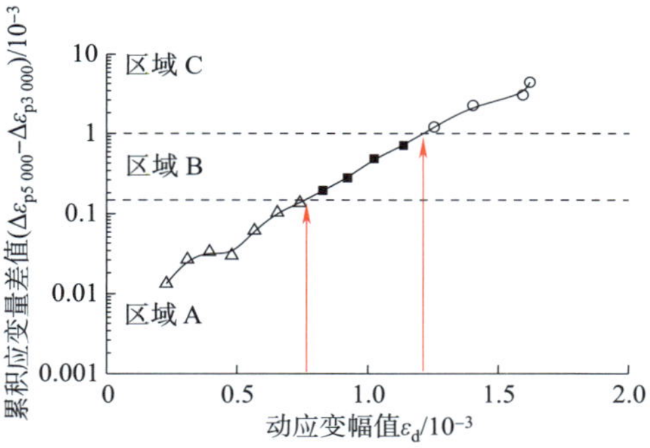

(a)w=2%，冻融循环次数 N_{FT}=6

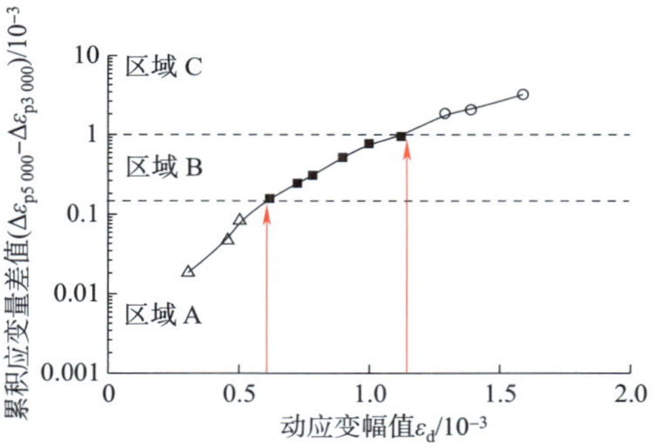

(b)w=4%，冻融循环次数 N_{FT}=6

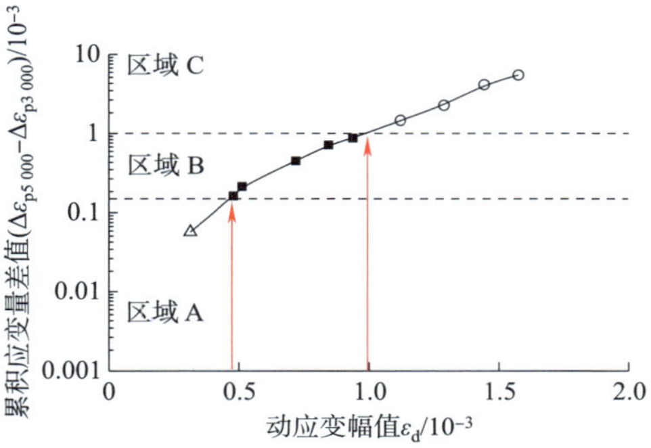

(c)w=6%，冻融循环次数 N_{FT}=6

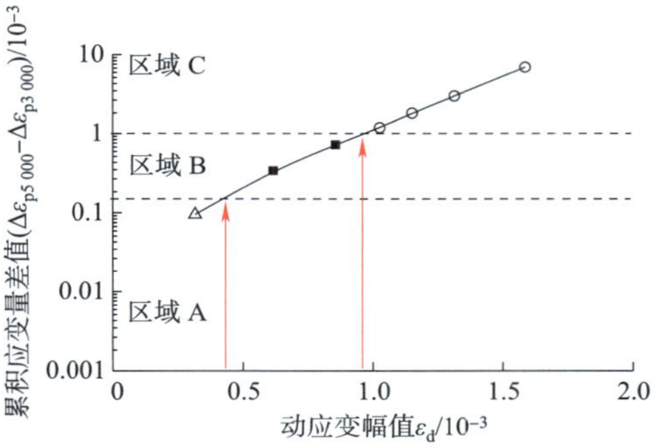

(d)w=8%，冻融循环次数 N_{FT}=6

图 2-63　不同含水率条件下动应变安定临界条件

在研究含水率范围内，含水率的增大引起了冻融循环-动载耦合作用下试样的应力-应变安定临界状态的降低，这是因为大含水率条件下会产生更为明显的冻胀融沉变形，试样产生了不同程度的松胀和结构性劣化，在多级动载施加过程中则趋向于更易发生大变形破坏，抵抗变形的稳定性降低。因此，严格控制路基填料含水率对季节性冻融环境下路基结构的耐久稳定具有重要意义。

参 考 文 献

[1] 国家铁路局. 铁路路基设计规范：TB 10001—2016[S]. 北京：中国铁道出版社，2016.

[2] 中华人民共和国铁道部. 铁路工程土工试验规程：TB 10102—2010[S]. 北京：中国铁道出版社，2011.

[3] 孔祥勋. 冻融环境下高铁路基粗粒土填料动力特性研究[D]. 哈尔滨：哈尔滨工业大学，2018.

[4] BRENNAN A J, THUSYANTHAN N I, MADABHUSHI S P. Evaluation of shear modulus and damping in dynamic centrifuge tests[J]. Journal of Geotechnical and Geoenvironmental Engineering, 2005, 131(12): 1488-1497.

[5] SEED H B, WONG R T, IDRISS I M, et al. Moduli and damping factors for dynamic analyses of cohesionless soils[J]. Journal of Geotechnical Engineering, 1986, 112(11): 1016-1032.

[6] ROLLINS K M, EVANS M D, DIEHL N B, et al. Shear modulus and damping relationships for gravels [J]. Journal of Geotechnical and Geoenvironmental Engineering, 1998, 124(5): 396-405.

[7] MATASOVIĆ N, KAVAZANJIAN Jr E. Cyclic characterization of OII landfill solid waste[J]. Journal of Geotechnical and Geoenvironmental Engineering, 1998, 124(3): 197-210.

[8] AUGELLO A J, BRAY J D, ABRAHAMSON N A, et al. Dynamic properties of solid waste based on back-analysis of OII landfill[J]. Journal of Geotechnical and Geoenvironmental Engineering, 1998, 124(3): 211-222.

[9] HARDIN B O, DRNEVICH V P. Shear modulus and damping in soil: Measurement and parameter effects[J]. Asce Soil Mechanics & Foundation Division Journal, 1972, 98(6): 603-624.

[10] LING X Z, ZHANG F, LI Q L, et al. Dynamic shear modulus and damping ratio of frozen compacted sand subjected to freeze-thaw cycle under multi-stage cyclic loading[J]. Soil Dynamics & Earthquake Engineering, 2015, 76: 111-121.

[11] KONG X X, TIAN S, TANG L, et al. Dynamic behavior of coarse-grained materials with different fines contents after freeze-thaw cycles under multi-stage dynamic loading: experimental study and empirical model[J]. Cold Regions Science and Technology, 2020, 175: 103078.

[12] KUMAR S S, KRISHNA A M, DEY A. Evaluation of dynamic properties of sandy soil at high cyclic strains[J]. Soil Dynamics and Earthquake Engineering, 2017, 99: 157-167.

[13] LIU J K, CUI Y H, LIU X, et al. Dynamic characteristics of warm frozen soil under direct shear test-comparison with dynamic triaxial test [J]. Soil Dynamics and Earthquake Engineering, 2020, 133: 106114.

[14] LI J C, BALADI G Y, ANDERSLAND O B. Cyclic triaxial tests on frozen sand[J]. Engineering Geology, 1979, 13(1-4): 233-246.

[15] 马巍，王大雁，等. 冻土力学[M]. 北京：科学出版社，2014.

[16] WICHTMANN T, TRIANTAFYLLIDIS T. Effect of uniformity coefficient on G/G max and damping ratio of uniform to well-graded quartz sands [J]. Journal of geotechnical and geoenvironmental engineering, 2013, 139(1): 59-72.

[17] ARAEI A A, RAZEGHI H R, GHALANDARZA D H A, et al. Effects of loading rate and initial stress state on stress-strain behavior of rock fill materials under monotonic and cyclic loading conditions[J]. Scientia Iranica, 2012, 19(5): 1220-1235.

[18] SUBRAMANIAM P, BANERJEE S. Shear modulus degradation model for cohesive soils[J]. Soil Dynamics and Earthquake Engineering, 2013, 53(10), 210-216.

[19] GHAYOOMI M, SUPRUNENKO G, MIRSHEKARI M. Cyclic triaxial test to measure strain-dependent shear modulus of unsaturated sand[J]. International Journal of Geomechanics, 2017, 17(9): 04017043.

[20] HARDIN B O, DRNEVICH V P. Shear modulus and damping in soils: measurement and parameter effects[J]. ASCE Soil Mechanics and Foundations Division Journal, 1972, 98(6): 603-624.

第3章 非饱和粗粒料冻胀试验与多场耦合模型

大量寒区铁路工程实践表明，路基不均匀冻胀严重威胁高速列车运行安全。为此，相关部门已采取一定的防冻措施，如设置隔水层、保温层，控制填料级配，以及改良填料等。根据《铁路路基设计规范》(TB 10001—2016)[1]，Ⅰ型级配碎石表层填料0.02 mm以下粒径质量百分率不应大于3%，在压实系数为0.97时，渗透系数应小于1×10^{-6} m/s，防止上部水分入渗；高速铁路路基基床底层采用A/B组填料，渗透系数大于5×10^{-5} m/s，以阻止底部水分向上迁移。同时，依据《高速铁路设计规范》(TB 10621—2014)[2]，寒区高速铁路路基基床底层填料的细粒含量不超过5%，属于冻胀不敏感填料。然而，试验结果表明，路基粗粒料存在微冻胀特性。根据《高速铁路有砟轨道线路维修规则(试行)》[3]，当列车以时速200～250 km运行，轨道静态和动态高低偏差容许值分别达到7 mm和8 mm时需要进行临时修补。随着我国高速铁路发展，列车提速对轨道平顺性的要求越来越高。因此，对于寒区高速铁路路基粗粒填料的冻胀理论研究仍有必要。

基床底层填料具有颗粒大、孔隙多、含气量高等特点，其冻胀特性与气态水迁移有关，尤其在温度降低的过程中，水气容易在覆盖层附近聚集，产生“锅盖效应”现象，加剧路基冻胀变形，成为高速铁路建设过程中的关键问题。基于此，采用自行研制的冻胀试验仪，开展路基粗粒料单向冻结试验，分析不同冷端温度下试样的温度变化、水分分布以及冻胀发展规律，建立考虑气态水迁移的水-热-气耦合分析模型，揭示非饱和粗粒填料冻胀过程中的水、气迁移机理。

3.1 冻胀试验装置与试验方案

3.1.1 试验装置

如图3-1所示，冻胀试验系统主要由XT5045B冻融循环箱、试样筒、温度控制系统、水分补给系统和数据采集系统组成。冻融循环箱采用风冷降温，温度控制范围为−35～+40 ℃。试样顶端和底端温度由2台冷浴分别控制，采用工业酒精进行降温，温度控制范围为−30～+90 ℃，精度为±0.1 ℃。冷端和暖端端头由导热性能优良的纯铜制成，可实现热量的快速传递。试样筒采用有机玻璃制成，内径为102 mm，高为245 mm，壁厚为10 mm，侧壁预留直径为 3 mm 的圆孔，用于放置温度传感器。试样筒周围包裹保温材料，减少热量损失。采用马氏补水瓶从试样底部进行水分补给。数据采集系统包括温度传感器、位移传感器和差压传感器等传感器及安捷伦 34970A 数据采集器两部分。其中，温度传感器为针式热敏电阻，精度为±0.1 ℃。位移传感器采用线性可变差动变压器(LVDT)，测量范围为 0～100 mm，精度为±0.01 mm。差压传感器与马氏补水瓶底部连接，通过压力差测量试样的补水量，精度可达 0.1 mL，测量范围为 0～300 mL。

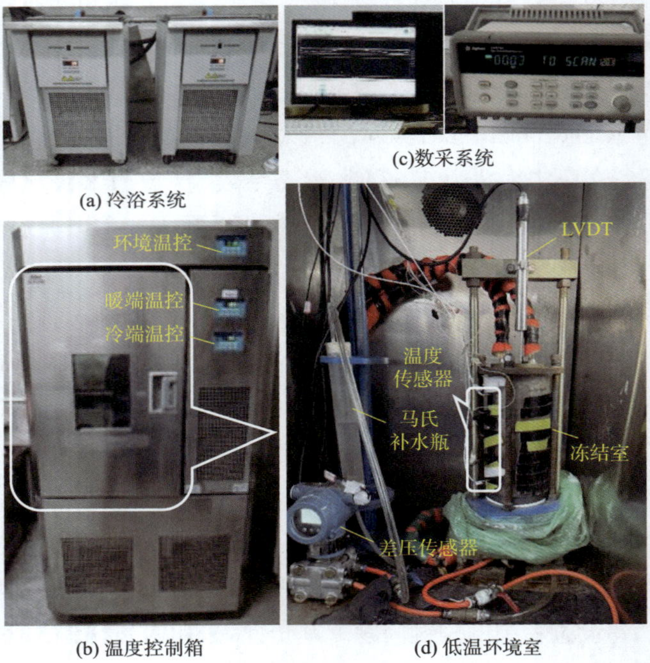

图 3-1　冻胀试验系统

3.1.2　试验步骤与工况

受试样筒尺寸(内径为 102 mm，高为 245 mm)限制，需要对填料进行处理。根据《铁路工程土工试验规程》(TB 10102—2010)[4]，采用等量替代法，将大于 20 mm 的颗粒替换。采用击实试验得到替换后填料最优含水率为 6.5%，最大干密度为 2.26 g/cm^3。计算各粒径质量，按照最优含水率配土，混合均匀后放入保鲜盒内静置 12 h，保证水分在土中分布均匀。按照分层压实的方法制备高为 200 mm，直径为 100 mm 的试样，每层填料高度为 50 mm，采用标准锤击法将压实度控制在 95%。为防止试样层间分离，在每次压实完成后对试样进行拉毛处理。

根据哈佳快速铁路沿线典型工程场地特点，开展开放系统粗粒料单向冻结试验，主要研究冻结温度对粗粒料冻胀特性的影响，试验工况详见表 3-1。

冻胀试验具体步骤如下：

(1)连接差压传感器与马氏补水瓶，调整马氏补水瓶高度，使马氏补水瓶出水管顶部与试样底部液面平齐。

(2)将制备好的试样转移到有机玻璃筒中，置于仪器底座上。由上而下分别水平插入 5 个温度传感器，记录传感器编号与位置。

(3)在试样顶部放置冷端端头，保持端头水平，安装位移传感器，保证其在有效量程内正常工作。

(4)在有机玻璃筒周围包裹保温材料。将环境温度、冷端和暖端温度均设置为＋3 ℃，恒温 12 h 使土样内部温度稳定。在恒温阶段，进水阀关闭，试样处于封闭状态。

(5)调节冷端温度至试验工况对应温度，同时打开进水阀，对试样进行补水。打开数据采集软件，记录冻结过程中温度、位移等数据，持续 60 h。

(6)保存数据，关闭数据采集设备。依次拆除外部保温材料、位移传感器、温度传感器等。

(7)拆除试样，沿试样高度进行分层，采用烘干法测试每 2 cm 厚试样土体平均含水率。

表 3-1　粗粒土单向冻胀试验工况

工况	冷端温度/℃	暖端温度/℃	环境温度/℃	冻结周期/h	补水条件
Y1	−2	＋3	＋3	60	开放
Y2	−5	＋3	＋3	60	开放
Y3	−10	＋3	＋3	60	开放
Y4	−15	＋3	＋3	60	开放

3.2　试验结果分析

3.2.1　温度分布

温度降低是诱发冻胀的直接因素。当试样温度低于土中液态水的凝结温度时，液态水冻结成冰，同时水分向冻结锋面移动，土体体积变大，在竖向隆起表现为冻胀。

冻结温度是用来确定土体冻结状态的重要指标和依据。土中水存在于土颗粒孔隙中，受土颗粒表面能的束缚和化学物质的影响，土体冻结温度一般低于 0 ℃。由图 3-2 可知，粗粒土冻结温度为−0.17 ℃。

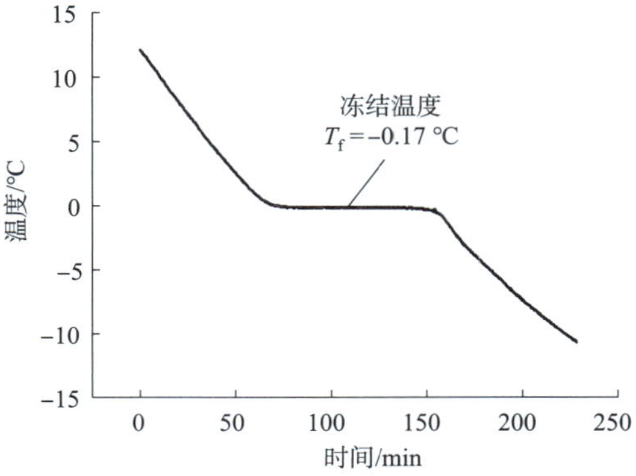

图 3-2　试样冻结温度测试曲线

图 3-3 为试样不同位置处（距试样底端

20 mm、60 mm、120 mm、150 mm 和 180 mm）温度时程曲线。图 3-3 中虚线表示试样 180 mm 处温度变化率。根据温度变化率的曲线形状将粗粒料降温过程划分为速冻（FC）、缓冻（SC）和稳定（SS）三个阶段。FC 阶段持续时间较短，一般在 5 h 以内。随冷端温度的降低，FC 持续时间存在缩减的趋势。在 SC 阶段，温度缓慢降低，各测点的降温速率逐渐变小，最终趋近于零。在此阶段，冻结锋面逐渐下移，冻结深度也逐渐增加。SS 阶段最晚在降温 30 h 后出现，此时温度变化率保持在零附近，各测点温度基本不变。总体而言，冷端温度越低，FC 阶段的持续时间越短，更容易进入 SS 阶段。

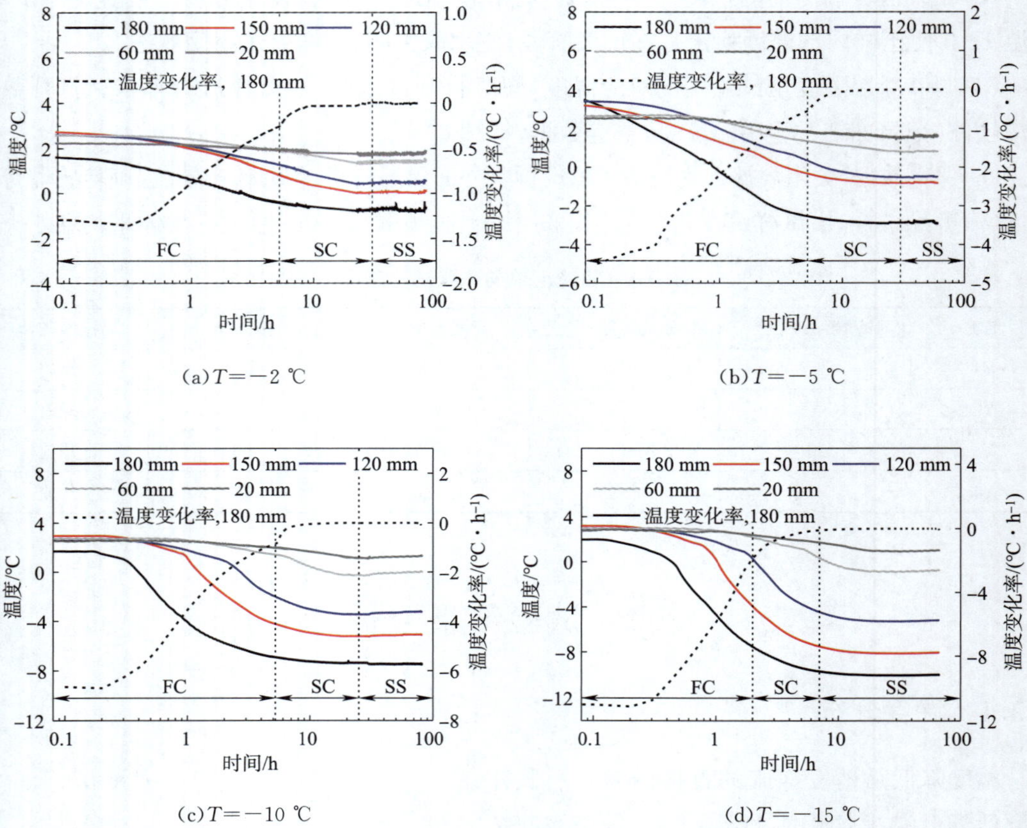

(a) $T=-2$ ℃　　(b) $T=-5$ ℃

(c) $T=-10$ ℃　　(d) $T=-15$ ℃

图 3-3　试样温度发展曲线

图 3-4 为不同工况下试样温度分布曲线。图中 6 条曲线反映了降温 0 h、1 h、6 h、12 h、24 h 和 60 h 时，温度在土体中的传递过程。由图 3-4 可见，当冻结时间短于 6 h 时，近暖端土体温度变化较小，此时热通量对暖端土体的影响较小，对近冷端土体的影响较大；冷端温度越低，土体温度降低速率越快。随着降温时间的推移，冻结锋面下移，冻结区长度逐渐增加。12 h 后不同工况下试样温度基本稳定，趋于线性分布。稳定的试样温度梯度分别为 −16.0 ℃/m、−27.3 ℃/m、−54.3 ℃/m 和 −68.7 ℃/m，与设定的温度梯度 −25.0 ℃/m、

−40 ℃/m、−65 ℃/m 和−90 ℃/m 偏差较大，这是由土体存在一定的温度阻抗导致的。

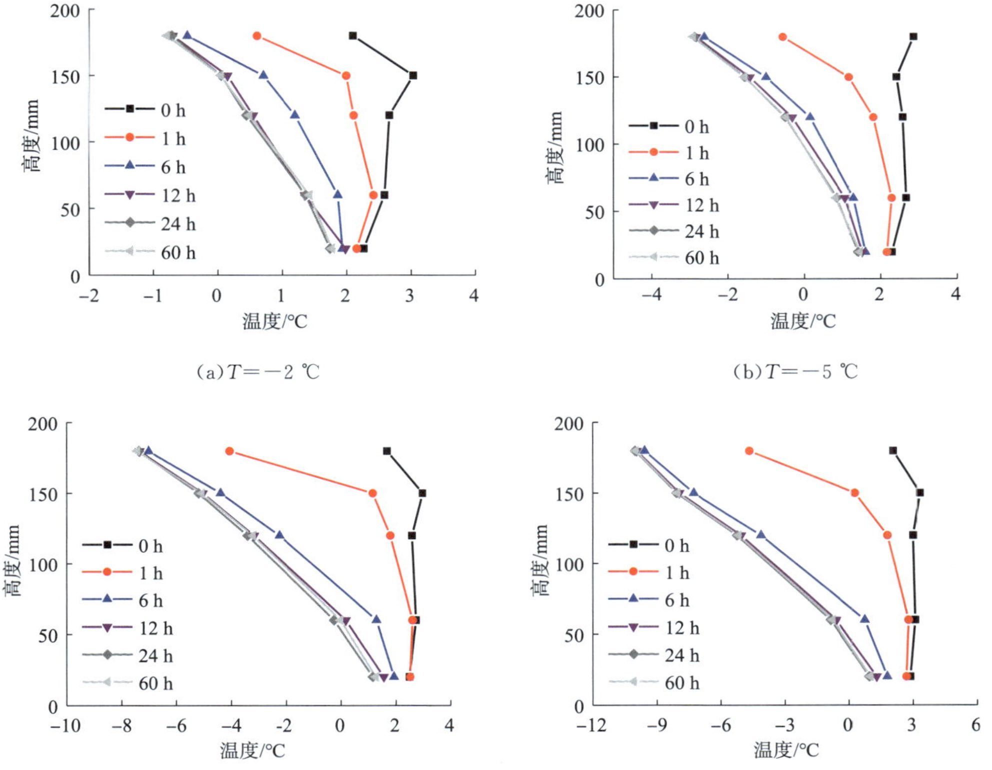

(a) $T=-2$ ℃　(b) $T=-5$ ℃

(c) $T=-10$ ℃　(d) $T=-15$ ℃

图 3-4　试样温度分布图

3.2.2　水-气迁移与冻胀量

冻结过程中补水量与冻胀量的变化规律如图 3-5 所示。由图 3-5 可知，不同温度下试样的补水量和冻胀量存在一定差异。整体而言，随温度的降低，总补水量呈现降低的规律，而冻胀量则呈现先增加后降低的趋势，在−5 ℃时，冻胀量达到最大。粗颗粒填料孔隙大，孔隙中水蒸气较多，其冻胀不仅与液态水迁移有关，与气态水迁移也存在很大关系。冻结过程中，在温度梯度作用下，气态水和液态水向冷端迁移，在冻结锋面附近未冻区形成负压，提高对水分的吸力。

在冻结初始阶段，试样底部水分来不及迁移，该部分冻胀以原位冻胀为主，由部分液态水冻结和气态水凝华成冰导致。随着冻结时间的增长，补水量持续增加，在冻结温度为−2 ℃和−5 ℃的条件下，冻胀量缓慢增加。此时，填料的冻胀与外界水-气补给存在较大关系。冻结温度为−10 ℃和−15 ℃时，路基填料冻胀量小，且迅速趋于稳定。造成此现象的原因是，在温度很低的情况下，土样快速冻结，达到稳定状态所需的时间短，水分来不及迁

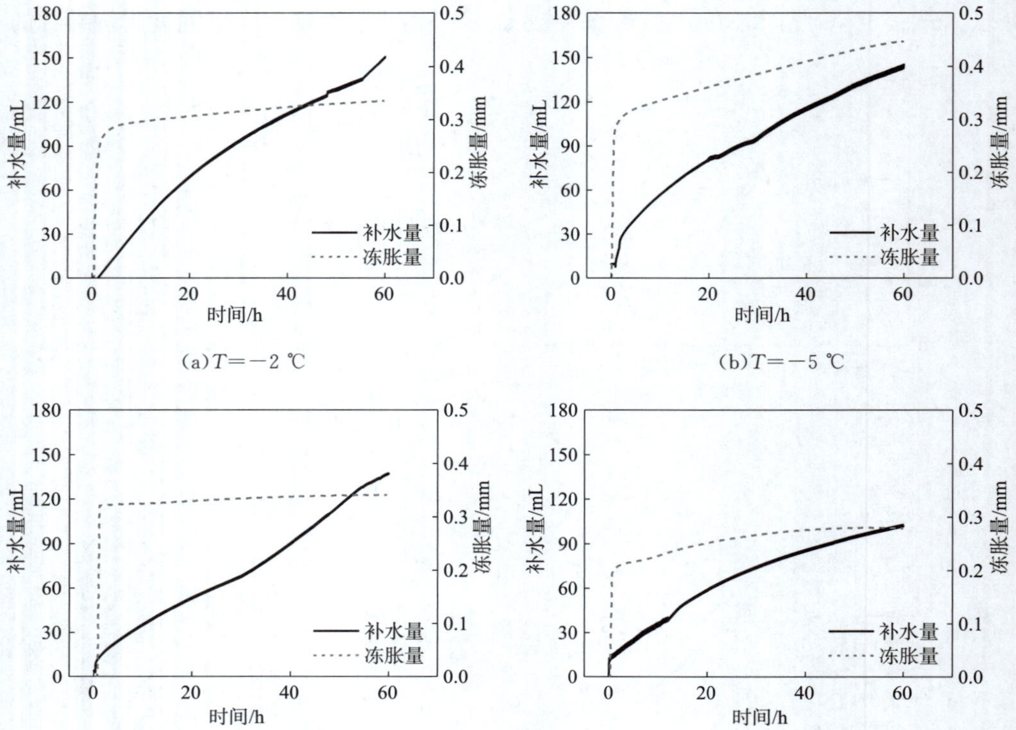

(a) $T=-2$ ℃　(b) $T=-5$ ℃　(c) $T=-10$ ℃　(d) $T=-15$ ℃

图 3-5　冻胀量与补水量发展曲线

移。结合图 3-3 温度变化曲线可知，在低温和快速冻结的条件下，虽然存在水分补给，但对最终冻胀量的贡献很小。由上述分析可知，对于粗粒土而言，水气迁移对土样冻胀的影响不可忽视。

试验结束后，沿试样高度方向每隔 2 cm 测定含水率，得到如图 3-6 所示结果。由图 3-6 可知，沿试样高度方向存在两个峰值含水率，且均大于初始含水率。第一个峰值位于试样顶端，主要由冷端附近液态水冻结和气态水凝华导致，不同温度下含水率分别约为 7.97%、8.69%、8.02%、8.05%；第二个峰值点出现在冻结锋面附近，主要是由温度梯度作用下气态水和液态水向冻结锋面迁移、聚集导致的[5]，不同温度下含水率分别为 9.51%、10.14%、10.74%、9.60%，均大于初始含水率。

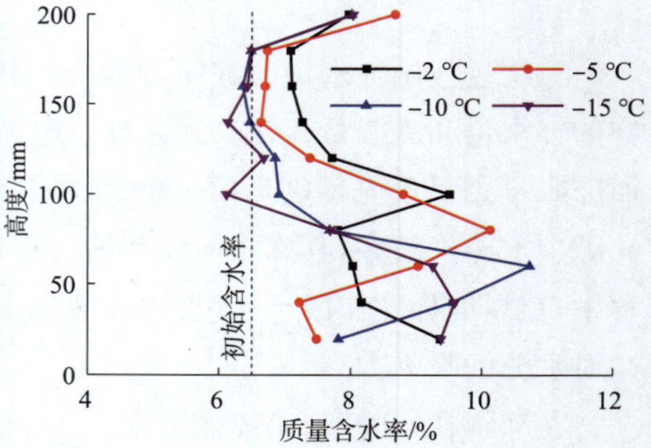

图 3-6　冻胀试验结束后试样含水量分布

粗颗粒填料孔隙大，孔隙冰分布不均匀，不足以挤压土颗粒至分隔开，因此没有冰分凝现象产生，仅在颗粒表面包裹一层冰，如图 3-7(a)所示。在粗颗粒填料中，水分迁移以液态水和气态水两种形式进行。液态水主要在土颗粒间的孔隙聚集，形成与土颗粒紧密结合的孔隙冰粒，如图 3-7(b)所示；粗颗粒土颗粒大、且相互连通，为水气迁移提供了通道，由于冷端温度低，气态水在试样上表面聚集、凝华，形成一层薄冰层，进一步地加剧冻胀，这也是“锅盖效应”产生的原因。

(a)水气凝华成冰

(b)孔隙冰

图 3-7　粗粒料中冰的分布

3.2.3　冻结深度

在冻结过程中，当土体温度低于其冻结温度时，土中水分逐渐转化为冰。土体冻结深度是指试样顶端到冻结锋面的距离，即冻结层厚度。根据温度分布曲线，通过插值法得到冻结深度随时间的变化规律。冻结深度发展曲线的斜率即为冻结锋面的移动速度(以下简称“冻结速率”)。图 3-8 表示不同冷端温度下试样冻结深度与冻结速率随时间的变化曲线。由图 3-8 可见，由于冷端的降温作用，初始冻结速率较大，试样冻结锋面逐渐向下推移，冻结深度迅速增加；随着时间的推移，冻结速率逐渐趋于零，冻结深度达到稳定状态。随着冷端温度的降低，试样稳定冻结深度逐渐增加，不同冷端温度的试样稳定冻结深度分别为 48.3 mm、102.3 mm、140.4 mm 和 157.4 mm。

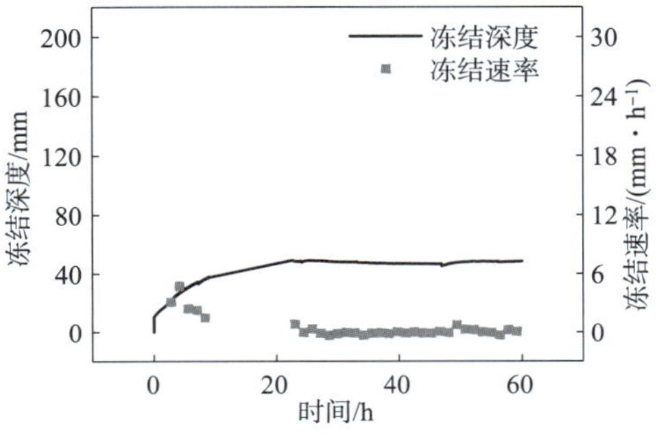

(a)$T=-2$ ℃

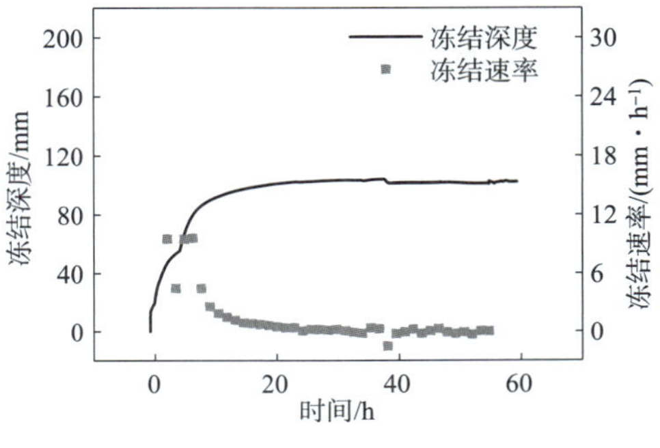

(b)$T=-5$ ℃

图 3-8

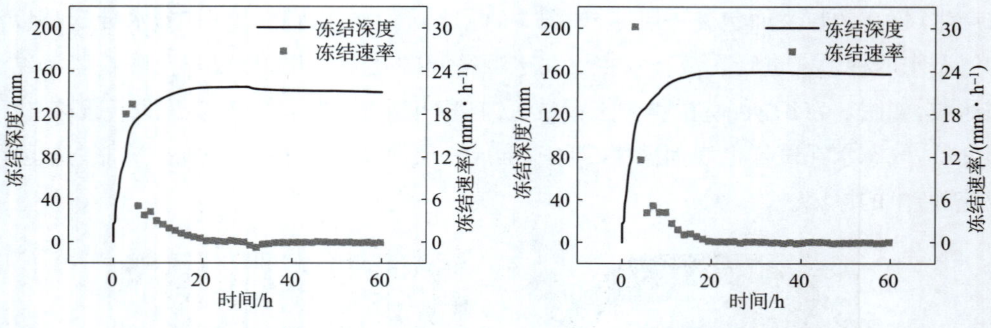

图 3-8 试样冻结深度与冻结速率变化曲线

冻胀率是评价土体冻胀性强弱的关键指标，由试样的最终冻胀量和稳定冻结深度可获得不同工况下粗粒料的平均冻胀率，见式(3-1)。利用冻胀率与试样冷端温度可换算出粗粒料的冻胀系数，见式(3-2)，结果汇总于表 3-2。如图 3-9 所示，随着冷端温度的降低，试样冻胀率和冻胀系数均显著降低。

$$\eta=\frac{\Delta h}{h_1-\Delta h} \tag{3-1}$$

$$\alpha_h=\frac{\eta}{T} \tag{3-2}$$

式中 η——冻胀率；

Δh——最终冻胀量，mm；

h_1——稳定冻结深度，mm；

α_h——冻胀系数。

表 3-2 不同工况下冻胀试验结果

工况	冷端温度/℃	冻胀量/mm	冻深/mm	冻胀率/%	冻胀系数/℃⁻¹
Y1	−2	0.336	48.352	0.700	3.499×10^{-3}
Y2	−5	0.449	102.343	0.440	8.809×10^{-4}
Y3	−10	0.342	140.406	0.244	2.439×10^{-4}
Y4	−15	0.280	157.438	0.178	1.188×10^{-4}

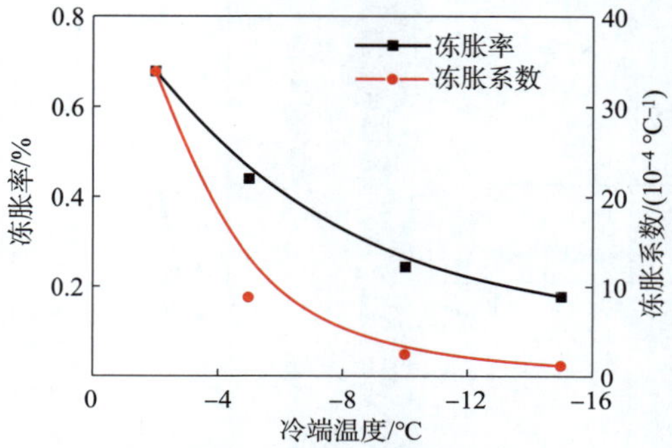

图 3-9 试样冻胀率和冻胀系数与冷端温度关系

3.3　水-热-气多场耦合理论

根据上述试验结果可知，水气迁移引起的非饱和粗粒料冻胀不容忽视。受测试技术限制，无法直接获取冻结过程中水、气迁移规律[6]，因此急需建立水-热-气耦合模型揭示非饱和土冻结过程中的水、气迁移机理。主要假设如下：

(1)土体为各向同性均匀连续体；

(2)土颗粒不会随液态水的迁移而移动，且孔隙冰相对于土颗粒静止；

(3)冰-水、冰-土颗粒和水-土颗粒界面没有温度差，满足局部热力学平衡条件；

(4)不考虑土柱的前期固结影响，且土颗粒不可压缩；

(5)冰晶体不可压缩，忽略其密度变化；

(6)忽略热对流的影响。

3.3.1　非饱和土水分场控制方程

非饱和冻土中的水分以液态水、气态水和冰的形式共同存在，根据质量守恒定律可得非饱和土的水分场控制方程为[6]

$$\frac{\partial \theta_1}{\partial t}+\frac{\rho_i \partial \theta_i}{\rho_1 \partial t}+\frac{\rho_v \partial \theta_v}{\rho_1 \partial t}=-\nabla \cdot (q_1+q_v) \tag{3-3}$$

式中　θ_1——液态水体积分数；

θ_v——气态水体积分数；

θ_i——含冰量(体积分数)；

ρ_i——孔隙冰密度；

ρ_1——液态水密度；

ρ_v——水蒸气密度；

t——时间；

q_1——非饱和土中液态水通量；

q_v——非饱和土中气态水通量。

在非饱和土中等效气态水体积分数可用公式(3-4)表示：

$$\theta_v=\theta-\theta_1-\theta_i \tag{3-4}$$

式中　θ——总含水率(体积分数)。

水蒸气密度 ρ_v 与饱和水汽密度 ρ_{vs}、相对湿度 H_r 满足：

$$\rho_v=\rho_{vs} H_r \tag{3-5}$$

$$\rho_{vs}=\exp(31.37-6\ 014.79/T_{abs}-7.95\times 10^{-3} T_{abs})\times 10^{-3} T_{abs}^{-1} \tag{3-6}$$

式中 T_{abs}——绝对温度。

根据文献[7]的研究,在基质吸力和温度梯度共同作用下,非饱和粗粒料中液态水通量和气态水通量可由公式(3-7)和公式(3-8)表示:

$$q_l = -K_{lh}\left(\frac{\partial H}{\partial z}+1\right)-K_{lT}\frac{\partial T}{\partial z} \tag{3-7}$$

$$q_v = -K_{vh}\frac{\partial H}{\partial z}-K_{vT}\frac{\partial T}{\partial z} \tag{3-8}$$

式中 H——基质吸力水头,m;

z——纵坐标,m;

T——温度,℃;

K_{lh}——由基质吸力引起的液态水渗透系数;

K_{lT}——由温度引起的液态水渗透系数;

K_{vh}——由基质吸力引起的气态水渗透系数;

K_{vT}——由温度引起的气态水渗透系数。

冻结状态时非饱和粗粒料水分场控制方程可以写为

$$\frac{\partial\theta_l}{\partial t}+\frac{\rho_v}{\rho_l}\frac{\partial\theta_v}{\partial t}+\frac{\rho_i}{\rho_l}\frac{\partial\theta_i}{\partial t}=\frac{\partial}{\partial z}\left[K_{lh}\left(\frac{\partial H}{\partial z}+1\right)+K_{lT}\frac{\partial T}{\partial z}+K_{vh}\frac{\partial H}{\partial z}+K_{vT}\frac{\partial T}{\partial z}\right] \tag{3-9}$$

非饱和土的土水特征曲线可由 Van-Genuchte 模型[8]描述,表达式为

$$S_e=\frac{\theta_l-\theta_{res}}{\theta_s-\theta_{res}}=\left(1+|\alpha_1 H|^{n_1}\right)^{-m_1} \tag{3-10}$$

式中 θ_s——饱和含水率;

θ_{res}——残余含水率;

α_1, n_1, m_1——拟合参数,其中 $m_1=1-1/n_1$。

非饱和土的渗透系数根据 Mualem 模型[9]获得,表示为

$$K_{lh}=K_s S_e^l\left[1-\left(1-S_e^{1/m_1}\right)^{m_1}\right]^2 \tag{3-11}$$

$$q_{lh}=-K_{lh}\left(\frac{\partial H}{\partial z}+1\right) \tag{3-12}$$

式中 K_s——饱和渗透系数,m/s;

l——调整参数,一般取值为 0.5。

考虑冻土中冰的阻抗影响,冻土中导水系数修正[10]满足:

$$K'_{lh}=10^{-\Omega\theta_i}K_{lh} \tag{3-13}$$

式中 Ω——无量纲经验系数。

非饱和土导水系数 K'_{lh} 与水分扩散系数 D_w 有关,满足:

$$D_w=\frac{K'_{lh}}{c_w} \tag{3-14}$$

其中,体积比水容量 c_w 可表示为

$$c_w=\frac{\alpha_1 m_1}{1-m_1}S_e^{1/m_1}(1-S_e^{1/m_1})^{m_1} \tag{3-15}$$

由温度引起的液态水迁移渗透系数 K_{uT}，由基质吸力和温度引起的蒸气迁移渗透系数 K_{vh}、K_{vT}分别为[11]

$$K_{lT}=\frac{K_{lh}(HG_{wT})}{\gamma_0}\frac{d\gamma}{dT} \tag{3-16}$$

$$K_{vh}=\frac{D_v}{\rho_l}\left(\rho_{vs}\frac{Mg}{RT}H_r\right) \tag{3-17}$$

$$K_{vT}=\frac{D_v}{\rho_w}\eta H_r\frac{d\rho_{vs}}{dT} \tag{3-18}$$

式中 G_{wT}——温度相关的增益因子；

γ_0——25 ℃时水的表面张力，g/s^2；

γ——水的表面张力，g/s^2；

M——水的摩尔质量，取 0.018 kg/mol；

g——重力加速度，m/s^2；

R——气体常数，其值为 8.341 J/(mol·K)；

V_η——无量纲的水汽扩散增强因子，与温度有关；

D_v——水气在非饱和冻土中的扩散系数，m^2/s。

水的表面张力是温度的函数[12]，可表示为

$$\gamma=75.6-0.142\,5T-2.38\times10^{-4}T^2 \tag{3-19}$$

水气扩散增强因子 V_η表达式为[13]

$$V_\eta=9.5+3\frac{\theta_l}{\theta_s}-8.5\exp\left\{-\left[\left(1+\frac{2.6}{\sqrt{f_c}}\right)\frac{\theta_l}{\theta_s}\right]^3\right\} \tag{3-20}$$

式中 f_c——土中黏性颗粒的质量分数，取 0.05。

相对湿度 H_r可以表示为

$$H_r=\exp\left(\frac{HMg}{RT_{abs}}\right) \tag{3-21}$$

值得注意的是，式(3-21)中 H_r 的单位为 cm，使用时应转换成 m。

水气在土中的扩散度 D_v表达式为[14]

$$D_v=\frac{\theta_a^{7/3}}{\theta_s^2}\theta_a D_a \tag{3-22}$$

式中 θ_a——空气孔隙度，近似等于 θ_v；

D_a——水气在空气中的扩散度，表达式为

$$D_a=2.12\times10^{-5}\left(\frac{T_{abs}}{273.15}\right)^2 \tag{3-23}$$

3.3.2 非饱和土温度场控制方程

综合考虑非饱和土中水分的迁移、蒸发、冷凝、相变过程，非饱和土中热量传递控制方程可以表示为[15]

$$c_p\frac{\partial T}{\partial t}-L_i\rho_i\frac{\partial\theta_i}{\partial t}+L_l\rho_l\frac{\partial\theta_v}{\partial t}=\frac{\partial}{\partial z}\left(\lambda_p\frac{\partial T}{\partial z}\right)-c_l\frac{\partial(q_lT)}{\partial z}-c_v\frac{\partial(q_vT)}{\partial z}\tag{3-24}$$

式中 c_p——总体积热容；

L_l——水的蒸发潜热；

λ_p——导热系数；

c_l——液态水体积热容；

c_v——水蒸气体积热容。

土体为多相多孔介质，总体积比热容可各成分体积比热容的加权平均值表示为

$$c_p=c_s\theta_s+c_l\theta_l+c_i\theta_i+c_v\theta_v\tag{3-25}$$

式中 c_s——土颗粒体积热容；

c_i——孔隙冰体积热容；

c_v——水蒸气体积热容。

总导热系数 λ_p采用模型为

$$\lambda_p=\lambda_s\theta_s+\lambda_l\theta_l+\lambda_i\theta_i+\lambda_v\theta_v\tag{3-26}$$

式中 λ_s——土颗粒导热系数；

λ_l——液态水导热系数；

λ_i——孔隙冰导热系数；

λ_v——空气的导热系数。

水的蒸发潜热与温度有关，根据 Sakai 等[16]研究成果：

$$L_l=2.501\times10^6-2\ 369.2T\tag{3-27}$$

为便于求解，引入“冰水比”的概念，即土孔隙中冰体积与未冻水体积之比。

$$\frac{\theta_i}{\theta_l}=\begin{cases}\dfrac{\rho_l}{\rho_i}\left[\left(\dfrac{T}{T_f}\right)^B-1\right] & T<T_f\\ 0 & T\geqslant T_f\end{cases}\tag{3-28}$$

令：

$$B(T)=\begin{cases}\dfrac{\rho_l}{\rho_i}\left[\left(\dfrac{T}{T_f}\right)^B-1\right] & T<T_f\\ 0 & T\geqslant T_f\end{cases}\tag{3-29}$$

式中 T_f——土体冻结温度下限，K；

B——常数。

体积含冰量可表示为

$$\theta_i = B(T) \times \theta_l \tag{3-30}$$

对于饱和土，水分迁移及相变为冰的膨胀作用全部用来挤压土颗粒，产生冻胀，由冻结引起的体应变可表示为[17]

$$\varepsilon_v = \theta_i + \theta_l - n_0 \tag{3-31}$$

式中 n_0——初始孔隙率；

ε_v——体积应变增量，不考虑固结作用，如果 $\varepsilon_v < 0$，则取 $\varepsilon_v = 0$。

对于非饱和土，水分迁移及冰晶一部分用于填充土颗粒之间的孔隙，不会引起冻胀；另一部分用于挤压土颗粒，导致非饱和土体积发生变化。参考白瑞强的研究[6]，引入比例因子 β_1（取值范围 0～1）表示非饱和粗粒料的体变增量为

$$\varepsilon_v = \begin{cases} \beta_1(\theta_i + \theta_l - n_0) & \theta < \theta_s \\ \theta_i + \theta_l - n_0 & \theta \geqslant \theta_s \end{cases} \tag{3-32}$$

式中 θ_s——饱和含水率；

ε_v——非饱和粗颗粒体变增量，若 $\varepsilon_v < 0$，取 $\varepsilon_v = 0$。

若土体位移场、水分场和温度场已知，则可反演确定有效应变比 β_1。

3.4 粗粒料冻胀数值模型

基于上述理论，采用多物理场耦合软件 Comsol Multiphysics 对高速铁路路基填料试样冻胀过程进行数值模拟。试样直径为 100 mm、高为 200 mm。模型选用正方形网格如图 3-10 所示，计算时长为 60 h，步长为 0.5 h。

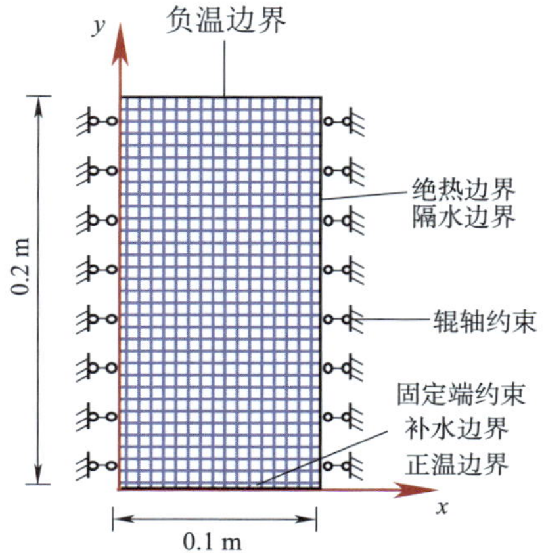

图 3-10 土柱有限元模型

以−5 ℃的工况为例进行模拟，试样初始体积含水量为 0.13，底部有水源补给，两侧水分与外界隔绝，属于零通量边界；试样顶端温度为 268.15 K，底端和初始温度均为 276.15 K；试样底部固定，位移为零，侧面约束水平位移，顶部无约束。初始边值条件数学表示为

$$T|_{y=0}=276.15\ \mathrm{K};T|_{y=200}=268.15\ \mathrm{K};T|_{t=0}=276.15\ \mathrm{K} \tag{3-33}$$

$$\theta_l|_{y=0}=0.4;\theta_l|_{t=0}=0.13 \tag{3-34}$$

式中 $T|_{y=0}$——纵坐标为 0 位置处的边界温度；

$T|_{y=200}$——纵坐标为 200 mm 位置处的边界温度；

$T|_{t=0}$——初始时刻试样的温度；

$\theta_l|_{y=0}$——纵坐标为 0 位置处的液态水体积含水率；

$\theta_l|_{t=0}$——初始时刻试样的液态水体积含水率；

t——时间，s。

3.4.1 计算参数

采用软件自带的系数偏微分方程求解。计算模型中涉及的水热及力学参数见表 3-3[6,18,19]。

表 3-3 粗粒土冻胀模型参数

参数	单位	数值	参数	单位	数值
冻结温度 T_f	K	272.98	水导热系数 λ_l	$W\cdot m^{-1}\cdot K^{-1}$	0.58
冰水相变潜热 L_i	$kJ\cdot kg^{-1}$	334.5	空气导热系数 λ_v	$W\cdot m^{-1}\cdot K^{-1}$	0.025
饱和渗透系数 k_0	$m\cdot s^{-1}$	5×10^{-5}	土颗粒密度 ρ_s	$kg\cdot m^{-3}$	2 400
重力加速度 g	$m\cdot s^{-2}$	9.8	冰密度 ρ_i	$kg\cdot m^{-3}$	917
土颗粒体积热容 c_s	$kJ\cdot m^{-3}\cdot K^{-1}$	2 160	水密度 ρ_l	$kg\cdot m^{-3}$	1 000
冰体积热容 c_i	$kJ\cdot m^{-3}\cdot K^{-1}$	1 874	残余含水量 n_r	$m^3\cdot m^{-3}$	0.02
水体积热容 c_l	$kJ\cdot m^{-3}\cdot K^{-1}$	4 180	饱和含水量 n_b	$m^3\cdot m^{-3}$	0.45
空气体积热容 c_a	$kJ\cdot m^{-3}\cdot K^{-1}$	1.21	VG 模型参数 α_1	m^{-1}	1.11
土颗粒导热系数 λ_s	$W\cdot m^{-1}\cdot K^{-1}$	1.62	VG 模型参数 m_1	—	0.28
冰导热系数 λ_i	$W\cdot m^{-1}\cdot K^{-1}$	2.22	VG 模型参数 l	—	0.5

3.4.2 模型可靠性验证

为验证模型的准确性，采用边界温度为−5 ℃的工况进行验证，得到如图 3-11 所示模型计算温度场与实测温度场对比图。由图 3-11 可知，计算值与试验值二者虽存在一定差异，但整体吻合较好。造成二者差异的原因有以下三方面：模型侧壁理想绝热边界与真实试验存在一定偏差，试验中的筒壁与外界存在一定的热量交替，导致试验温度与模型温度存在偏差；试样冻结产生变形，导致温度传感器位置变化；粗粒料颗粒大且分布不均匀，温度探头与土颗粒无法紧密接触，导致温度测试存在误差。

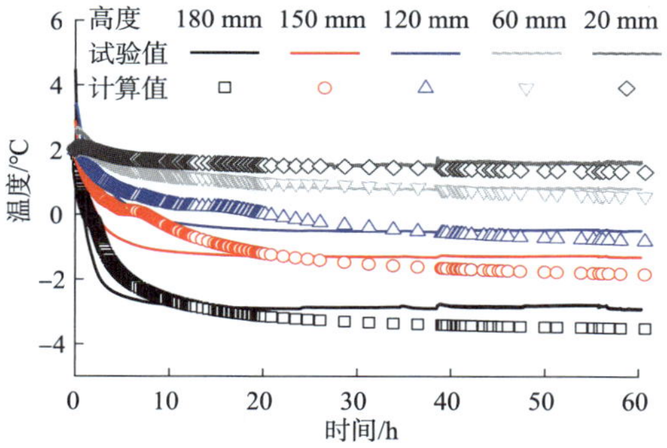

图 3-11　计算值与试验值温度对比

为验证模型在预测总体积含水量方面的有效性，将试验结束后体积含水量试验值与计算值进行对比，得到如图 3-12 所示结果。由图 3-12 可知，计算所得含水率也出现了两个峰值，峰值位置与试验位置接近，分别位于试样顶端和冻结缘附近。图 3-13 为计算和试验所得冻胀量随时间的发展规律。分析发现，在冻结初期，试验所得冻胀量大于计算冻胀量；随着冻结时间的增加，测量值与计算值基本吻合。总体而言，所建模型能够较好地反映非饱和粗粒料的冻胀过程。

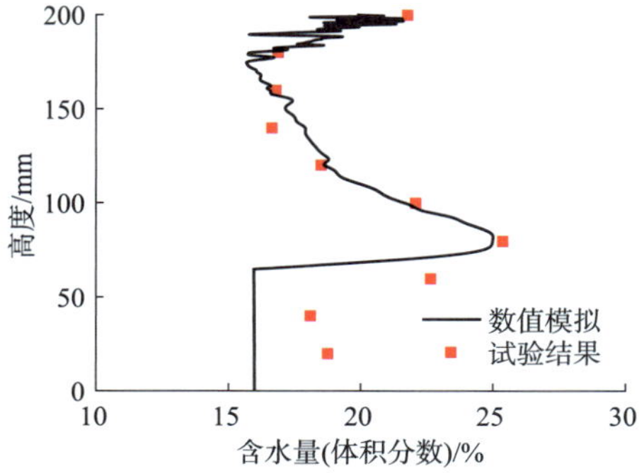

图 3-12　试样体积含水率分布计算值与试验值对比

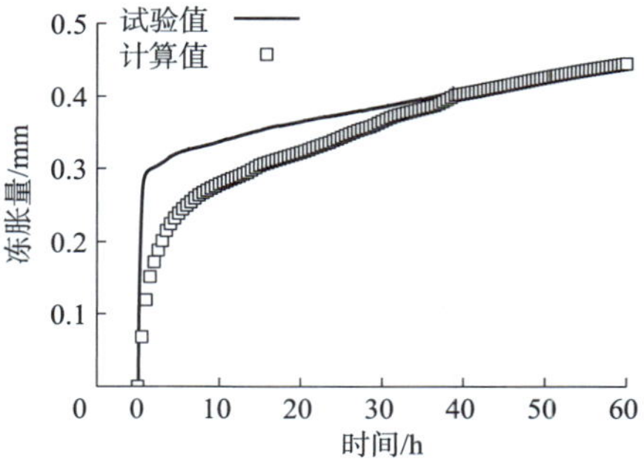

图 3-13　试样冻胀量计算值与试验值对比

参 考 文 献

[1] 国家铁路局. 铁路路基设计规范：TB 10001—2016[S]. 北京：中国铁道出版社，2016.

[2] 国家铁路局. 高速铁路设计规范：TB 10621—2014[S]. 北京：中国铁道出版社，2014.

[3] 中华人民共和国铁道部. 高速铁路有砟轨道线路维修规则(试行)：TG/GW 116—2013[S]. 北京：中国铁道出版社，2013.

[4] 中华人民共和国铁道部. 铁路工程土工试验规程：TB 10102—2010[S]. 北京：中国铁道出版社，2010.

[5] 高建强. 季节冻土区高速铁路路基冻胀机理及防治技术研究[D]. 北京：中国科学院大学，2018.

[6] 白瑞强. 非饱和土水-热-气-力耦合模型研究[D]. 兰州:中国科学院西北生态环境资源研究院,2020.

[7] PHILIP JR. Moisture movement in porus materials under temperature gradients[J]. Transactions-American Geophysical Union,1957,38:222-232.

[8] VAN GMT. A closed-form equation for predicting the hydraulic conductivity of unsaturated soils[J]. Soil science society of America journal,1980,44(5):892-898.

[9] MUALEM Y. A new model for predicting the hydraulic conductivity of unsaturated porous media[J]. Water resources research,1976,12(3):513-522.

[10] TAYLOR G S,LUTHIN J N. A model for coupled heat and moisture transfer during soil freezing[J]. Canadian Geotechnical Journal,1978,15(4):548-555.

[11] FAYER M J. Version U H. 3. 0:unsaturated soil water and heat flow model[J]. Pacific Northwest National Laboratory,PNNL-13249,2000.

[12] KLUTE A. Soil and water:physical principles and processes daniel hillel[J]. The Quarterly Review of Biology,46(4):432.

[13] CASS A,CAMPBELL G S,JONES T L. Enhancement of thermal water vapor diffusion in soil[J]. Soil Science Society of America Journal,1984,48(1):25-32.

[14] CAMPBELL G S. Soil physics with BASIC:transport models for soil-plant systems[M]. New York:Elsevier,1985.

[15] DE VRIES DA. Simultaneous transfer of heat and moisture in porous media[J]. Transactions-American Geophysical Union,1958,39:909-916.

[16] SAKAI M,TORIDE N,ŠIMŮNEK J. Water and vapor movement with condensation and evaporation in a sandy column[J]. Soil science society of America journal,2009,73(3):707-717.

[17] MU S,LADANYI B. Modelling of coupled heat,moisture and stress field in freezing soil[J]. Cold Regions Science and Technology,1987,14(3):237-246.

[18] HANSSON K,ŠIMŮNEK J,MIZOGUCHI M,et al. Water flow and heat transport in frozen soil:Numerical solution and freeze-thaw applications[J]. Vadose Zone Journal,2004,3(2):693-704.

[19] 李智明. 基于复合混合物理论的冻土多场耦合研究[D]. 哈尔滨:哈尔滨工业大学,2021.

第4章　季冻区高速铁路路基动力响应规律与变形稳定状态

受场地环境、地质条件、线路排水状况等因素影响，路基冻胀时有发生，严重制约寒区高速列车运行速度。路基不均匀冻胀引起钢轨几何变形，导致轨道性能劣化、乘客舒适度降低、脱轨风险增高。此外，路基冻胀发生后，养护工作量和维修成本急剧增加。以哈大高速铁路为例，在运营初期(2012—2015年)，路基冻胀超限240余处，最大冻胀幅值高达40 mm，且大多集中在15～25 mm范围内，造成冬季列车运行速度从350 km/h降低到200 km/h，降低了高速铁路的运输效率[1]。

对有砟轨道而言，以往的研究工作主要关注不均匀沉降的影响，对路基冻胀引起列车-轨道-路基振动响应研究鲜有报道。因此，本章基于车路耦合动力学理论，建立列车-轨道-冻胀路基动力学分析有限元模型，分析不同路基冻胀波长、幅值、冻胀波距和列车速度的影响，揭示多因素耦合作用下车辆-轨道-路基的动力响应规律，为制定路基冻胀控制标准提供一定参考。

4.1　高速铁路路基振动分析模型

4.1.1　三维有限元模型

1. 网格划分

采用Abaqus三维有限元软件对某铁路监测断面进行数值模拟。根据现场断面尺寸建立模型，道砟层厚为0.4 m，宽为8.6 m；路基宽为12.6 m，高为3 m；模型沿轨道方向长为28 m，宽为81.9 m，远大于路基底面宽度21.9 m，用于削弱边界效应的影响；地基土在竖向延伸17 m；轨道长20.1 m，包含34个轨枕。模型网格划分如图4-1所示，共计61 873个节点，51 844个单元。对于路基温度场计算模型，选用8节点线性热传递单元；对于路基动力响应模型，选用8节点热力耦合单元。

2. 边界条件

建立考虑相变的路基温度场模型，计算冻结期路基温度分布，为高速铁路路基动力反应

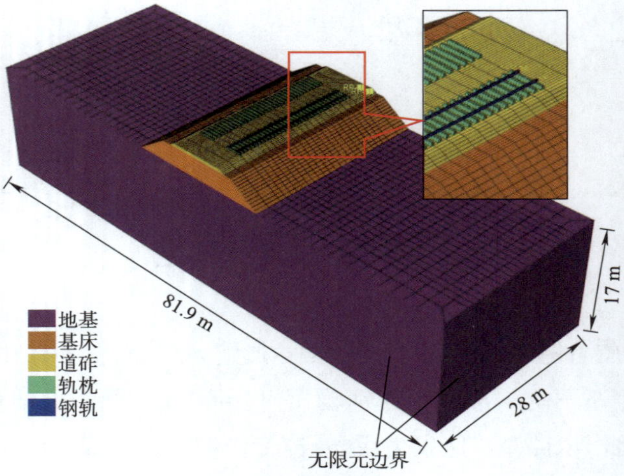

图 4-1 有限元模型网格示意

分析提供初始条件。由于监测场地开阔，路基高度低，因此路基表面与场地可采用相同的温度边界。根据文献[2]，计算域上边界温度 T 可以简化为三角函数形式：

$$T=T_0+A_0\sin\left(\frac{2\pi}{365}t+\varphi\right)+R_0t \tag{4-1}$$

式中 T_0——地表年平均气温，取 7.8 ℃；

A_0——地表位置低温波动幅值，取 16.8 ℃；

t——时间，d；

φ——初始相位，取−0.28；

R_0——气温增温率，取 0.04 ℃/d。

温度场模型四周采用绝热边界，模型下边界温度为 9 ℃。对于三维动力计算模型，底面采用固定边界，模型四周设置无限元边界，以减少振动波的反射。有砟轨道路基振动与列车特征长度和轨枕间距有关。因此，根据列车特征长度，并考虑移动叠加效应将荷载施加到钢轨表面。

3. 模型参数

数值模拟中将路基各结构层视为均匀连续体，不考虑冻胀发育过程，仅考虑路基温度场对土层参数的影响，采用简化的等效热容法进行分析：

$$\rho c\frac{\partial T}{\partial t}-\rho L\frac{\partial \theta_i}{\partial t}=\nabla(\lambda_p\nabla T) \tag{4-2}$$

式中 ρ——密度，kg/m³；

c——总比热容，J/(kg·℃)；

λ_p——导热系数，W/(m·℃)；

L——冰水相变潜热，J/kg；

θ_i——土体中冰含量；

∇——梯度向量微分算子。

参考已有研究成果[3,4]，确定各土层材料温度参数见表 4-1。

表 4-1　土层温度参数

材料名称	导热系数 λ_p/[W·(m·℃)$^{-1}$]		总比热容 C/[J·(kg·℃)$^{-1}$]		相变潜热 L/(J·kg^{-1})
	冻结	未冻结	冻结	未冻结	
道床	218 419.2	161 049.6	2 107	2 785	30 033
基床	120 960	99 360	706.6	861.7	15 017
地基	207 360	133 056	1 158	1 466	41 713

钢轨与轨枕采用线弹性本构模型；道砟层与地基土采用黏弹性模型。根据已有研究资料[5,6]，确定各材料的模型参数详见表 4-2。

表 4-2　轨道与路基结构动力参数

材料名称	弹性模量 E/MPa	泊松比 v	瑞利阻尼系数	
			α	β
钢轨	210 000	0.3	—	—
轨枕	30 000	0.18	—	—
道床	200	0.25	0.45	0.002
基床	190	0.28	—	—
地基	150	0.3	1.06	0.004

4.1.2　模型可靠性验证

根据上述方法和参数建立温度场模型，得到路基温度场分布规律。选用张玉芝[2]在哈大高速铁路双城段的现场监测结果进行模型验证，得到如图 4-2 所示结果。由于有砟轨道和无砟轨道路基结构形式不同，模拟结果与监测结果存在一定差异，但是路基温度整体分布规律与现场监测结果基本一致。因此，数值模拟结果具有一定的合理性和可靠性。

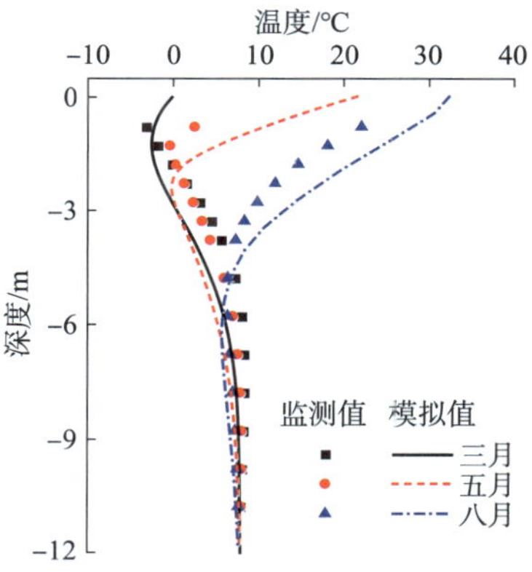

图 4-2　路基温度场结果对比

图 4-3 为 12 月温度场分布图，路基冻深约 1.58 m。以此作为初始条件，计算列车通过时路基的加速度响应，得到图 4-4 所示结果。由图 4-4 可见，路基不同位置处振动模拟结果与文献[7]现场监测结果规律类似，且幅值基本一致，

说明采用的建模方法和模型参数较为合理、可靠。

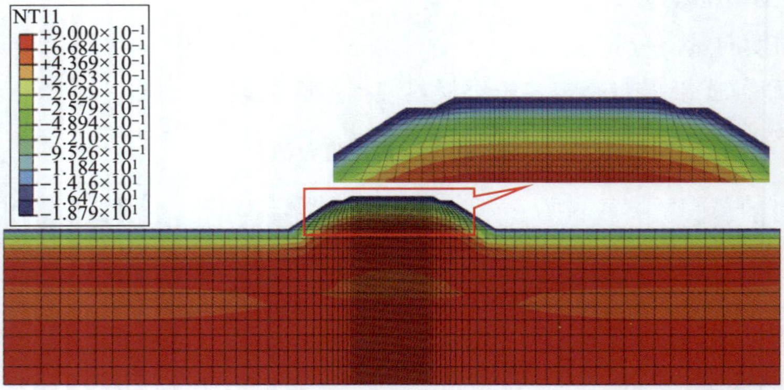

图 4-3 12 月路基温度场分布

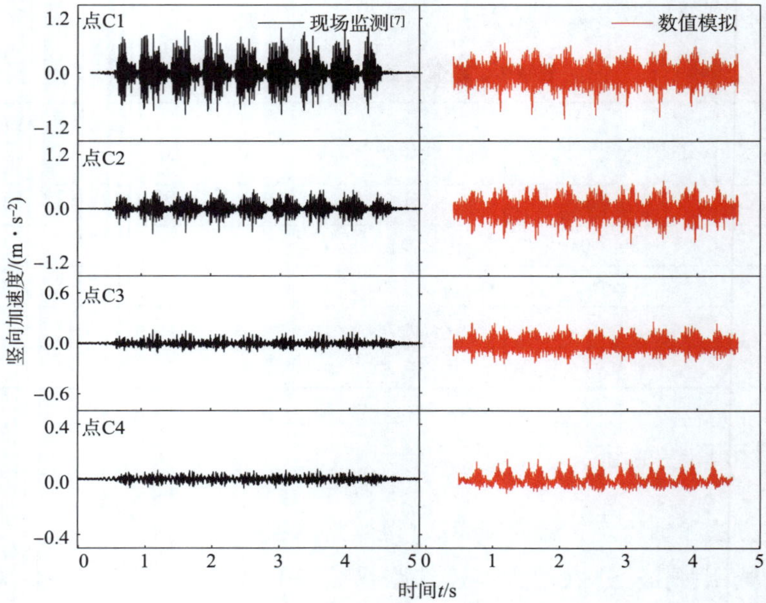

图 4-4 路基振动结果对比

4.1.3 冻胀模型

1. 车辆模型

参考已有文献[7]，兼顾计算效率，建立车辆-轨道-冻胀路基二维有限元模型。沿列车行驶方向模型长 100 m，高度为 30 m，由列车、钢轨、道砟、轨枕、基床和地基等结构组成，如图 4-5 所示。其中，道砟、基床、地基结构层采用 4 节点平面应变单元模拟。模型采用无限元边界，以减小波反射的影响。采用 Newmark 显式积分法求解瞬态动力平衡方程，时间步长为 0.001 s。

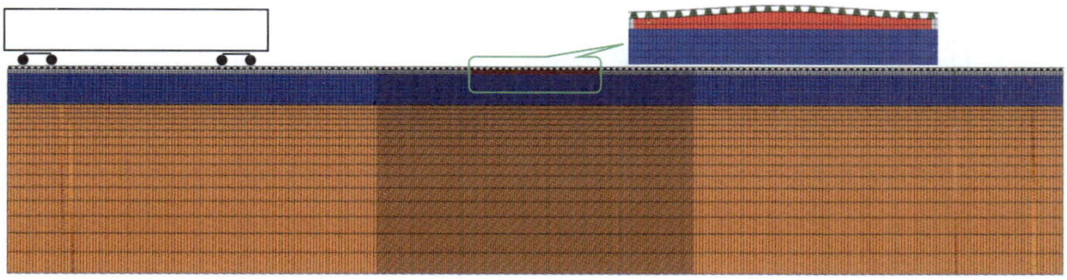

图 4-5　车辆-有砟轨道-冻胀路基耦合体系有限元模型

高速列车包括车体、转向架、二系悬挂、一系悬挂、轮对等部件，如图 4-6 所示。为简化计算，将列车车体、转向架和车轮简化为无变形的刚体，一系悬挂系统和二系悬挂系统采用弹簧和阻尼元件进行模拟。车体及各构件的特征参数见表 4-3[8]。分别采用梁单元和四面体单元模拟钢轨和轨枕。钢轨与轨枕之间的扣件采用具有一定刚度和阻尼的弹簧连接单元模拟。根据赫兹接触理论定义轮轨相互作用，轨枕-道砟之间设置“硬”接触，接触面允许分离。

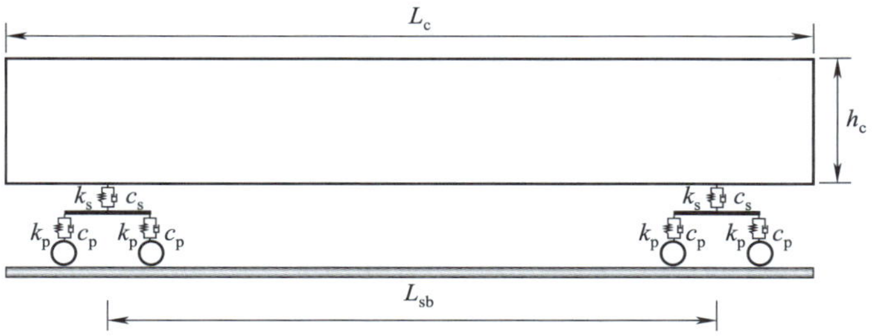

图 4-6　高速列车二维简化模型示意

表 4-3　高速列车模型参数

部件名称	参　数	量　值	单　位
列车车体	长度 L_c×高度 h_c	25×3.70	m
	车体质量 m_c	40 000	kg
	车辆定距 L_{sb}	17.5	m
转向架	转向架质量 m_b	3 200	kg
	固定轴距 L_{wb}	2.5(2 轴)	m
车轮	轮对质量 m_w	2 400	kg
	轮半径 r_w	0.43	m
一系悬挂系统	垂向刚度 k_p	2.08×10^6	N/m
	垂向阻尼 c_p	1.0×10^5	N·s/m
二系悬挂系统	垂向刚度 k_s	8.0×10^5	N/m
	垂向阻尼 c_s	1.2×10^5	N·s/m

2. 冻胀模拟

冻胀在寒区路基结构中普遍存在,不均匀冻胀变形会引起钢轨几何变形和轨道结构损伤。对于有砟轨道而言,道砟自身很难产生冻胀。当路基发生不均匀冻胀时,变形向上传递,最终表现为道砟表面隆起。根据已有研究成果[9,10],对于有砟轨道而言,路基不均匀变形与其所引起的道砟面变形形式和面积相等,因此采用道砟变形模拟路基冻胀。

赵国堂[11]采用准连续监测方法得到 30 m 范围内冻胀变形,认为冻胀波形可采用单波余弦曲线进行描述,不均匀冻胀变形模型如图 4-7 所示。

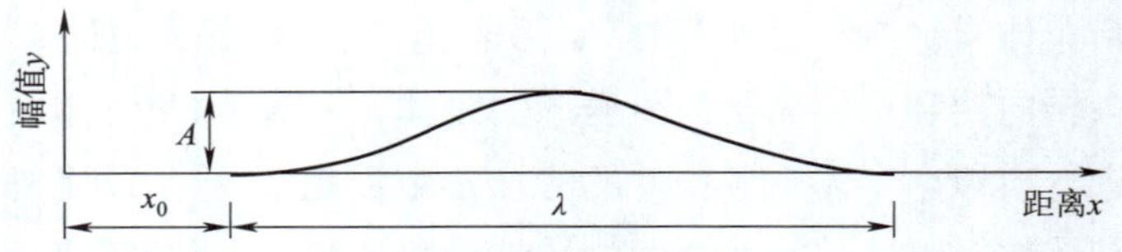

图 4-7　余弦型路基冻胀变形波形

在冻胀范围内,路基沿轨道纵向的变形表达式为

$$y=\frac{A}{2}\left\{1-\cos\left[\frac{2\pi(x-x_0)}{\lambda}\right]\right\} \tag{4-3}$$

式中　A——路基冻胀幅值;

x——路基表面坐标;

x_0——路基起始冻胀坐标;

λ——路基冻胀波长;

y——路基在冻胀变形范围内的冻胀变形值。

路基粗粒填料的冻胀机理在第 3 章已进行详细研究。因此,在冻胀路基模型中,不考虑详细的路基冻胀过程,将冻胀变形作为初始条件施加在道砟表面。参考相关文献,选取不同列车速度 v(200 km/h、250 km/h、300 km/h 和 350 km/h)、冻胀波长 λ(6 m、12 m 和 24 m)、冻胀幅值 A(2 mm、5 mm、10 mm、15 mm、20 mm、25 mm 和 30 mm)和冻胀波距 s(0、3 m、6 m、9 m、12 m、15 m 和 18 m),进行车辆-轨道-路基动力响应特征分析。

4.2　路基冻胀变形传递映射规律

4.2.1　变形传递关系

不同冻胀波长和幅值下,钢轨几何变形曲线如图 4-8 所示。由图 4-8 可知,当路基存在余弦型不均匀冻胀时,变形向上传递至轨道结构,钢轨变形整体上仍表现为“类余弦型”。当冻胀波长较小时,相较于路基冻胀变形,钢轨变形范围发生明显扩展。冻胀程度不同,钢轨变形扩展范围也不相同。总体而言，钢轨变形扩展量随冻胀幅值的增加而增加。随冻胀波长的增大，钢轨变形与路基冻胀变形之间的差距逐渐减少；当波长足够长时，二者趋于一致。冻胀中心位置处钢轨和路基变形基本保持一致，表明路基与轨枕接触；而在冻胀区两侧，钢轨变形和路基变形差异较大，导致轨枕出现明显吊空。列车经过吊空位置时，轨道结构受到车轮反复拍打，加剧轨道结构损伤。

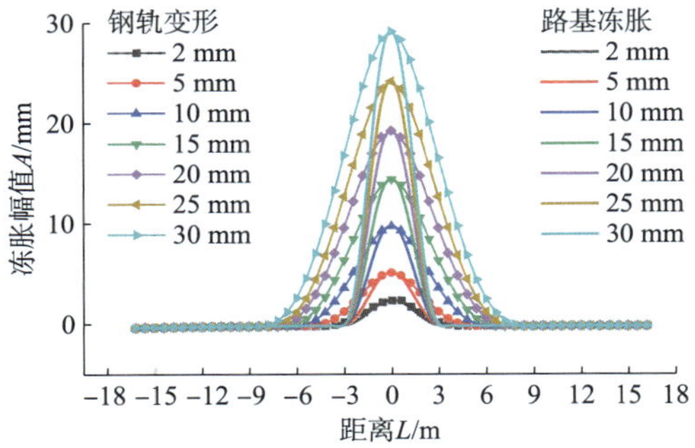

(a)λ=6 m

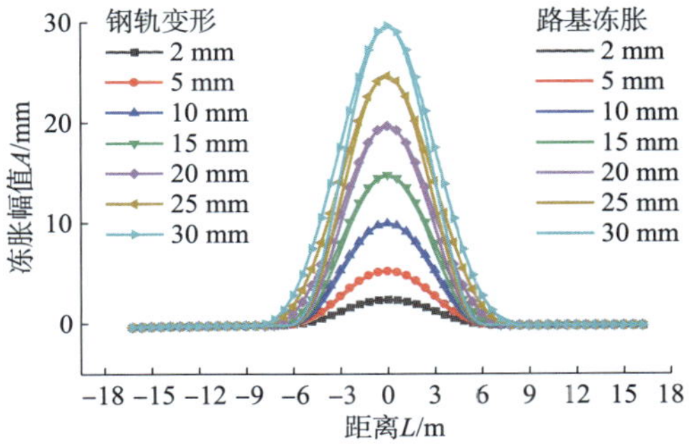

(b)λ=12 m

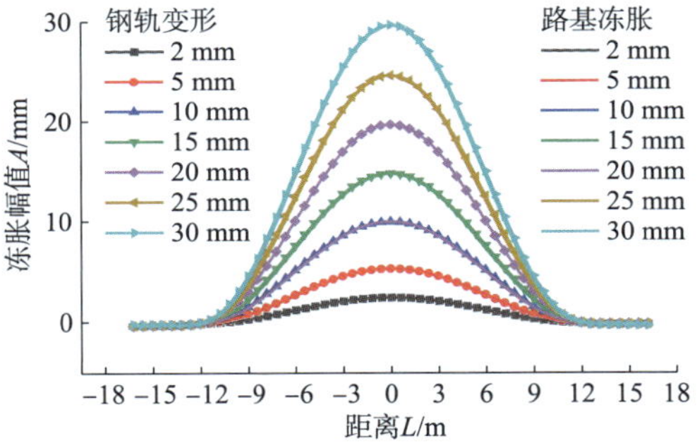

(c)λ=24 m

图 4-8　路基冻胀引起的钢轨变形

图 4-9 为不同路基冻胀波长下钢轨变形波长随冻胀幅值变化规律。由图 4-9(a)可知，相同冻胀波长时，钢轨变形波长随冻胀幅值的增加呈非线性增长的趋势。将钢轨变形波长与路基冻胀变形波长的差值定义为钢轨波长增量，得到图 4-9(b)所示结果。由图 4-9(b)可知，钢轨波长增量随冻胀波长的增加而降低，随冻胀幅值的增加呈非线性增加的趋势，表明波长越短、幅值减高，轨枕吊空区域越大，轨道结构损伤程度越严重。

图 4-10 为不同工况下轨枕吊空分布规律，即轨枕变形与道砟表面竖向变形的差值。由图 4-10 可见，随着冻胀幅值的增加，轨枕吊空量显著增加；随着冻胀波长的增加，吊空量明显降低。当冻胀波长为 6 m 时，轨枕最大吊空量达 17.6 mm；冻胀波长为 24 m 时，轨枕变形与道砟变形的跟随性强，最大吊空量仅为 0.6 mm。

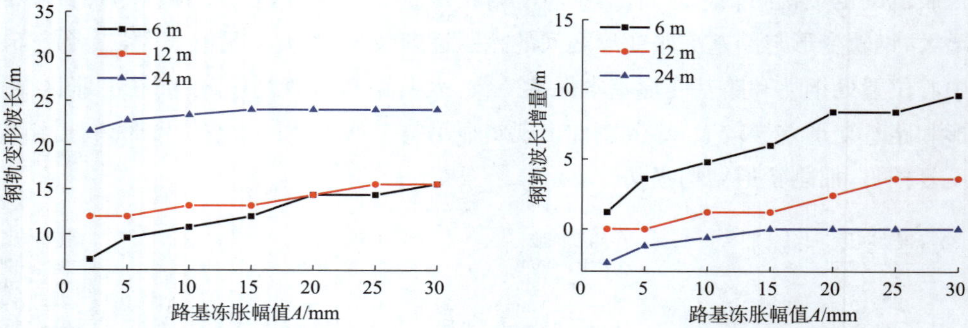

(a)钢轨变形波长　　(b)钢轨波长增量

图 4-9　钢轨波长变化规律

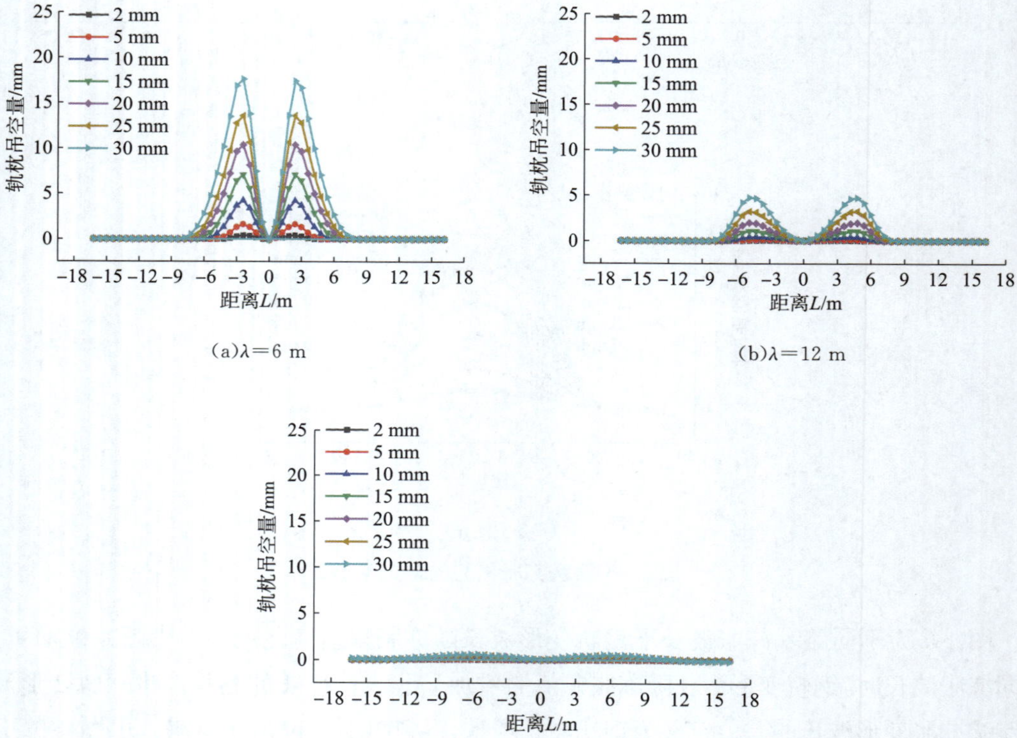

(a)$\lambda=6$ m　　(b)$\lambda=12$ m

(c)$\lambda=24$ m

图 4-10　路基冻胀引起的轨枕吊空

4.2.2　轨枕-道砟接触应力

轨枕-道砟接触力能够反映轨道结构的受力状态和层间连接特性。图 4-11 为路基不发生冻胀时，轨枕和道砟之间的初始接触状态。由于轨道结构自身重量的作用，轨枕和道砟紧密贴合，二者的接触力初始值稳定在－1.5 kN 左右；当列车通过时，受行车荷载影响，不同位置处轨枕-道砟接触力峰值虽然存在一定的波动，但整体稳定在－53.2 kN 附近。

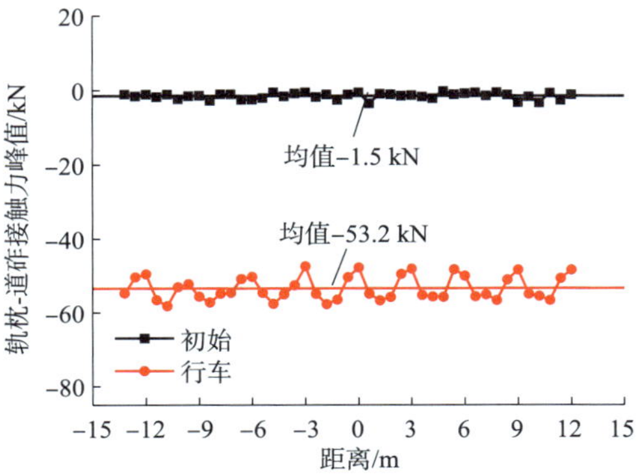

图 4-11　无冻胀条件下轨枕-道砟的接触力分布

路基不均匀冻胀会引起轨道结构变形，改变轨枕与道砟之间的接触状态。图 4-12 可以更直观地表现出不同冻胀波长和幅值下，轨枕-道砟接触力纵向分布规律。当轨枕-道砟接触力为 0 时，表明轨枕出现了脱空现象。由图 4-12(a)可知，波长 6 m 的情况下，当冻胀幅值较大(≥15 mm)时，冻胀区内仅峰值处单个轨枕与道砟层紧密接触，脱空范围内上部结构的重力和钢轨变形反作用力由此轨枕独立承担。随着冻胀幅值增加，脱空轨枕数增多，冻胀峰值处轨枕-道砟接触力越大；当冻胀幅值较小(＜15 mm)时，脱空轨枕数减少，上部荷载由多个轨枕共同承担，冻胀峰值附近的轨枕-道砟接触力逐渐减小。由图 4-12(b)可知，当冻胀波长增加到 12 m 时，冻胀峰值处轨枕出现小范围脱空，上部荷载主要由峰值两侧轨枕承担，轨枕-道砟接触力呈马鞍形分布。当冻胀波长增加到 24 m 时，冻胀引起的脱空基本可以忽略，轨枕-道砟接触力分布较为均匀，如图 4-12(c)所示。

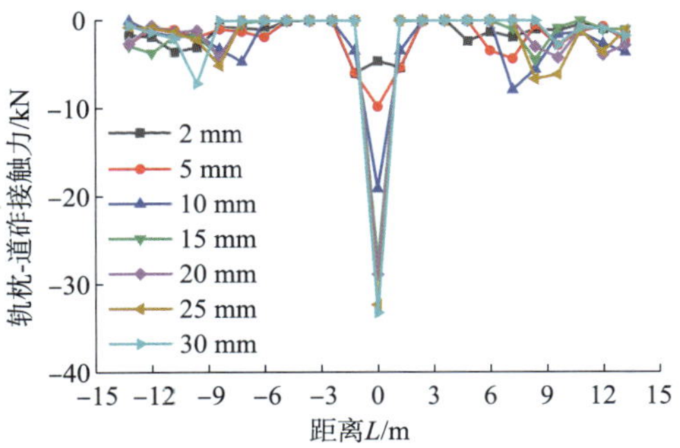

(a)$\lambda=6$ m

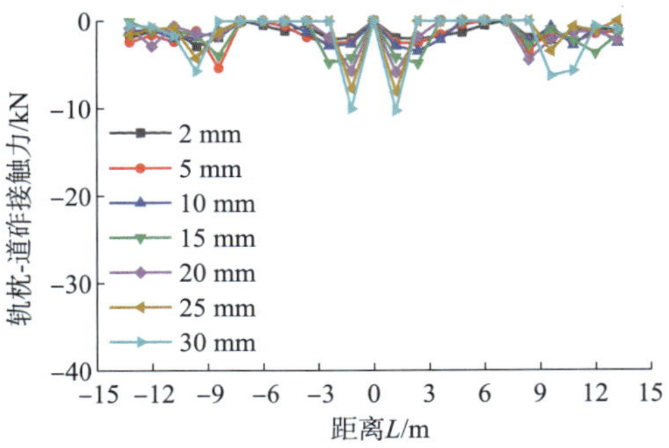

(b)$\lambda=12$ m

图　4-12

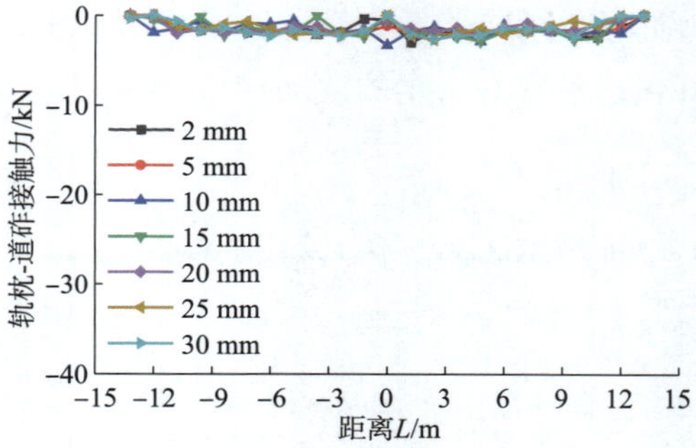

(c)λ=24 m

图 4-12　冻胀引起轨枕-道砟的接触力分布

冻胀幅值为 20 mm 的条件下，列车以 350 km/h 的速度通过冻胀区域时，轨枕-道砟接触力最大值分布如图 4-13 所示。当冻胀波长较小时，轨枕吊空量较大，即使在列车荷载作用下，仍有部分轨枕处于脱空状态。当冻胀波长较大时，列车作用下轨枕与道砟能紧密贴合。从图 4-13 中可以看出，列车通过时接触力呈非对称分布，不同波长条件下冻胀波峰左侧出现较大接触力。悬空轨枕在列车荷载作用下反复“拍打”道砟表面，加剧道砟颗粒破碎和磨损，导致轨道结构劣化程度增加。

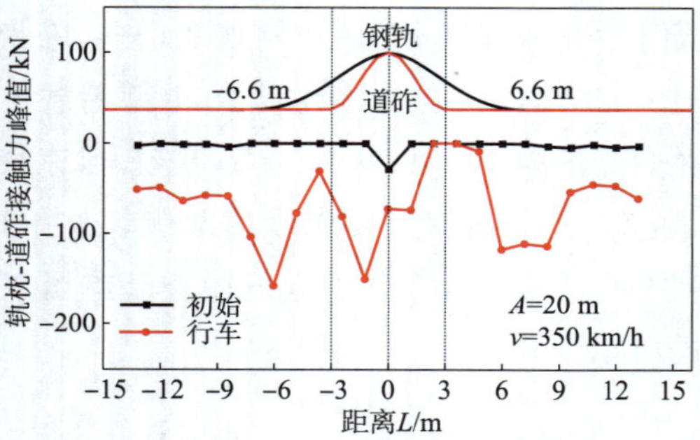

(a)λ=6 m

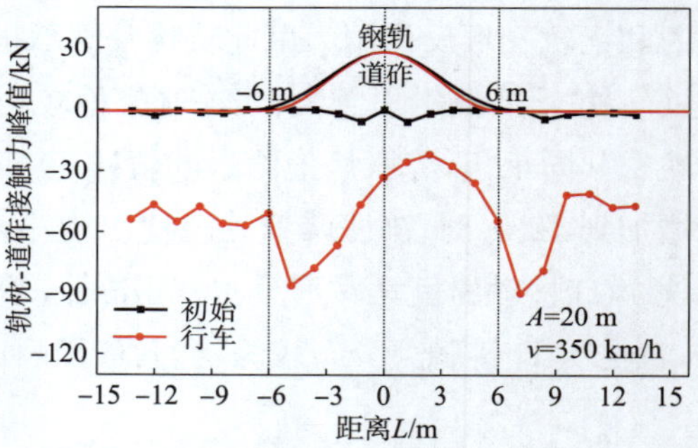

(b)λ=12 m

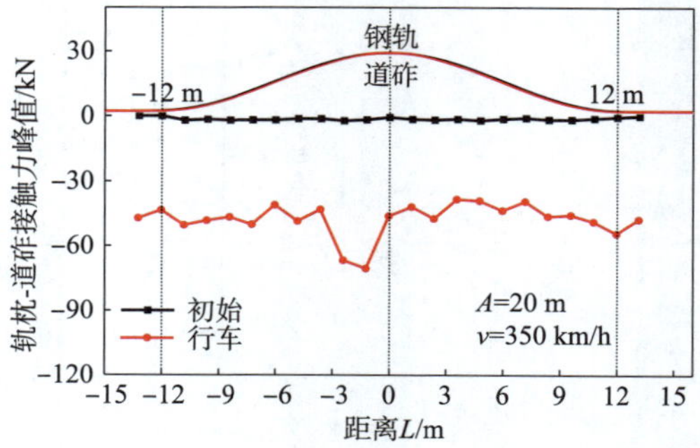

(c)λ=24 m

图 4-13　行车引起的轨枕-道砟最大接触力分布

4.3 不均匀冻胀影响下车辆-轨道-路基动力响应特征

4.3.1 列车动力响应

在波长 12 m、幅值 20 mm 条件下，列车以不同速度通过时车体垂向加速度时程如图 4-14 所示。由图 4-14 可知，车体前、后转向架分别通过冻胀峰值时，车体垂向加速度出现“双峰”现象，且随运行速度的增加而增加。加速度最大值出现在后转向架通过冻胀波峰时，这是因为前转向架的影响并没有完全消失，两个转向架的动力响应存在一定程度叠加。当车速为 100 km/h 时，车体垂向加速度最大值为 0.54 m/s^2，当车速增加至 350 km/h 时，车体垂向加速度最大值达 1.09 m/s^2，约为 100 km/h 情况下的 2.02 倍。

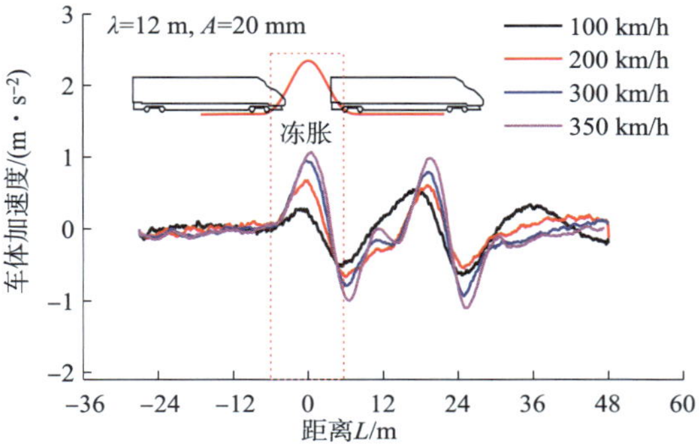

图 4-14　不同列车运营速度下的车体垂向加速度

第一个轮对的竖向轮轨力时程如图 4-15 所示。由图 4-15 可知，在未冻胀区域，轮轨力呈规律的周期振动；当列车移动到冻胀起始和结束点时，惯性作用产生较大的冲击荷载，导致轮轨力激增。在冻胀峰值处，由于离心作用，轮轨垂向力减小。当运行速度达到 350 km/h 时，轮轨力最大值为 164.8 kN，比 100 km/h 高出 63%；轮轨力最小值为 16.5 kN，是 100 km/h 情况下的 26.3%。

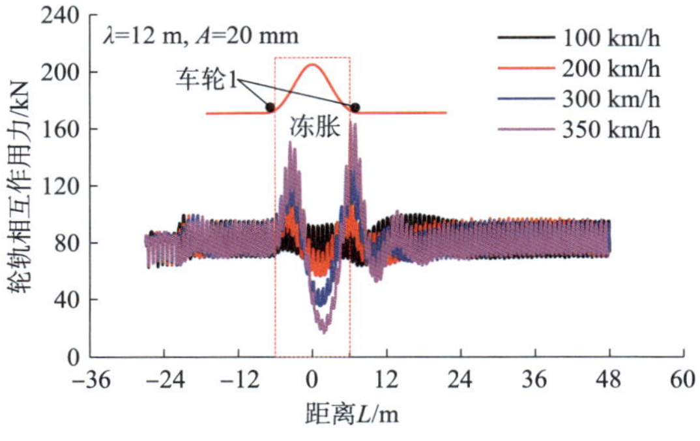

图 4-15　不同列车运营速度下轮轨相互作用力

4.3.2 钢轨与道砟动力响应

图 4-16 为时速 350 km 的列车在波长为 12 m、幅值为 20 mm 冻胀条件下钢轨不同位置处竖向动位移时程。由图 4-16 可知，不同位置处钢轨竖向动位移响应类似，幅值存在一定波动。当路基冻胀波长较小、幅值较大时，轨枕出现了一定程度吊空。当列车通过吊空区域时，压迫钢轨向下移动，产生较大位移。冻胀起始点处钢轨动位移与冻胀终止点处动位移较为接近，约为冻胀峰值点处或无冻胀路基的钢轨动位移的 1.65～1.87 倍。

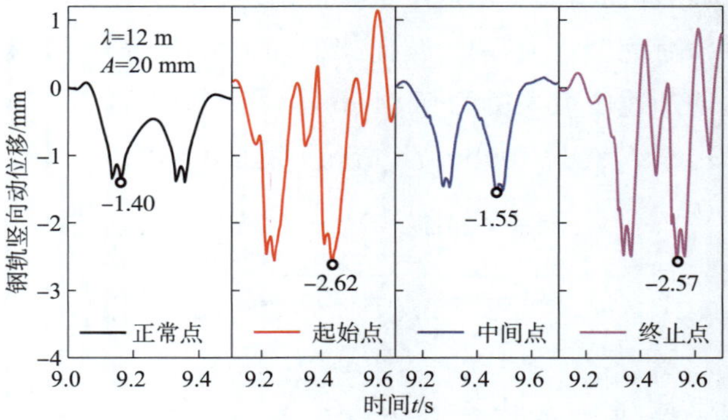

图 4-16　钢轨不同位置处竖向动位移时程

钢轨沿线最大竖向动位移分布如图 4-17 所示。由图 4-17 可知，钢轨最大动位移呈双峰状不对称分布，且冻胀起始点附近数值大于终止点，对应后转向架通过位置。当列车轮对还未到达路基冻胀起始点时，钢轨位移就开始呈现增大现象，这是由钢轨变形波长大于路基冻胀波长导致的。在轨枕吊空区域，钢轨动位移较正常路段增加数倍，钢轨动位移的“双峰”对应轨枕最大吊空位置。随着车速增加，路基冻胀起始点到中间点范围内的钢轨动位移明显增大；当列车驶离中间点后，钢轨动位移基本相同。在冻胀起始位置，车体惯性作用产生较大的冲击荷载，导致钢轨动位移增加；通过冻胀峰值时，离心作用导致钢轨动位移减小。

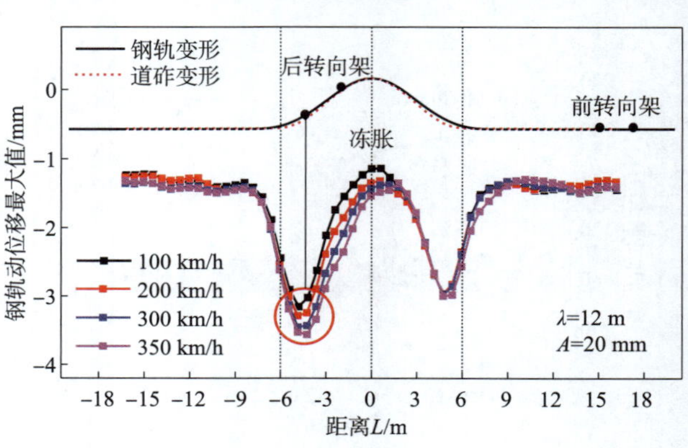

图 4-17　钢轨沿线最大竖向动位移分布

道砟表面不同位置处竖向动位移时程如图 4-18 所示。由图 4-18 可知，不同位置处道砟竖向动位移响应规律类似。由图 4-19 道砟动位移分布曲线可知，随着车速的增加，道砟动位移幅值增加。在冻胀区域内道砟表面动位移存在一定程度的波动，在冻胀峰值附近，道砟动位移变化剧烈，这与轨枕道砟-接触状态变化有关。大部分情况下，冻胀区域内道砟表面动位移小于未冻胀区域。这是由于列车作用下吊空区轨枕与道砟仍未完全接触，导致传递给道砟的荷载减小，其动位移也随之降低。冻胀起始点、中间点与终止点附近道砟动位移幅值高于其他区域。这是由于这些位置道砟与轨枕之间接触较为紧密，动应力不需要克服吊空距离直接作用于道砟上，导致动位移呈现增加的趋势。

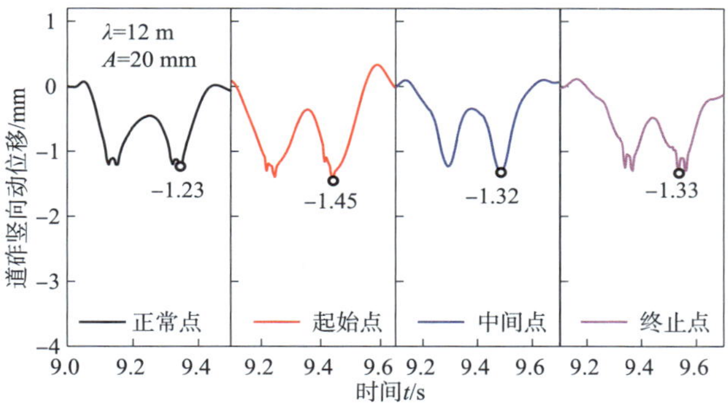

图 4-18　道砟不同位置处竖向动位移时程

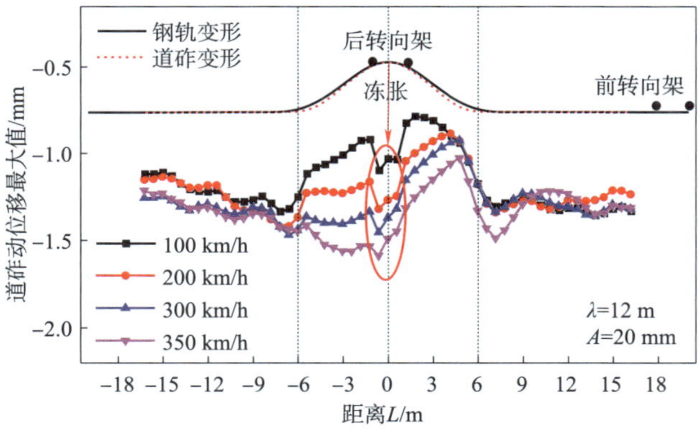

图 4-19　道砟沿线最大竖向动位移分布

图 4-20 为道砟竖向动应力时程曲线。由图 4-20 可知，不同位置处道砟动应力波形类似，但幅值存在很大差别，表明冻胀对道砟动应力影响显著。图 4-21 为道砟沿线最大竖向动应力分布曲线。随着车速的增加，冻胀起始点与终止点附近道砟动应力明显增加，这是由荷载冲击作用引起的；而在驶离冻胀峰值时，由于离心作用随车速增大的而增加，道砟应力逐渐减小。

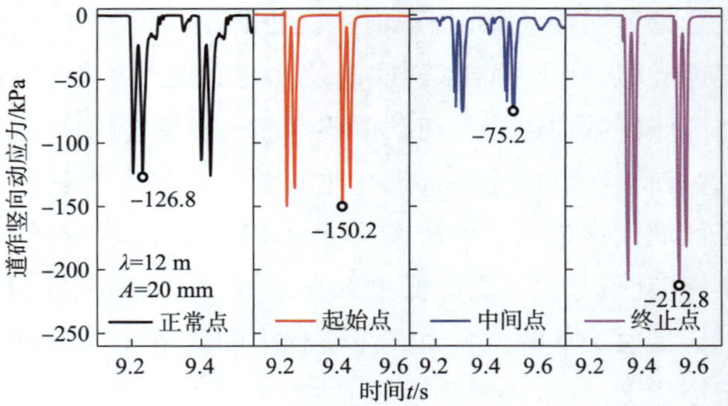

图 4-20　道砟不同位置处竖向动应力时程

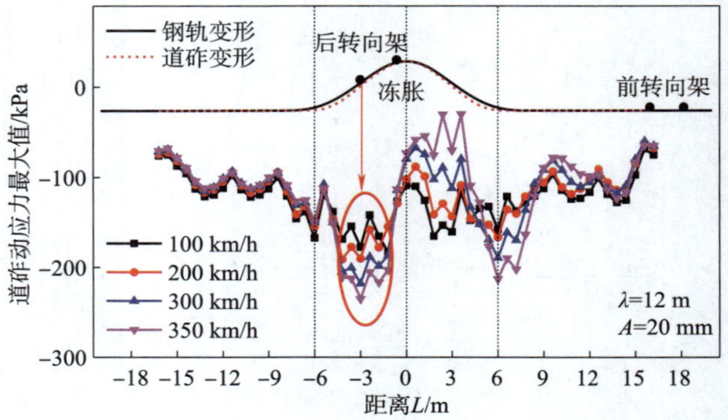

图 4-21　道砟沿线最大竖向动应力分布

4.3.3　路基动力响应

图 4-22 为时速 350 km 的列车在冻胀区波长 12 m、幅值 20 mm 条件下引起基床表层顶面(以下简称“基床表面”)不同位置处竖向动位移时程。由图 4-22 可知,不同位置处动位移形状基本相同,仅在数值上有所差异。图 4-23 为不同车速下基床表面最大竖向动位移分布

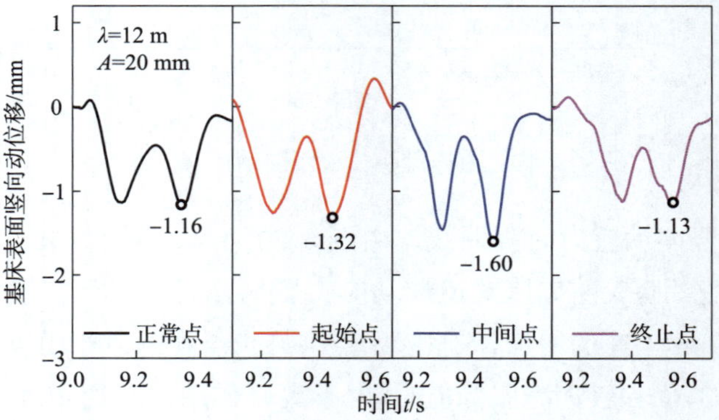

图 4-22　基床表层不同位置处竖向动位移时程

曲线。由图 4-23 可知，相比于道床，基床表面最大动位移幅值低、波动小。这是由于道砟层的存在，将上部荷载分散、均匀地传递给下部路基结构。动位移最大幅值出现在冻胀起点到冻胀峰值之间，与列车后转向架位置对应。

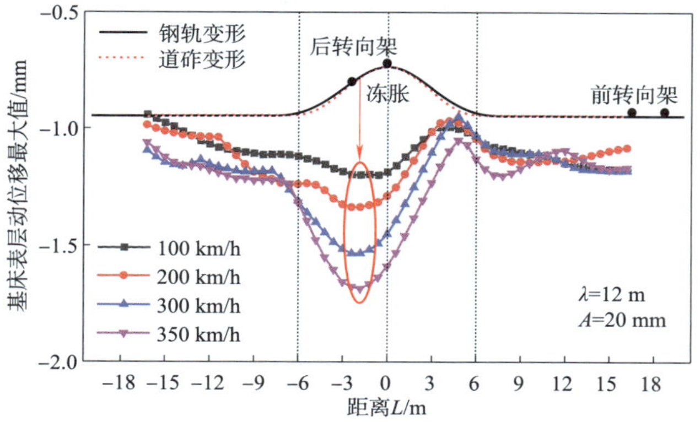

图 4-23　基床表层沿线最大竖向动位移分布

图 4-24 为基床表层顶面不同位置处动应力时程。曲线形状与道砟表面动应力时程基本一致，幅值衰减了一半左右。不同车速下，基床表层顶面沿线动应力幅值分布如图 4-25 所示。由图 4-24 可见，随着车速的增加，基床表层动应力存在一定程度增加，最大位置出现在冻胀终止点附近，与前转向架位置对应。在冻胀起始位置，车速增加导致冲击作用增强，基床动应力随之增加；在通过冻胀峰值后，离心作用导致基床表层应力随车速增加而逐渐减小。与道砟应力分布规律不同的是，冻胀起始点附近基床表层应力与未冻区接近，这是因为列车在此处的冲击荷载以水平方向为主，向下传递过程中幅值迅速衰减；而冻胀终止点附近，列车冲击作用以竖向为主，因此，动应力传递较深，幅值较大，其原理如图 4-26(a)所示。此外，相邻轨枕的应力向下传递，在基床表层叠加，使得基床表层动应力增加，如图 4-26(b)所示。

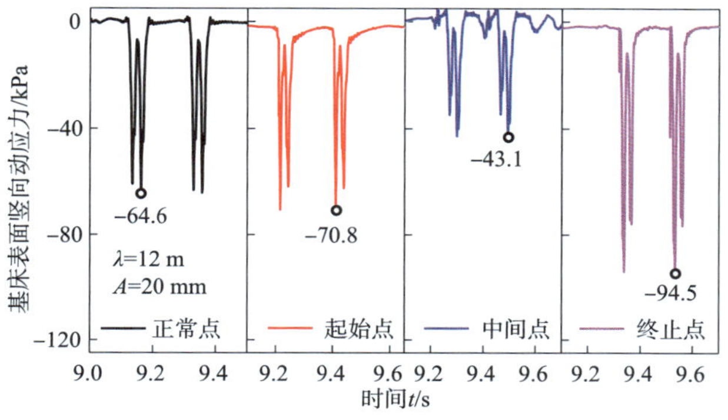

图 4-24　基床表层不同位置处竖向动应力时程

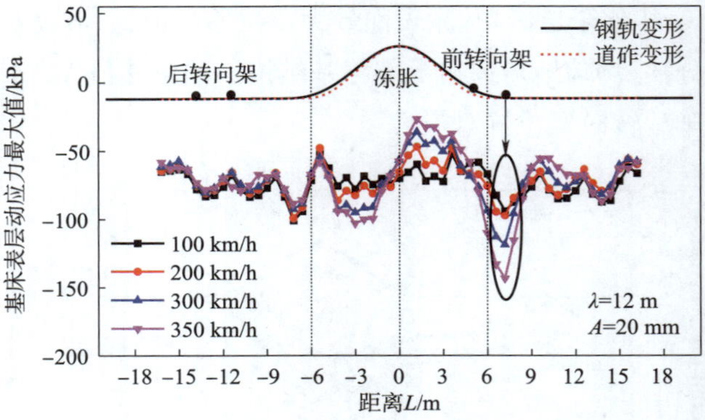

图 4-25 基床表层沿线最大竖向动应力分布

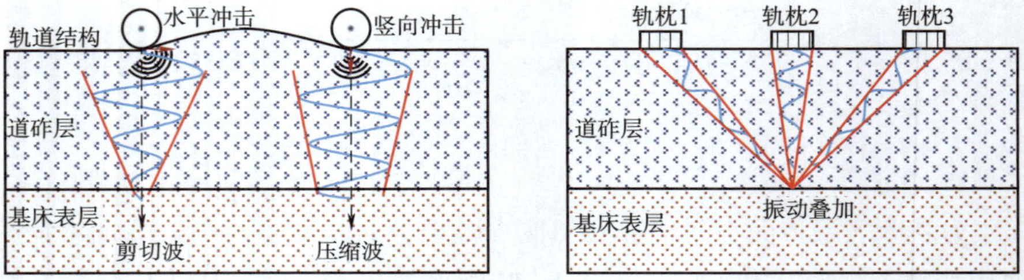

(a)冲击效应 (b)振动叠加

图 4-26 列车作用下路基振动波传递示意

基床表面不同位置处竖向加速度时程如图 4-27 所示。由图 4-27 可知,时速 350 km 的列车通过不同位置时,引发的基床表面竖向加速度波动较大,呈现非对称分布;最大值出现在冻胀起始点附近,与车体后转向架位置对应。不同车速下,基床表层顶面沿线加速度最大值分布如图 4-28 所示。由图 4-28 可知,列车运行速度对基床表层竖向加速度影响显著,车速由 100 km/h 增加到 350 km/h,加速度最大值由 2.83 m/s^2 增加到 10.06 m/s^2。在冻胀区起点与终点附近加速度较其他区域明显增加,表明不均冻胀对路基加速度影响剧烈。

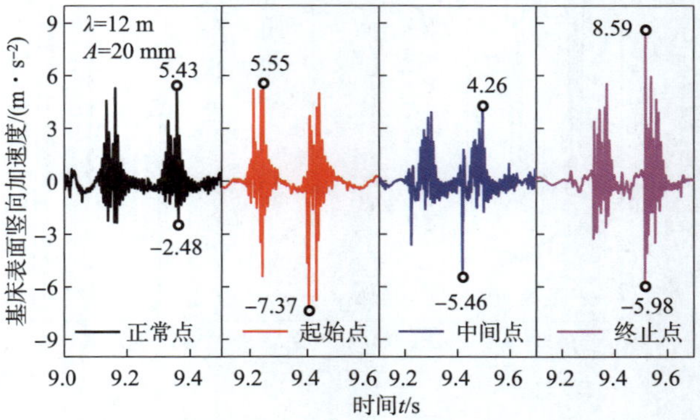

图 4-27 基床表层不同位置处竖向加速度时程

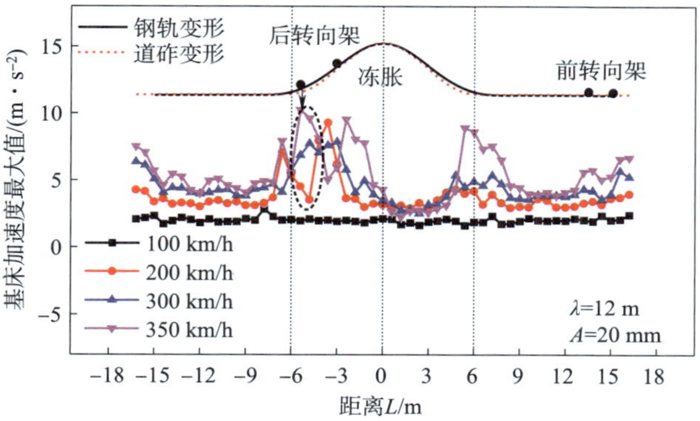

图 4-28　基床表层沿线最大竖向加速度分布

4.4　主要影响因素分析

4.4.1　冻胀幅值

为研究不同冻胀幅值下列车-有砟轨道-冻胀路基体系动力特性，行车速度选为 350 km/h，不均匀冻胀波长取 12 m，考虑 2 mm、5 mm、10 mm、15 mm、20 mm、25 mm 和 30 mm 的冻胀幅值对各结构动力响应进行分析。

1. 列车动力响应

图 4-29 为不同冻胀幅值下车体加速度的时程曲线。由图 4-29 可知，车体垂向加速度随冻胀幅值的增加逐渐增大。当车速以 350 km/h 运行时，冻胀幅值由 2 mm 增加到 30 mm，车体垂向加速度最大值由 0.20 m/s^2 增加到 1.41 m/s^2，约增加了 6 倍。图 4-30 为不同速度下车体垂向加速度最大值随冻胀幅值的变化规律。由图 4-30 可知，车体垂向加速度随车速的增加而增加。当车速从 100 km/h 增加到 200 km/h 时，车体加速度相差不大；当速度增加到 300 km/h 时，加速度增幅较大。

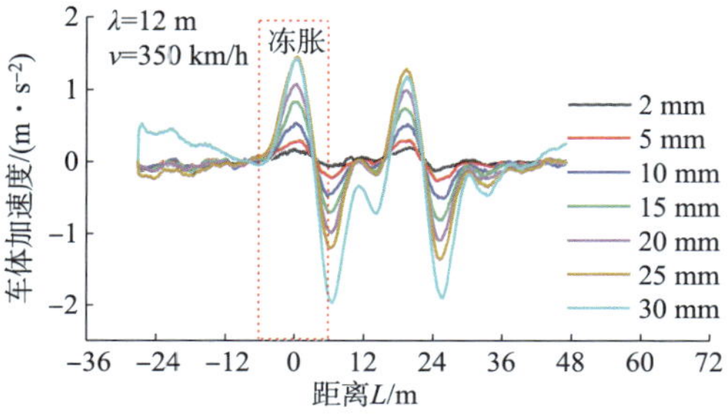

图 4-29　不同冻胀幅值下车体垂向加速度

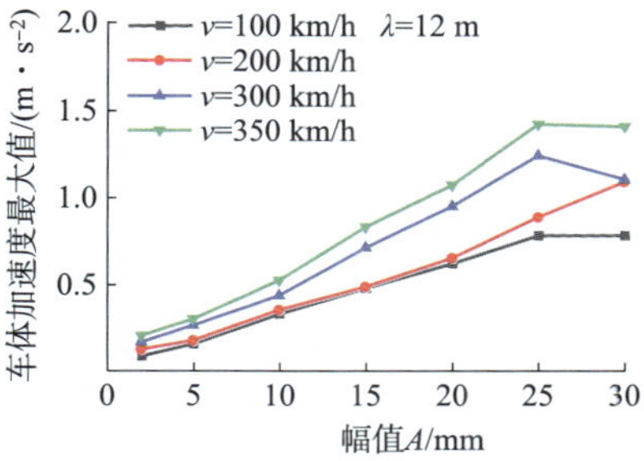

图 4-30　幅值对车体加速度最大值的影响

当车速以 350 km/h 运行时，不同冻胀幅值下轮轨力时程曲线如图 4-31 所示。冻胀幅值较小(如 2 mm)时，车轮在驶过冻胀区时未出现明显的增载或减载现象；冻胀幅值达到 10 mm 时，冻胀幅值的影响开始凸显，轮轨力波动幅度增大；当冻胀幅值超过 30 mm 时，车轮驶过冻胀区时表现出明显失重和超重现象，轮轨力最小值接近零，此时脱轨风险将大幅提高。图 4-32 为不同速度下轮轨力最大值随冻胀幅值的变化规律。由图 4-32 可知，当列车以 100 km/h 行驶时，幅值变化对轮轨力影响很小；当车速增加到 350 km/h 时，轮轨力随冻胀幅值的增加急剧增加，且在车辆驶出冻胀区后，仍存在明显振荡。

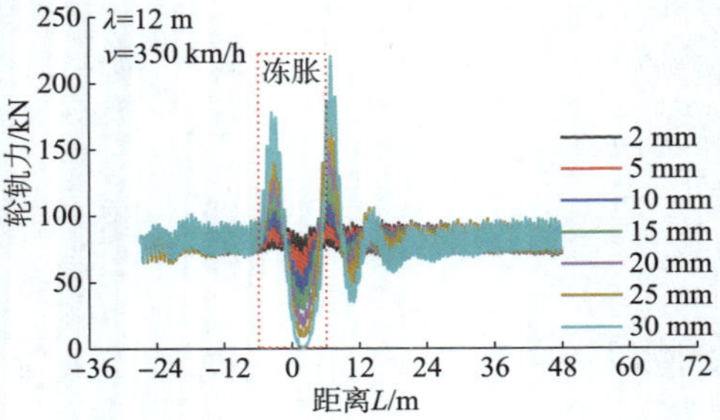

图 4-31　不同冻胀幅值下轮轨力

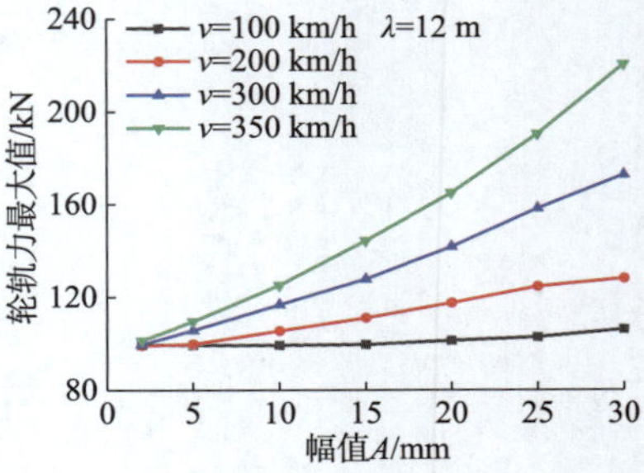

图 4-32　幅值对轮轨力最大值的影响

2. 钢轨与道砟动力响应

为避免歧义，后文将冻胀范围内不同工况下各指标最大值称为“幅值”。不同冻胀幅值下钢轨动位移幅值如图 4-33 所示。由图 4-33 可知，不同冻胀幅值下，钢轨动位移幅值整体变化规律相同，仅大小存在差异。对比钢轨与道砟位移传递规律可知，在钢轨和道砟变形差值较大的区域，钢轨动位移幅值也较大，表明在轨枕吊空区域，钢轨更容易被下压。由于离心力的作用，列车行驶过冻胀峰值后，车体处于下坡阶段，轮对来不及与钢轨接触，导致钢轨位移比峰值前位移小。图 4-34 为不同车速下，钢轨动位移最大值随冻胀幅值的变化规律。可知看出，钢轨动位移最大值随冻胀幅值呈非线性增加的趋势，车速对钢轨最大动位移的影响较小。

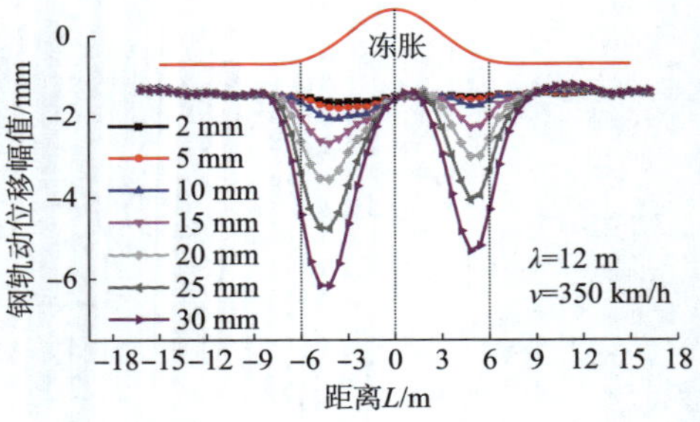

图 4-33　不同冻胀幅值下钢轨竖向动位移

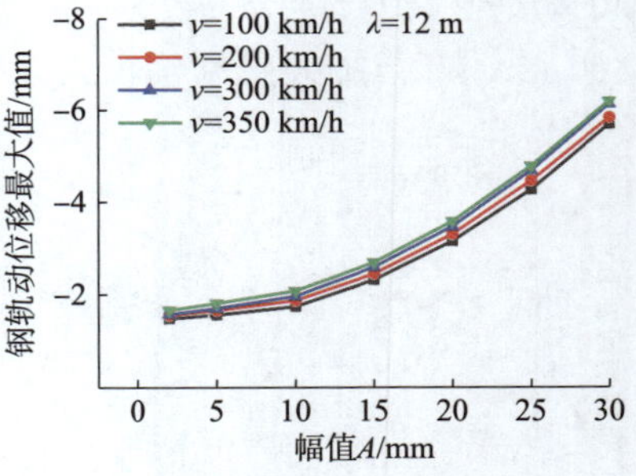

图 4-34　幅值对钢轨动位移最大值影响

图 4-35 为不同冻胀幅值下道砟动位移变化规律。由图 4-35 可知，道砟动位移随幅值

的增加而增加，沿行车方向整体变化规律类似。受车轮冲击作用的影响，道砟动位移在起始点和终止点时发生较大变化；最大值出现在冻胀起点和峰值点之间。由图 4-36 可见，当列车运行速度为 350 km/h，冻胀幅值由 2 mm 增加到 30 mm 时，道砟动位移最大值由 1.39 mm 增加到 1.73 mm，增加了 24.5%。当冻胀幅值为 20 mm 时，车速由 100 km/h 增加到 350 km/h，道砟动位移最大值由 1.36 mm 增加到 1.69 mm，增加了 24.3%。

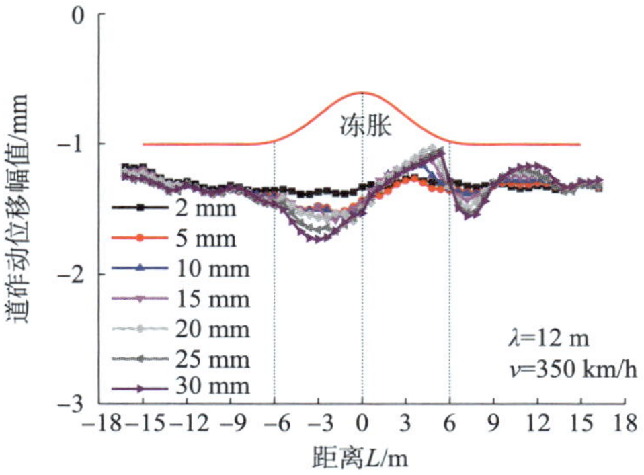

图 4-35　不同冻胀幅值下道砟竖向动位移

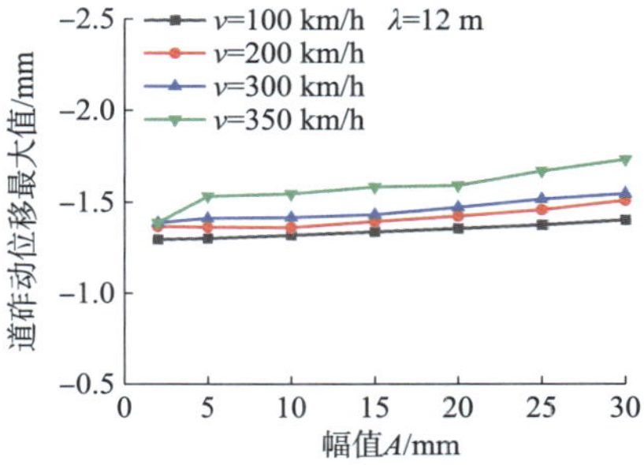

图 4-36　幅值对道砟动位移最大值的影响

图 4-37 为不同冻胀幅值下道砟动应力变化规律。图 4-38 为幅值对道砟动应力最大值的影响。道砟动应力随幅值的增加而增加，沿行车方向整体变化规律类似。道砟动应力在起始点和终止点附近较大。由图 4-38 可知，当列车运行速度为 350 km/h 时，冻胀幅值由 2 mm 增加到 30 mm，道砟动应力最大值由 186.1 kPa 增加到 265.7 kPa，增加了 42.8%。当冻胀幅值为 20 mm 时，车速由 100 km/h 增加到 350 km/h 时，道砟动应力最大值由 177.6 kPa 增加到 235.3 kPa，增加了 32.5%。

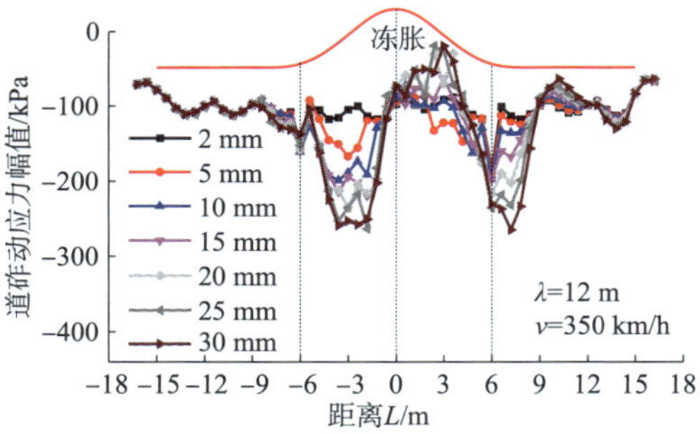

图 4-37　不同冻胀幅值下道砟动应力

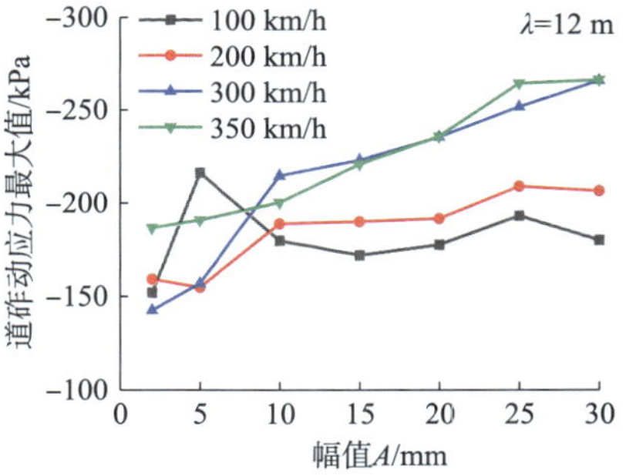

图 4-38　幅值对道砟动应力最大值的影响

3. 路基动力响应

图 4-39 为不同冻胀幅值下基床表层动位移变化曲线。由图 4-39 可知，沿行车方向，基床表层动位移分布规律类似，且随冻胀幅值的增加而增加。图 4-40 为幅值对基床动位移最

大值的影响。由图 4-40 可知，基床动位移最大值与冻胀幅值基本呈线性关系，且随行车速度的增加而增加。当列车运行速度为 350 km/h，冻胀幅值由 2 mm 增加到 30 mm 时，基床表层动位移最大值由 1.33 mm 增加到 1.88 mm，增加了 41.4%。当冻胀幅值为 20 mm 时，车速由 100 km/h 增加到 350 km/h，基床表层动位移最大值由 1.21 mm 增加到 1.69 mm，增加了 39.7%。

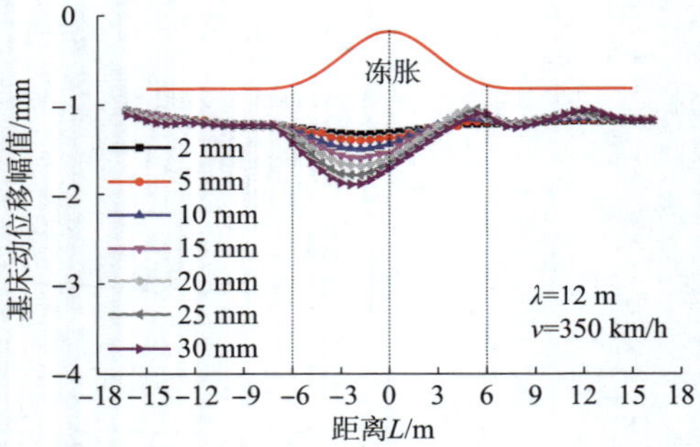

图 4-39　不同冻胀幅值下基床动位移

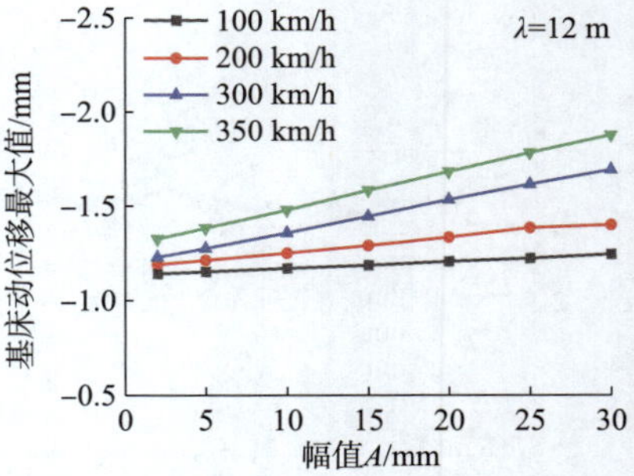

图 4-40　幅值对基床动位移最大值的影响

图 4-41 为不同冻胀幅值下基床动应力分布曲线。由图 4-41 可知，不同工况下，路基动应力分布规律相似，且随冻胀幅值的增加而增加。图 4-42 表示不同行车速度下，基床动应力最大值随冻胀幅值的变化规律。由图 4-42 可知，基床动应力随车速和幅值的增加而增加。当车速不超过 200 km/h 时，冻胀幅值增加，基床动应力最大值增加缓慢；当速度超过 200 km/h 时，基床动应力最大值随冻胀幅值的增加值迅速升高。当列车运行速度为 350 km/h 时，冻胀幅值由 2 mm 增加到 30 mm，基床表层动应力最大值由 82.9 kPa 增加到 187.1 kPa，增加了 125.7%。当冻胀幅值为 20 mm 时，车速由 100 km/h 增加到 350 km/h，基床表层动应力最大值由 99.3 kPa 增加到 143.6 kPa，增加了 44.6%。

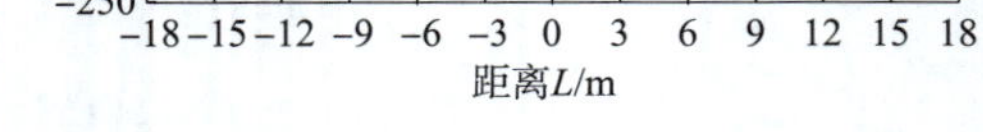

图 4-41　不同冻胀幅值下基床动应力

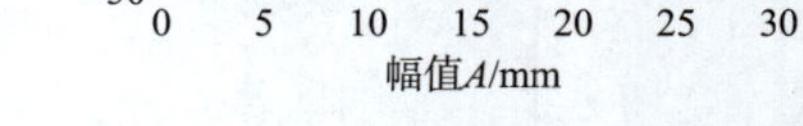

图 4-42　幅值对基床动应力最大值的影响

不同冻胀幅值下基床加速度最大值沿行车方向的变化情况如图 4-43 所示。由图 4-43 可知，当列车以 350 km/h 的速度运行时，冻胀幅值较小(不大于 20 mm)的情况下，基床加速度变化不大；而当冻胀幅值大于 20 mm 时，基床加速度迅速增加。图 4-44 为不同车速和冻胀幅值下的基床加速度变化规律。由图 4-44 可知，当列车运行速度低于 200 km/h 时，随冻胀幅值的增加，加速度最大值增加缓慢；当列车速度达到 300 km/h 时，冻胀幅值小于 20 mm 的情况下，基床加速度变化较小；当幅值超过 20 mm 时，加速度迅速增加，表明存在临界速度和临界幅值，使得加速度产生突变。

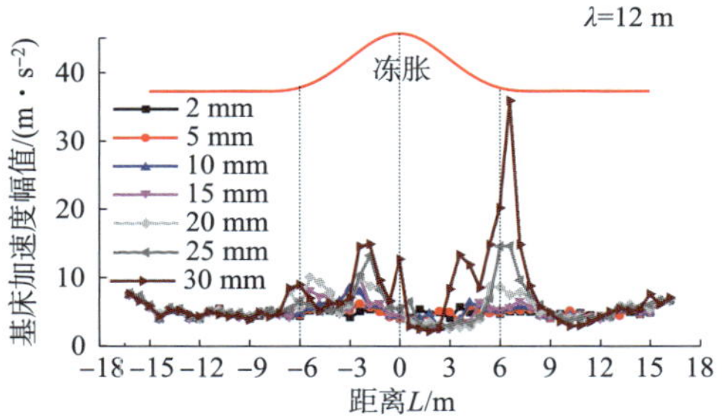

图 4-43　不同冻胀幅值下的基床加速度

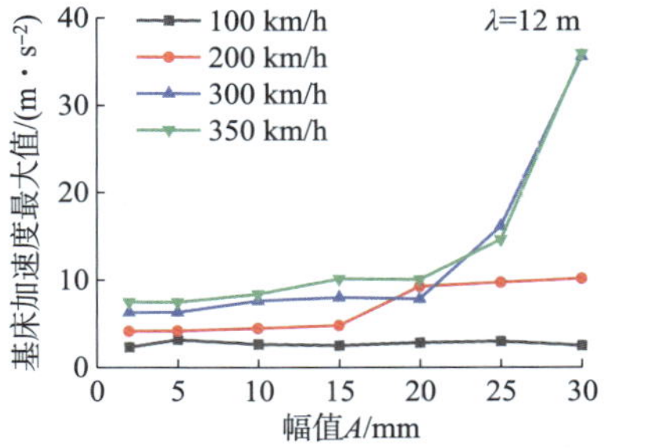

图 4-44　幅值对基床加速度最大值的影响

4.4.2　冻胀波长

为分析不同冻胀波长对各结构动力特性的影响，行车速度选为 350 km/h，冻胀幅值为 20 mm，考虑 6 m、12 m 和 24 mm 的冻胀波长对车辆-轨道-路基动力特性进行分析。

1. 列车动力响应

当冻胀幅值为 20 mm，行车速度为 350 km/h 时，不同冻胀波长下的加速度时程曲线如图 4-45 所示。由图 4-45 可知，当波长为 6 m 时，前后转向架对车体整体振动的影响相对独立；当波长增加到 12 m 和 24 m 时，在前后转向架共同作用下，振动产生叠加或抵消，导致车体加速度时程曲线形状各异。图 4-46 为不同车速和冻胀波长下的车体垂向加速度变化规律。由图 4-46 可知，随着波长的增加，车体加速度近似线性减小。当车速为 350 km/h 时，冻胀波长从 6 m 增加到 24 m，最大加速度下降了 42.0%。这是因为波长增加导致钢轨平顺性增强，降低了车辆的振动响应。

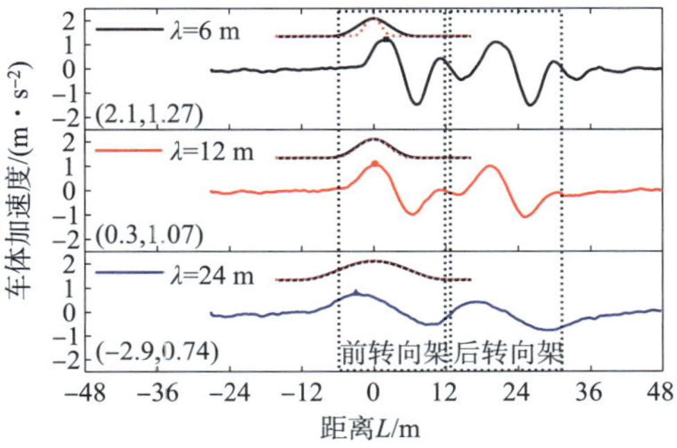

图 4-45　不同冻胀波长下车体加速度

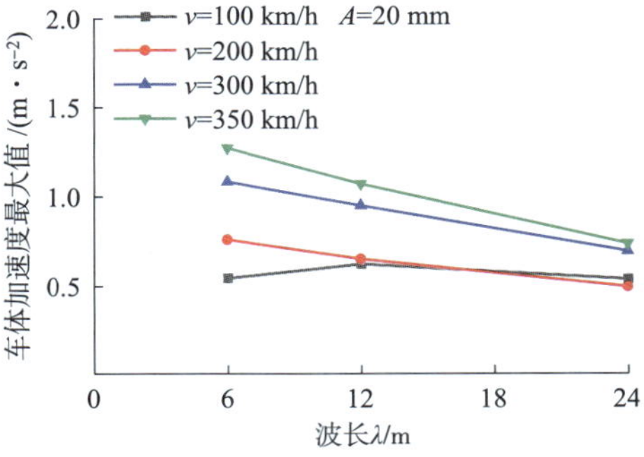

图 4-46　波长对车体加速度最大值的影响

波长和列车运行速度对轮轨力的影响如图 4-47 所示。由图 4-47 可知,不同波长下轮轨力波动程度存在差异,但时程曲线整体形状类似。如图 4-48 所示,随着波长的增加,轮轨作用力最大值逐渐减小,且波长越长,下降越明显;随车速的增加,轮轨作用力最大值呈增加的趋势。当车速为 350 km/h 时,冻胀波长从 6 m 增加到 24 m,最大轮轨力下降了 17.1%。这表明限制列车运行速度,避免过短路基冻胀波长,对列车安全运营有重要意义。

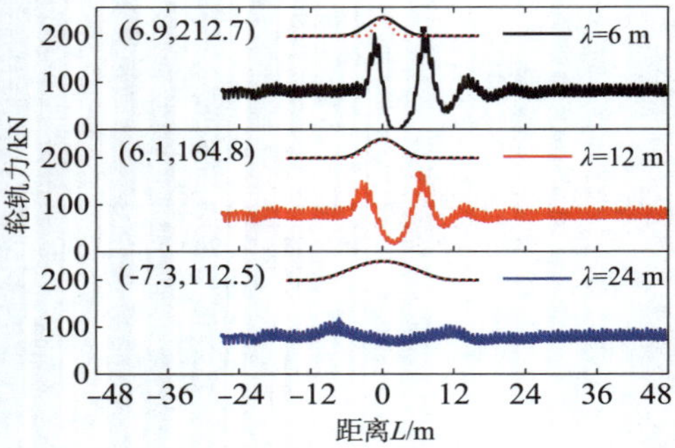

图 4-47　不同冻胀波长下轮轨力

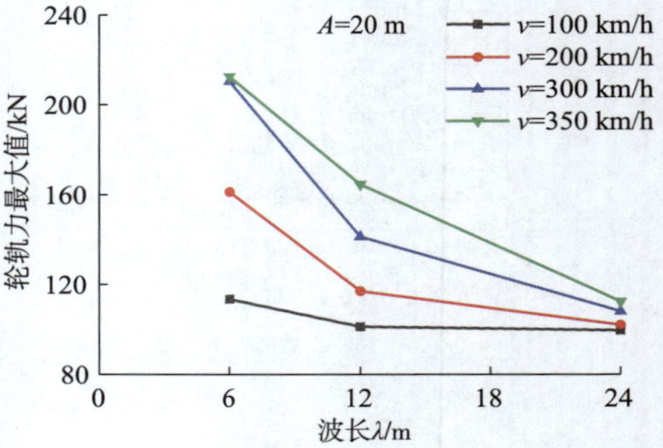

图 4-48　波长对轮轨力最大值的影响

2. 钢轨与道砟动力响应

图 4-49 为波长对钢轨动位移最大值的影响。由图 4-49 可知,冻胀波长为 6 m 的情况下,钢轨动位移明显高于其他工况。这主要是由于波长较短时钢轨与路基之间的差异变形大,轨枕吊空高度大。车体通过时,轨枕吊空区域的钢轨易于变形;而当轨枕与道砟接触后,受道砟支撑作用,钢轨的动位移相应减小。图 4-50 为波长对钢轨动位移最大值影响。由图 4-50 可知,随车速的增加,钢轨动位移增加幅度较小。与冻胀波长相比,列车运行速度对钢轨动位移影响程度较小。当车速为 350 km/h 时,冻胀波长从 6 m 增加到 24 m,钢轨动位移最大值由 11.03 mm 迅速降低到 1.94 mm,下降了 82.4%。这表明,波长短、幅值高的情况下,轨枕吊空程度大,对钢轨动位移影响剧烈,严重影响行车安全,在实际工程中应尽量减少或避免这种情况的发生。

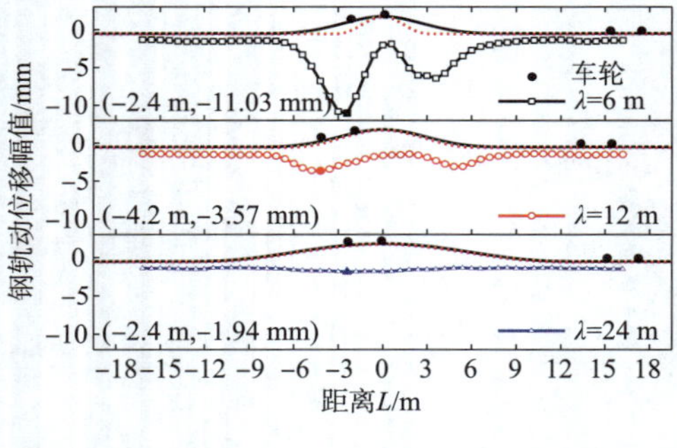

图 4-49　不同冻胀波长下钢轨动位移

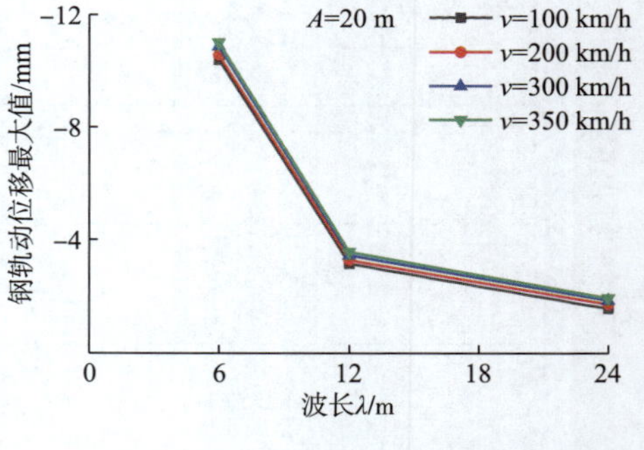

图 4-50　波长对钢轨动位移最大值影响

图 4-51 为不同波长下道砟动位移最大值沿行车方向的分布曲线。由图 4-51 可知，冻胀波长 24 m 的道砟动位移分布规律与其他工况不同。这不仅与轨枕吊空程度有关，与车体定距也存在一定的联系。当列车通过时，轮对处于波形不同位置，荷载相互叠加或抵消，导致道砟不同位置处的动位移存在差异。图 4-52 为波长对道砟动位移最大值的影响。由图 4-52 可知，随车速的增加，道砟动位移也相应增加。随冻胀波长的增加，道砟动位移迅速降低，超过 12 m 之后逐渐趋于平缓。当车速为 350 km/h 时，冻胀波长从 6 m 增加到 24 m，道砟动位移最大值由 2.00 mm 迅速降到 1.51 mm，下降了 24.5%。

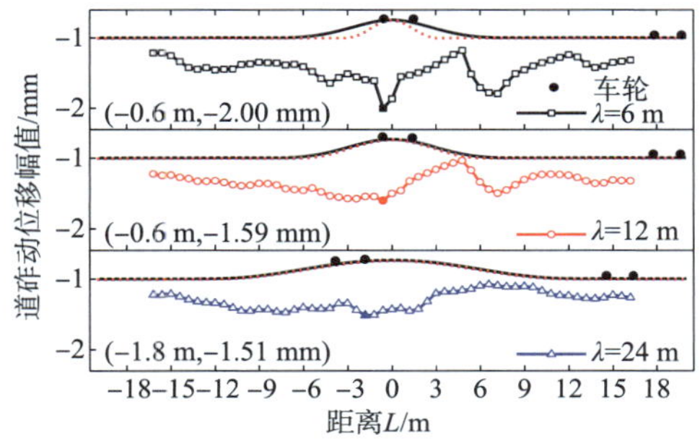

图 4-51　不同冻胀波长下道砟动位移

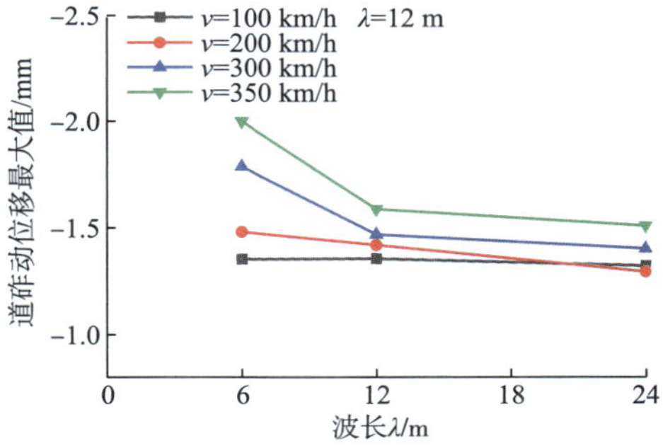

图 4-52　波长对道砟动位移最大值的影响

图 4-53 为不同波长下道砟动应力最大值沿行车方向的分布曲线。与动位移曲线类似，除冻胀波长为 24 m 的工况外，其他波长的曲线形状类型。造成此类现象的原因也与动位移类似。当冻胀波长为 6 m 时，道砟动应力最大值出现在冻胀峰值之前的区域；当列车驶过冻胀峰值后，道砟动应力迅速降低至零附近；在峰值后约 6 m 的范围内，道砟动应力又出现一个峰值。这是由于列车高速通过短波冻胀时，上坡区域冲击作用显著，通过峰值后出现跳车现象导致动应力迅速降低；车体在一定区域内回落冲击路基，此时道砟动应力增加。波长对道砟动应力最大值的影响如图 4-54 所示，随车速的增加，道砟动应力整体呈增加的趋势；随冻胀波长的增加，动应力整体呈先迅速降低后稳定的趋势。当车速为 350 km/h 时，冻胀波长从 6 m 增加到 24 m，道砟动应力最大值由 521.8 kPa 迅速降低到 209.8 kPa，下降了 59.8%。

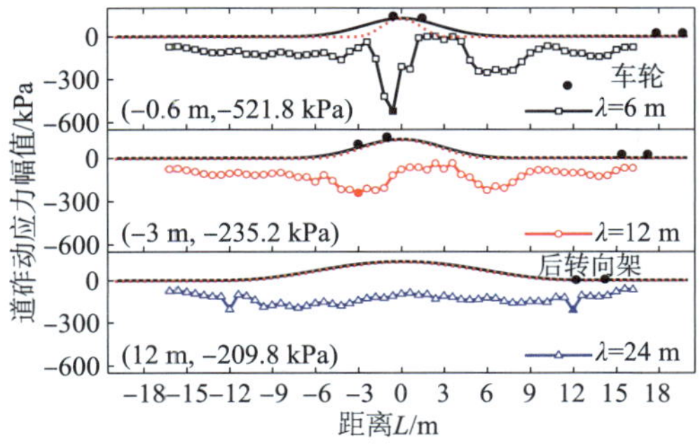

图 4-53　不同冻胀波长下道砟动应力

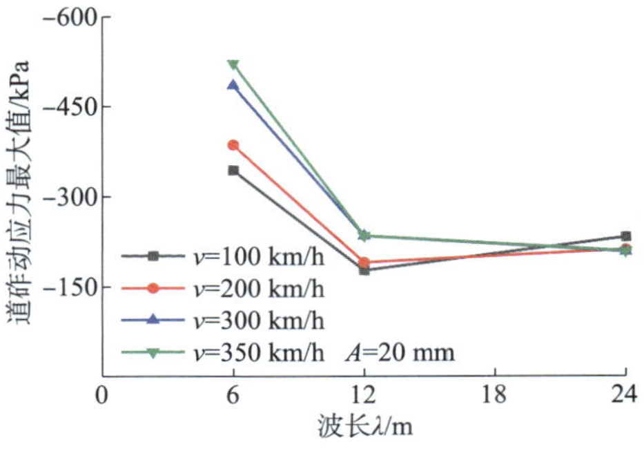

图 4-54　波长对道砟动应力最大值的影响

3. 路基动力响应

图 4-55 为不同波长下基床动位移最大值沿行车方向的分布曲线。由图 4-55 可知，冻胀波长为 24 m 时，基床表层动位移呈单峰分布；而波长 6 m 和 12 m 时，动位移曲线存在两个峰值，分别位于冻胀峰值之前和冻胀终点附近。波长对基床动位移最大值的影响如图 4-56 所示，随波长的增加，基床表层动位移最大值随车速的增加而增加，随波长的增加基本呈线性减小的趋势。当车速为 350 km/h 时，冻胀波长从 6 m 增加到 24 m，钢轨动位移最大值由 1.77 mm 迅速降低到 1.47 mm，下降了 16.9%。

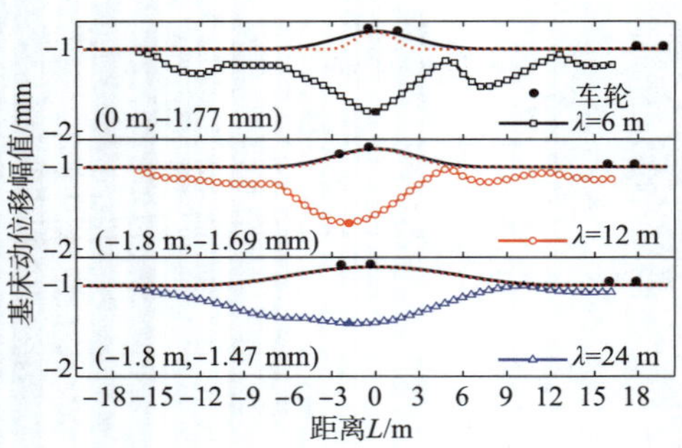

图 4-55　不同冻胀波长下基床动位移

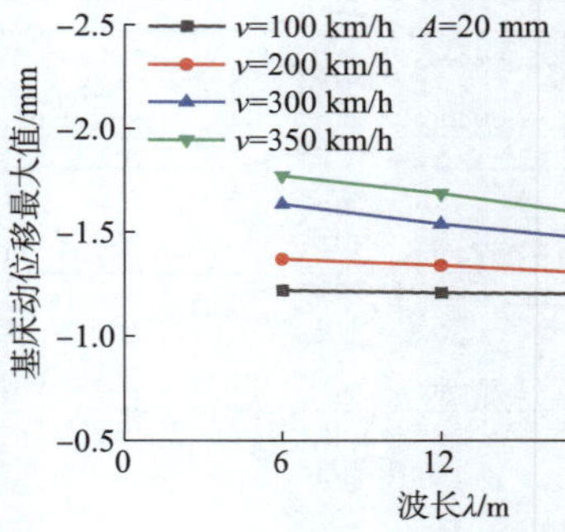

图 4-56　波长对基床动位移最大值的影响

图 4-57 为不同波长下路基动应力最大值沿行车方向的分布曲线。由图 4-57 可知，冻胀波长较小时，道砟动应力最大值出现在冻胀峰值之前的区域；而当冻胀波长为 12 m 时，最大值出现在冻胀峰值之后，与道砟动应力分布存在一定的差异；冻胀波长为 24 m 时，基床表层动应力较小，且基本保持稳定。这与车辆定距、轨道变形情况、轨枕吊空状态、应力叠加等因素有关。波长对基床动应力最大值的影响如图 4-58 所示，随冻胀波长的增加，基床表层动应力最大值基本呈降低的趋势，且随车速的提高而增加。当车速为 350 km/h 时，冻胀波长从 6 m 增加到 24 m，路基动应力最大值由 118.6 kPa 迅速降低到 86.1 kPa，下降了 62.3%。

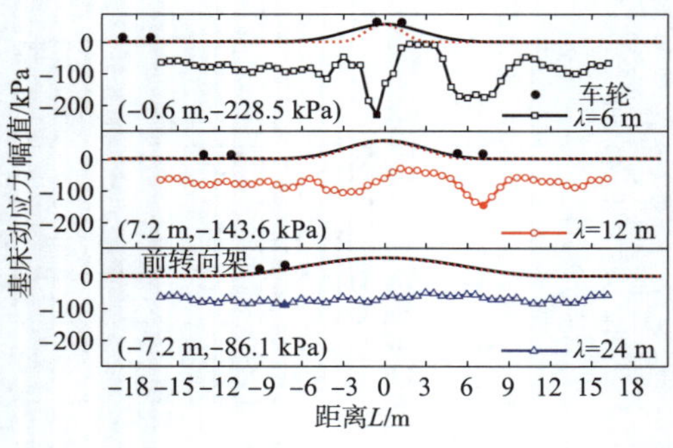

图 4-57　不同冻胀波长下基床动应力

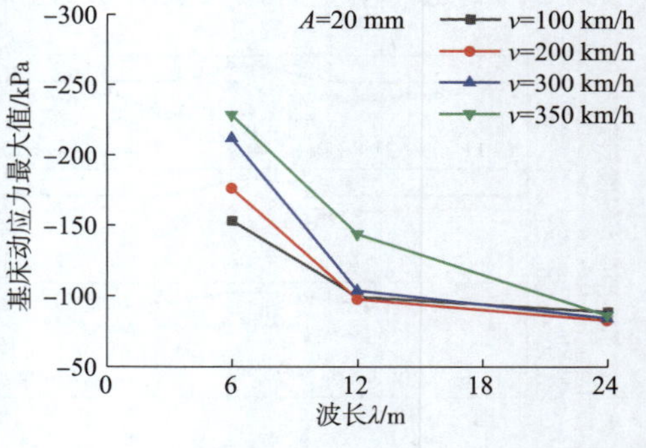

图 4-58　波长对基床动应力最大值的影响

不同冻胀波长下基床加速度最大值沿行车方向的变化情况见图 4-59。由图 4-59 可知，在整个路基冻胀区域内，加速度存在明显波动，当冻胀波长为 6 m 时，此现象更加显著。图 4-60 为波长对基床加速度最大值的影响。由图 4-60 可以看出，车速和波长均对加速度有较大的影响。基床表层加速度随车速的增加而增加，随冻胀波长的增加迅速降低。当车速为 350 km/h 时，冻胀波长从 6 m 增加到 24 m，基床表层加速度最大值由 29.72 m/s^2 迅速降低到 7.53 m/s^2，下降了 74%。

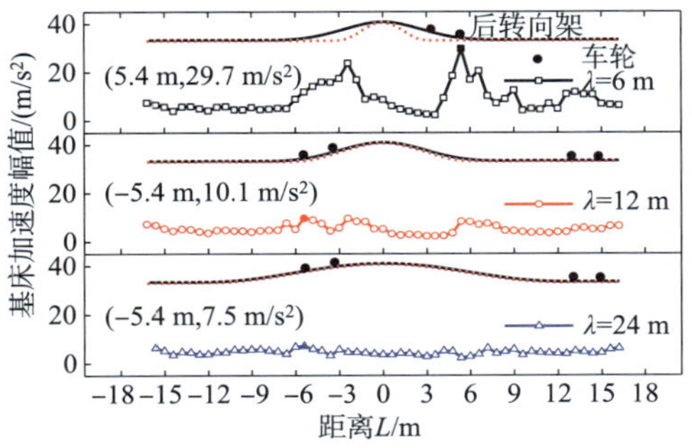

图 4-59　不同冻胀波长下基床加速度

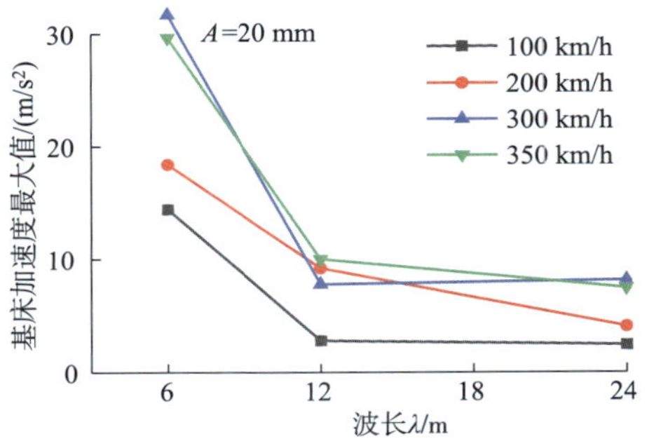

图 4-60　波长对基床加速度最大值的影响

4.4.3　冻胀波距

以冻胀幅值 30 mm 为例，不同冻胀波长和波距条件下，钢轨和道砟变形曲线如图 4-61 所示。由图 4-61 可知，当波长或波距较大时，轨枕与道砟接触良好；当波长和波距均较小时，两冻胀波间轨枕吊空现象严重。当冻胀波长为 6 m 且冻胀波距小于 6 m 时，钢轨变形峰值甚至大于路基最大冻胀量。

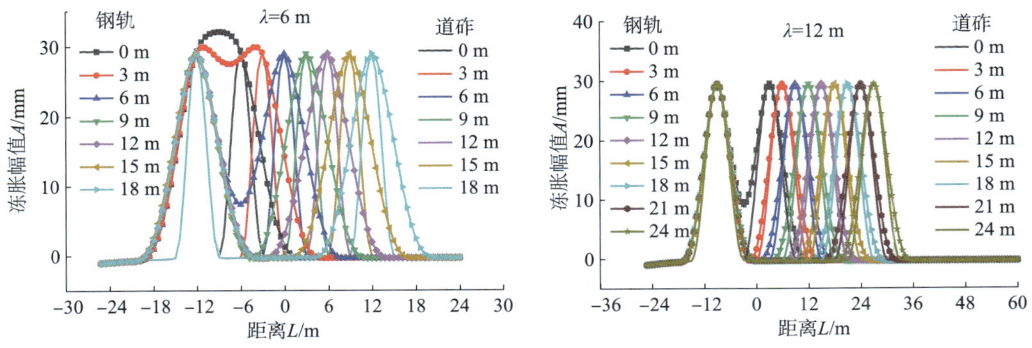

(a)λ=6 m　　(b)λ=12 m

图 4-61

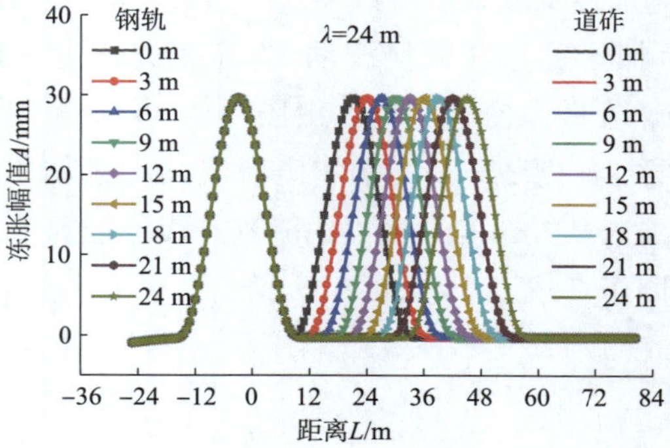

(c)λ=24 m

图 4-61　不同冻胀波距下钢轨变形

1. 列车动力响应

冻胀波长为 12 m 时，不同冻胀波距下车体加速度时程曲线如图 4-62 所示。由图 4-62 可知，当波距较小时，经过两个冻胀波时车体加速度存在叠加效应。当冻胀波距为 6～9 m 时，车体垂向加速度峰值最大。不同冻胀波长下，车体加速度峰值和波距的关系如图 4-63 所示。由图 4-63(a)可知，在某个波距下车体加速度峰值达到最大；其他工况下的车体加速度峰值基本接近；不同冻胀波长下，最大车体加速度对应的冻胀波距不同。以冻胀波长与波距之和为横坐标，并对纵坐标进行归一化处理，得到如图 4-63(b)所示结果。由图 4-63(b)可知，冻胀波长为 6 m 和 12 m 时，最大车体加速度对应的冻胀波长与波距之和在 18～21 m 间，与车辆定距 17.5 m 相近。波长为 24 m 的曲线也有类似趋势。

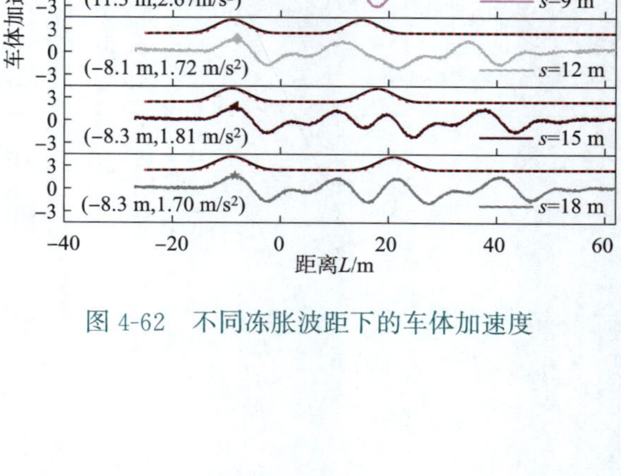

图 4-62　不同冻胀波距下的车体加速度

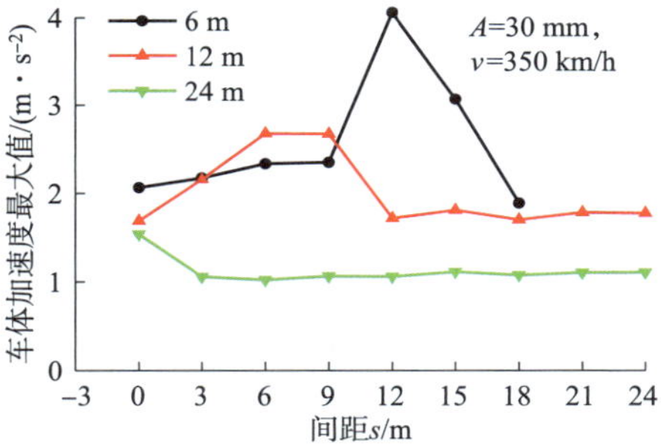

(a)车体加速度

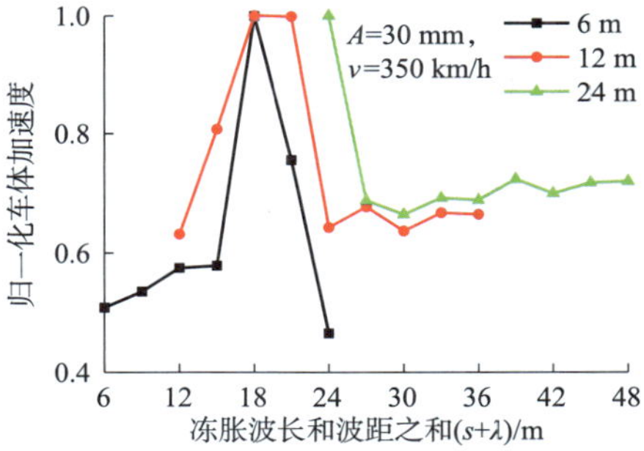

(b)归一化车体加速度

图 4-63　波距对车体加速度最大值的影响

冻胀波长为 12 m 时，不同冻胀波距下轮轨作用力时程曲线如图 4-64 所示。由图 4-64 可知，当冻胀波距大于 3 m 时，车轮经过两个冻胀波时的轮轨作用力波形相对独立；当冻胀波距小于 3 m 时，轮轨作用力波形存在叠加效应。当冻胀波距为 0 m 时，轮轨作用力峰值最大；不同波距条件下，轮轨作用力峰值均发生在车轮经过第一个冻胀波下坡脚的位置。不同冻胀波长和波距下，轮轨作用力峰值和波距的关系如图 4-65 所示。由图 4-65(a)可知，在某个波距下轮轨作用力峰值达到最大；其他工况下的轮轨作用力峰值基本接近；不同冻胀波长下，最大轮轨作用力对应的冻胀波距不同。同样，以冻胀波长与波距之和为横坐标，对纵坐标进行归一化处理，得到如图 4-65(b)所示结果。由图 4-65(b)可知，冻胀波长为 6 m 和 12 m 时，最大轮轨作用力对应的冻胀波长与波距之和在 9～12 m，与轨枕吊空状态有关。当波长较大时，冻胀波距对轮轨作用力的影响可以忽略。

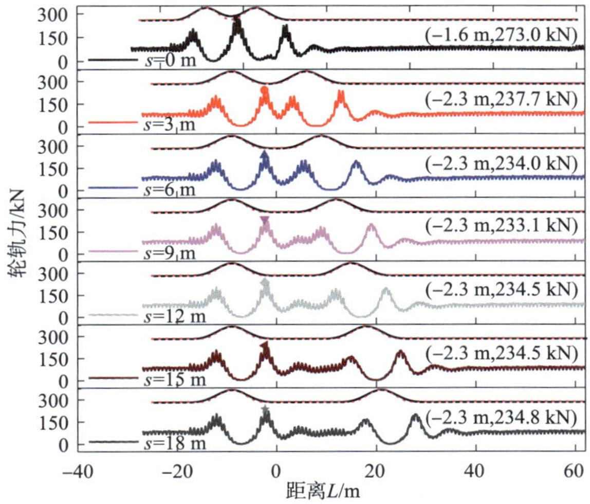

图 4-64　不同冻胀波距下轮轨力

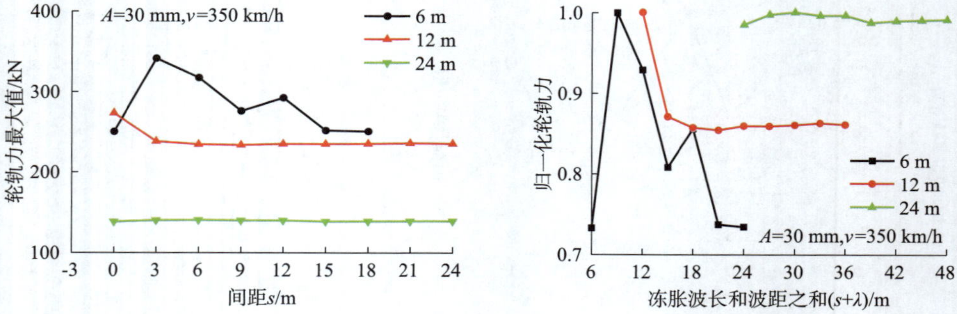

(a)轮轨力　　(b)归一化轮轨力

图 4-65　波距对轮轨力最大值的影响

2. 钢轨与道砟动力响应

冻胀波长为 12 m 时，不同冻胀波距下钢轨竖向动位移幅值分布曲线如图 4-66 所示。由图 4-66 可知，当冻胀波距大于 3 m 时，车轮经过两个冻胀波时的钢轨竖向动位移波形相对独立；当冻胀波距小于 3 m 时，钢轨竖向动位移波形存在叠加效应。当冻胀波距为 0 m 时，钢轨竖向动位移峰值最大。不同冻胀波长下，钢轨竖向动位移峰值和波距的关系如图 4-67 所示。由图 4-67(a)可知，在某个波距下钢轨竖向动位移峰值达到最大；其他工况下钢轨竖向动位移峰值基本接近；不同冻胀波长下，最大钢轨竖向动位移对应的冻胀波距不同。采用同一方法，可得如图 4-67(b)所示结果。由图 4-67 可知，冻胀波长为 6 m 和 12 m 时，最大钢轨竖向动位移对应的冻胀波长与波距之和在 9～12 m，与轨枕吊空状态有关。当波长较大时，冻胀波距对钢轨竖向动位移的影响可以忽略。

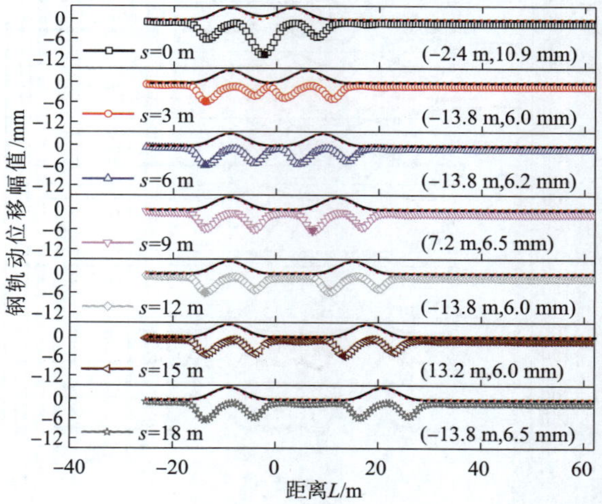

图 4-66　不同冻胀波距下的钢轨动位移

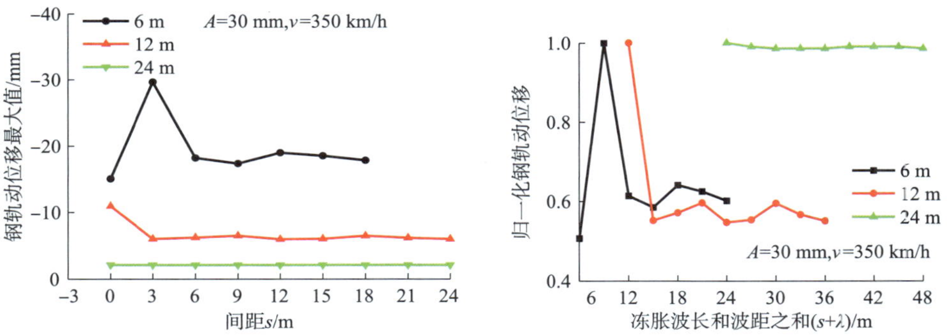

(a)钢轨动位移　　(b)归一化钢轨动位移

图 4-67　波距对钢轨动位移最大值的影响

冻胀波长为 12 m 时，不同冻胀波距下道砟竖向动位移幅值分布曲线如图 4-68 所示。由图 4-68 可见，当冻胀波距大于 3 m 时，车轮经过两个冻胀波时的道砟竖向动位移波形相对独立；当冻胀波距小于 3 m 时，道砟竖向动位移波形存在叠加效应。当冻胀波距为 0 m 时，道砟竖向动位移峰值最大。不同冻胀波长下，道砟竖向动位移峰值和波距的关系如图 4-69 所示。由图 4-69(a)可见，在某个波距下道砟竖向动位移峰值达到最大；其他工况下的道砟竖向动位移峰值基本接近；不同冻胀波长下，最大道砟竖向动位移对应的冻胀波距不同。采用同一方法，可得如图 4-69(b)所示结果。由图 4-69(b)可知，冻胀波长为 6 m 和 12 m 时，最大道砟竖向动位移对应的冻胀波长与波距之和在 9～12 m，与轨枕吊空状态有关。当波长较大时，冻胀波距对道砟竖向动位移的影响可以忽略。

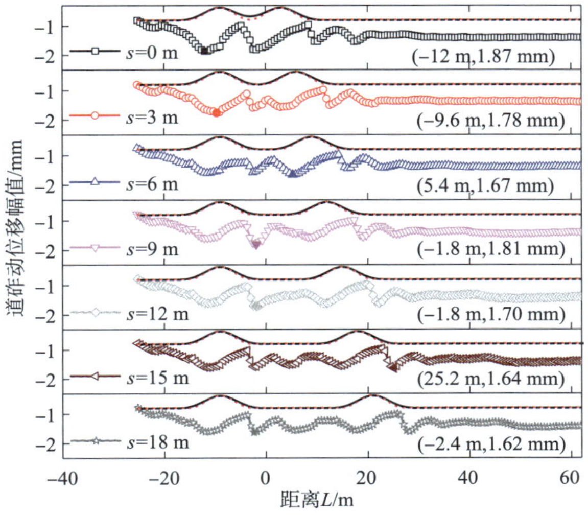

图 4-68　不同冻胀波距下道砟动位移

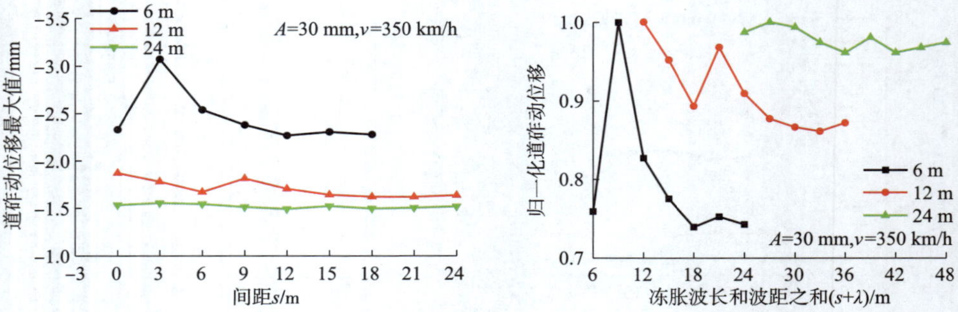

(a)道砟动位移 (b)归一化道砟动位移

图 4-69 波距对道砟动位移的影响

冻胀波长为 12 m 时，不同冻胀波距下道砟竖向动应力幅值分布曲线如图 4-70 所示。由图 4-70 可知，当冻胀波距大于 3 m 时，车轮经过两个冻胀波时的道砟竖向动应力波形相对独立；当冻胀波距小于 3 m 时，道砟竖向动应力波形存在叠加效应。当冻胀波距为 0 m 时，道砟竖向动应力峰值最大。不同冻胀波长下，道砟竖向动应力峰值和波距的关系如图 4-71 所示。由图 4-71 可知，在某个波距下道砟竖向动应力峰值达到最大；其他工况下的道砟竖向动应力峰值基本接近；不同冻胀波长下，最大道砟竖向动应力对应的冻胀波距不同。由图 4-72(b)可知，冻胀波长为 6 m 和 12 m 时，最大道砟竖向动应力对应的冻胀波长与波距之和均在 9～12 m，与轨枕吊空状态有关。当波长较大时，冻胀波距对道砟竖向动应力的影响基本可以忽略。

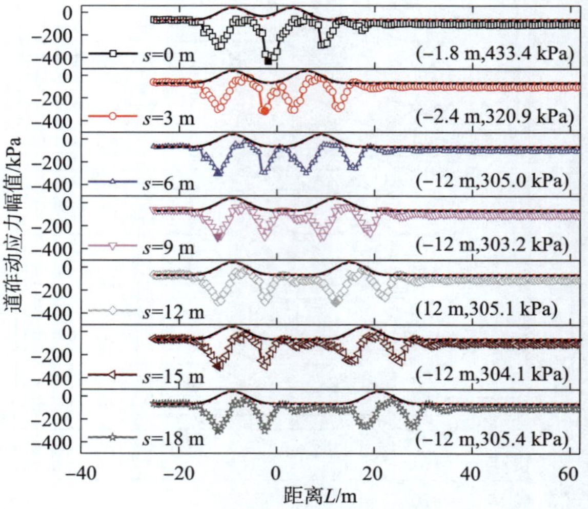

图 4-70 不同冻胀波距下道砟动应力

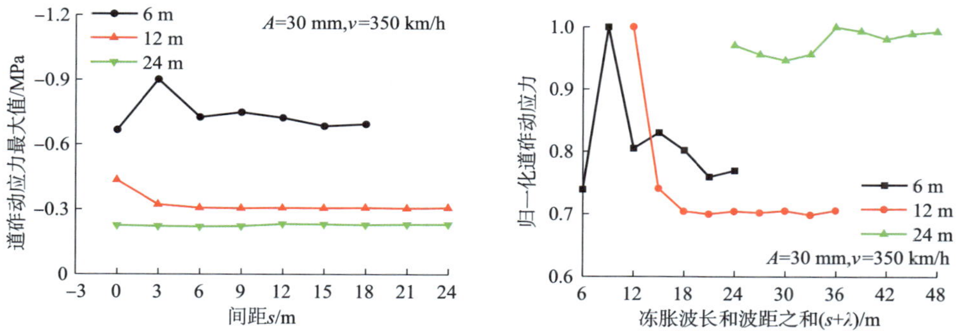

(a)道砟动应力　　(b)归一化道砟动应力

图 4-71　波距对道砟动应力最大值影响

3. 路基动力响应

冻胀波长为 12 m 时，不同冻胀波距下基床表层竖向动位移幅值分布曲线如图 4-72 所示。由图 4-72 可知，当冻胀波距大于 3 m 时，车轮经过两个冻胀波时的基床表层竖向动位移波形相对独立；当冻胀波距小于 3 m 时，基床表层竖向动位移波形存在叠加效应。当冻胀波距为 0 m 时，基床表层竖向动位移峰值最大。不同冻胀波长下，基床表层竖向动位移峰值和波距的关系如图 4-73 所示。由图 4-73(a)可知，在某个波距下基床表层竖向动位移峰值达到最大；其他工况下的基床表层竖向动位移峰值基本接近；不同冻胀波长下，最大基床表层竖向动位移对应的冻胀波距不同。由图 4-73(b)可知，冻胀波长为 6 m 和 12 m 时，最大基床表层竖向动位移对应的冻胀波长与波距之和在 9～12 m，与轨枕吊空状态有关。当波长较大时，冻胀波距对基床表层竖向动位移的影响基本可以忽略。

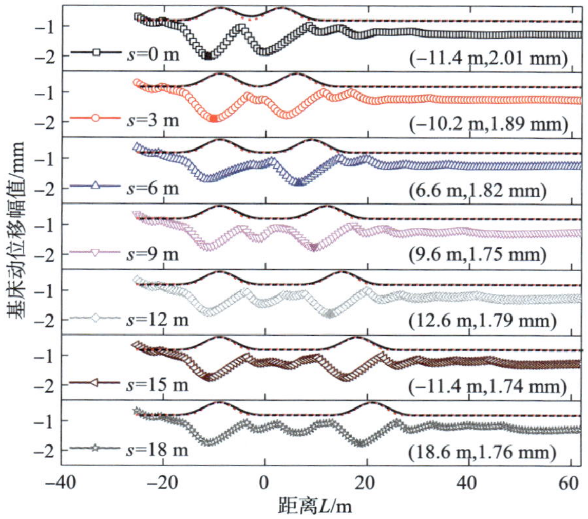

图 4-72　不同冻胀波距下基床动位移

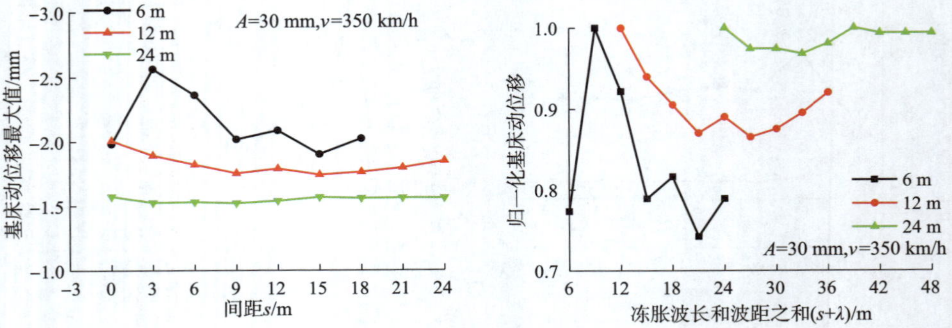

(a)基床动位移　　(b)归一化基床动位移

图 4-73　波距对基床动位移最大值影响

冻胀波长为 12 m 时，不同冻胀波距下基床表层竖向动应力幅值分布曲线如图 4-74 所示。由图 4-74 可知，当冻胀波距大于 3 m 时，车轮经过两个冻胀波时的基床表层竖向动应力波形相对独立；当冻胀波距小于 3 m 时，基床表层竖向动应力波形存在叠加效应。当冻胀波距为 3 m 时，基床表层竖向动应力峰值最大。不同冻胀波长下，基床表层竖向动应力峰值和波距的关系如图 4-75 所示。由图 4-75(a)可知，在某个波距下基床表层竖向动应力峰值达到最大；其他工况下的基床表层竖向动应力峰值基本接近；不同冻胀波长下，最大基床表层竖向动应力对应的冻胀波距不同。由图 4-75(b)可知，冻胀波长为 6 m 和 12 m 时，最大基床表层竖向动应力对应的冻胀波长与波距之和在 9～15 m，与轨枕吊空状态有关。当波长较大时，冻胀波距对基床表层竖向动应力的影响基本可以忽略。

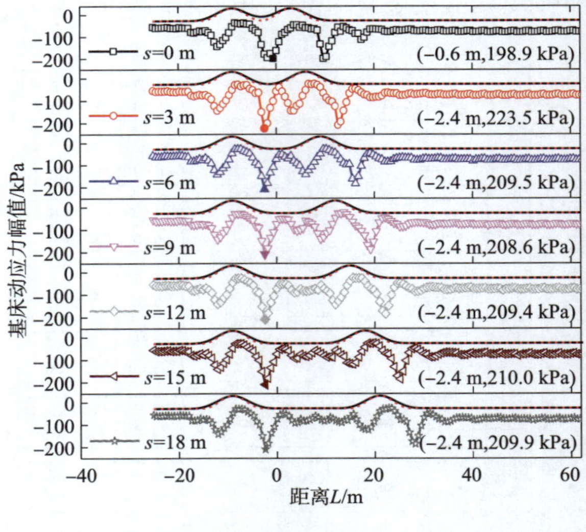

图 4-74　不同冻胀波距下基床动应力

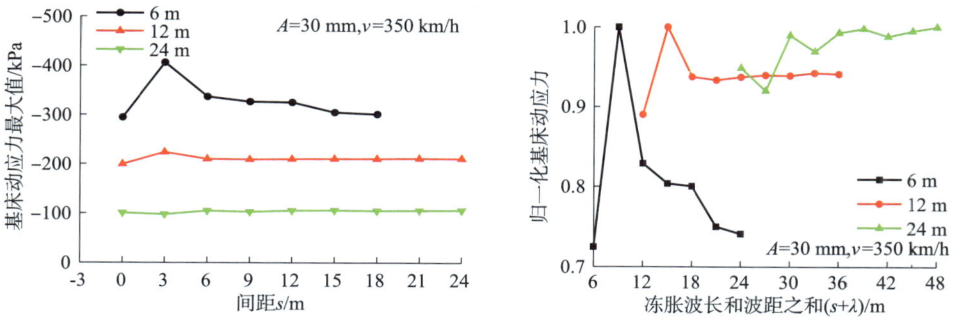

(a)基床动应力　　(b)归一化基床动应力

图 4-75　冻胀波距对基床动应力的影响

冻胀波长为 12 m 时，不同冻胀波距下基床表层竖向加速度幅值分布曲线如图 4-76 所示。由图 4-76 可知，当冻胀波距大于 3 m 时，车轮经过两个冻胀波时的基床表层竖向加速度波形相对独立；当冻胀波距小于 3 m 时，波形存在叠加效应。当冻胀波距为 0 m 时，基床表层竖向加速度峰值最大。不同冻胀波长下，基床表层竖向加速度峰值和波距的关系见图 4-77。由图 4-77(a)可知，在某个波距下基床表层竖向加速度峰值达到最大；其他工况下的基床表层竖向加速度峰值基本接近；不同冻胀波长下，最大基床表层竖向加速度对应的冻胀波距不同。由图 4-77(b)可知，冻胀波长为 6 m 和 12 m 时，最大基床表层竖向加速度对应的冻胀波长与波距之和在 9～12 m，与轨枕吊空状态有关。当波长较大时，冻胀波距对基床表层竖向加速度的影响基本可以忽略。

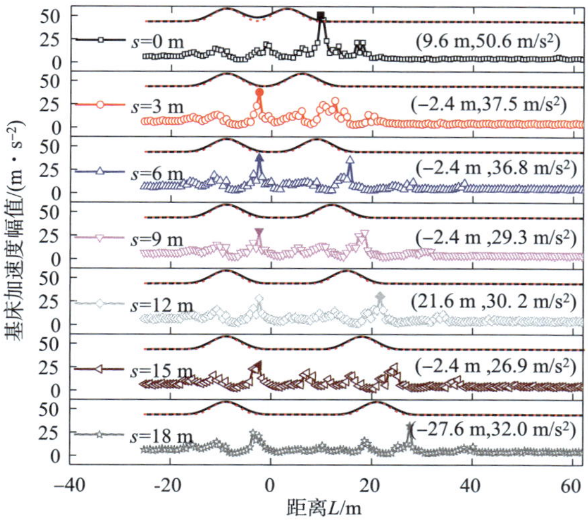

图 4-76　不同冻胀波距下基床加速度

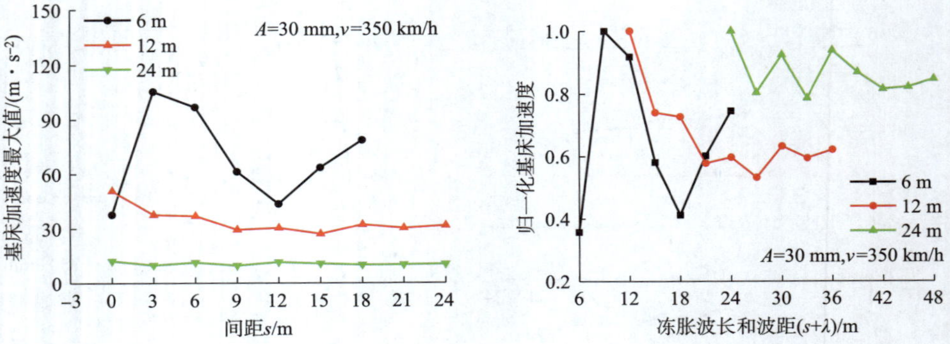

(a)基床加速度　　(b)归一化基床加速度

图 4-77　波距对基床加速度最大值影响

4.5　耦合体系动力响应与路基冻胀的数学方程

由于车辆-轨道-路基结构体系的复杂性，各因素对动力响应指标的影响存在耦合关系，尤其是冻胀波长、幅值和列车运行速度。由上文可知，当存在多个冻胀波时，冻胀波距和波长之和为某一特定值时，系统动力响应迅速增大，而其余工况的动力响应基本相同。因此，本节主要针对冻胀波长、幅值和列车运行速度三者对体系各动力响应指标的耦合影响进行分析。以冻胀波长、幅值和运行速度为自变量，进行多元回归分析，得到统一模型为

$$y=A_1\exp[B_1(a_1\ln\lambda+b_1A+c_1v+d_1)]+C_1 \tag{4-4}$$

式中　λ——冻胀波长；

A——冻胀幅值；

v——列车运行速度；

$A_1,B_1,C_1,a_1,b_1,c_1,d_1$——拟合参数，具体取值见表 4-4。

表 4-4　各指标回归系数

指　标	A_1	B_1	C_1	a_1	b_1	c_1	d_1	R^2
车体垂向加速度/(m·s^{-2})	0.489	1.128	−0.322	−0.163	0.037	0.001	0.092	0.905
轮轨相互作用力/kN	1.871	0.023	81	−37.491	2.004	0.179	148.149	0.909
轮重减载率	0.052	3.858	0.15	−0.284	0.011	0.001	0.638	0.753
钢轨垂向位移/mm	0.547	0.303	0.630	−4.914	0.242	0.002	12.557	0.972
道砟垂向位移/mm	1.35×10^{-6}	7.671	1.319	−0.156	0.007	0.001	1.485	0.942
道砟动应力/MPa	0.693	0.015	179.4	−102.53	5.57	0.191	381.617	0.846
基床动位移/mm	0.001	4.061	1.072	−0.093	0.012	0.001	1.073	0.905
基床动应力/kPa	2.109	0.023	68.92	−58.049	2.582	0.11	196.493	0.951
基床加速度/(m·s^{-2})	3.01	0.092	−0.512	−10.023	0.565	0.044	17.051	0.781

车辆-轨道-路基体系各动力响应指标的预测结果与计算结果对比如图 4-78 所示。由图 4-78 可知，对于所有的响应指标，该统一模型均能得到能较好的预测结果，说明冻胀波长、幅值和列车速度三者对体系动力响应指标的耦合影响可用式(4-4)进行描述。

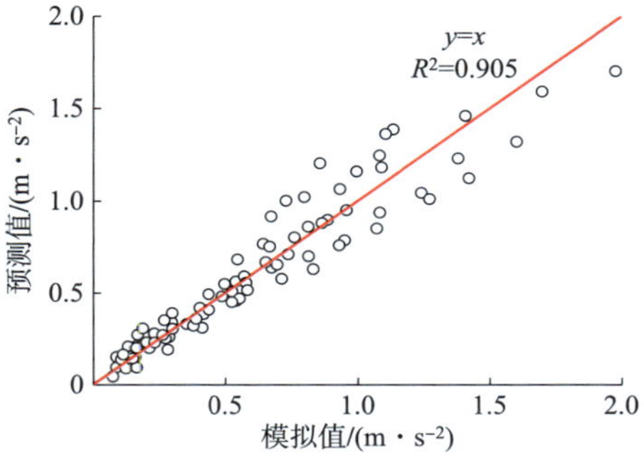

(a)车体加速度

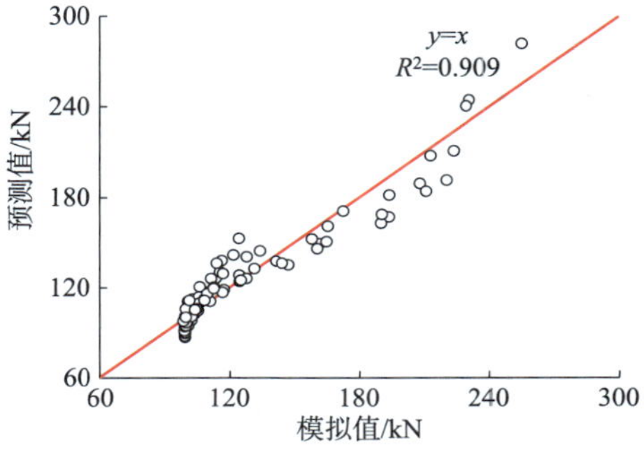

(b)轮轨作用力

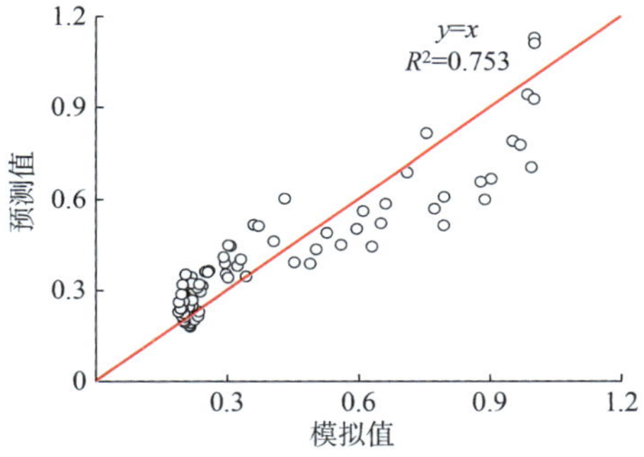

(c)轮重减载率

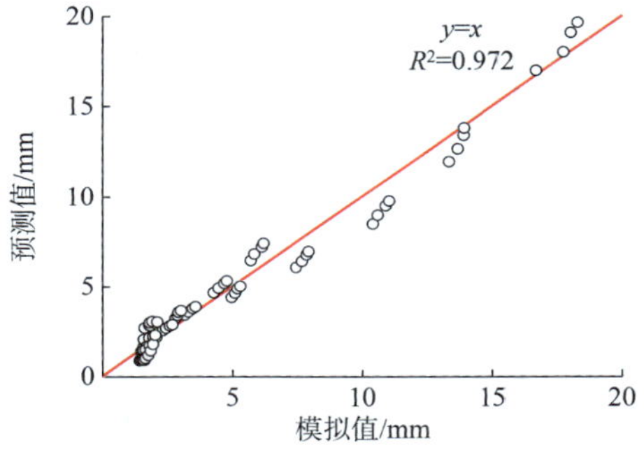

(d)钢轨位移

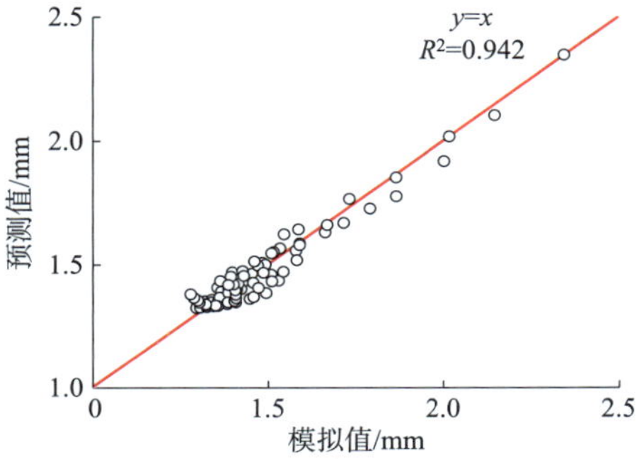

(e)道砟位移

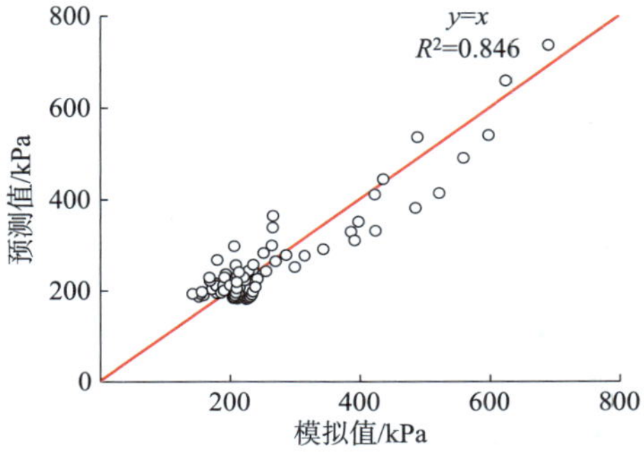

(f)道砟应力

图　4-78

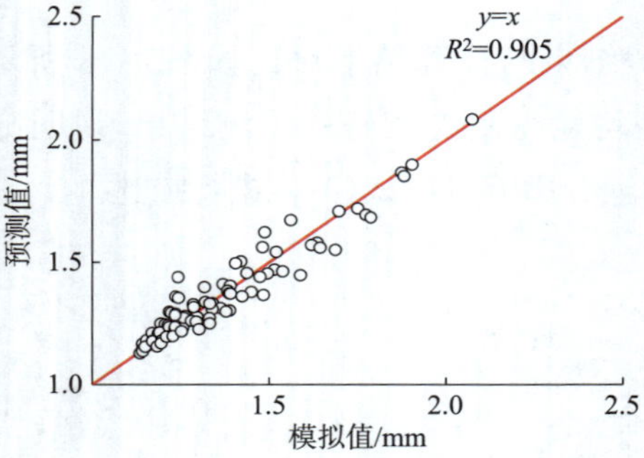

(g)基床动位移

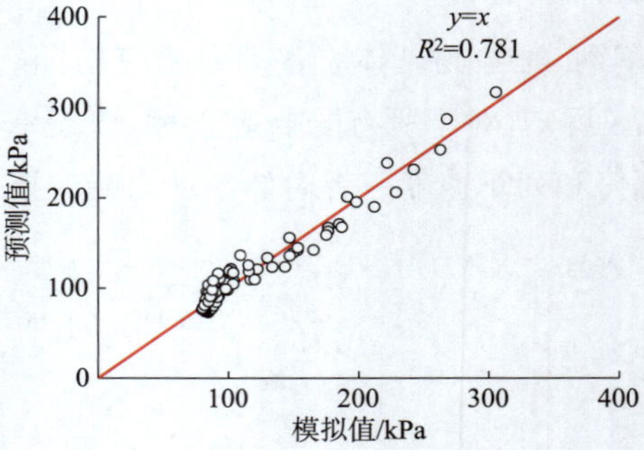

(h)基床动应力

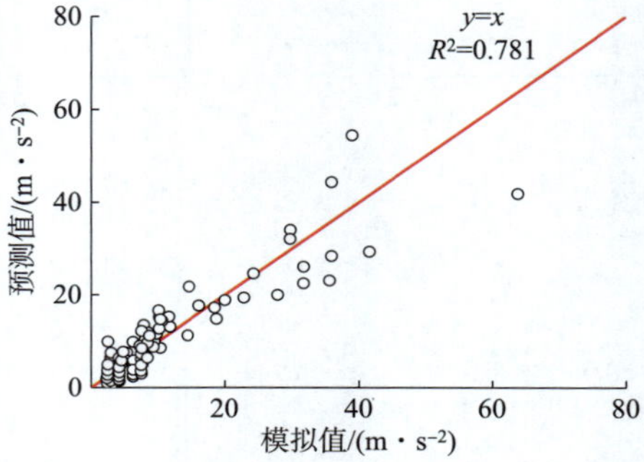

(i)基床加速度

图 4-78　多元回归预测值与模拟值对比

车辆-轨道-路基动力响应涉及动力学指标较多，且受不同因素的影响程度不同，使得各影响因素与动力学指标之间存在高度非线性，尤其是冻胀波距。无法建立统一的数学表达式来描述整个体系的安全性能，因此，亟待提出合理的统一方法评价车辆-轨道-路基体系的安全性能。

参考文献

[1] CAI X P, LIANG Y K, XIN T, et al. Assessing the effects of subgrade frost heave on vehicle dynamic behaviors on high-speed railway[J]. Cold Regions Science and Technology, 2019, 158: 95-105.

[2] 张玉芝. 深季节性冻土地区高速铁路路基稳定性研究[D]. 北京：北京交通大学，2015.

[3] 周恒，王建州，周国庆. 局部超低温制冷治理多年冻土路基融沉的数值模拟研究[J]. 水利水电技术，2019，50(2)：46-52.

[4] TANG L, KONG X X, LI S Z, et al. A preliminary investigation of vibration mitigation technique for the high-speed railway in seasonally frozen regions[J]. Soil Dynamics and Earthquake Engineering, 2019, 127: 105841.

[5] 李双洋，张明义，赵德安，等. 列车荷载下青藏铁路冻土路基动力响应分析[J]. 冰川冻土，2008，30(5)：860-867.

[6] 翟婉明. 车辆-轨道耦合动力学[M]. 3 版. 北京：科学出版社，2007.

[7] LI S Z，LING X Z，TIAN S，et al. In-situ test and analysis of subgrade vibration with ballasted track in deep seasonally frozen regions[J]. Transportation Geotechnics，2021，31：100658.

[8] BIAN X C，JIANG H G，CHANG C，et al. Track and ground vibrations generated by high-speed train running on ballastless railway with excitation of vertical track irregularities[J]. Soil Dynamics and Earthquake Engineering，2015，76：29-43.

[9] 邹春华，周顺华，王炳龙，等. 路基不均匀沉降对有砟轨道沉降影响的模型试验[J]. 同济大学学报（自然科学版），2011，39(6)：862-869.

[10] 邹春华，周顺华，王长丹，等. 路基不均匀沉降引起有砟轨道沉降的计算方法[J]. 同济大学学报（自然科学版），2013(8)：1237-1242.

[11] 赵国堂. 严寒地区高速铁路无砟轨道路基冻胀管理标准的研究[J]. 铁道学报，2016，38(3)：1-8.

第5章 季节性冻融环境下高速铁路路基结构服役状态综合评价方法

如何科学评价并确保路基结构的服役性能，进而及时指导维修养护工作，有效控制路基变形，实现病害防控，是季节性冻土区高速铁路路基需要考虑的关键问题之一。高速铁路运营状态与各部件的安全等级息息相关，国内外在制定列车、轨道和路基的管理标准时，各部件分别采用不同的指标进行评价。车辆-轨道-路基体系动力学指标众多，单个部件的运营状态无法客观反映体系的整体安全性。目前，仍缺乏一种统一、有效的方法对车辆-轨道-冻胀路基体系的运营状态进行科学、准确地评价与预测。冻胀对车辆-有砟轨道-路基耦合系统的动力特性有显著影响，使列车运行平稳性、轨道和路基动态服役性能下降，甚至危及行车安全。因此，基于第4章数值模拟结果，综合考虑车辆、轨道、路基等相关动力学指标，提出车辆-有砟轨道-冻胀路基体系安全度计算方法；采用层次分析法和模糊综合评价法对安全度进行分级，建立高速铁路运营状态多级评价模型，揭示各部件动力学指标与体系运营状态安全度之间的关系。根据体系安全状态，初步探讨路基冻胀控制建议值，以期为高速铁路有砟轨道冻胀路基的管养工作提供参考。

5.1 评价方法选择

评估就是按照一定的标准、采用一定的方法对客体的优劣进行评判比较的一种过程，同时也是一种决策过程，评估指标体系是由一系列围绕客体的相互联系的指标组成的科学总体，应尽可能全面地反映客体的属性。

目前，国内外提出的综合评价方法很多，但总体上可归为主观评价法和客观评价法两大类。主观评价法以经验判断为主，一般由专家判断得到指标权重，多应用于定性评价，层次分析法是其中较为常用的一种；客观评价法则依靠指标间的相关关系来确定指标权重。在选取评价方法时，应从以下两方面综合考虑评价方法的优点与不足。

1. 确定指标权重的过程

一般来说，指标对评价对象的影响程度不同，在确定指标权值的过程中，应明确哪些指标更关键，则其权值就高些，反之则低些。权值的确定是复杂的过程，可通过层次分析法等方法确定。

2. 评价指标量化分析

(1)定量指标

由于各指标代表的含义不同,其数量值差异较大,如果没有统一的计算标准,很难分析和比较指标间的关系。因此,在评价时应先将评价指标的属性值进行统一量化。各指标属性值量化的方法随评价指标的类型不同而不同,一般地,量化后的指标具备了可比性。

(2)定性指标

在评价指标体系中,有些指标难以定量描述,只能进行定性的估计和判断。对此可取专家评议的方法进行处理,具体处理方式视评价方法而定。

层次分析法是一种比较客观的评估方法,是将与评估目标有关的影响因素分解成目标、准则、方案等层次,在此基础之上进行定性和定量分析的评判方法。这种方法考虑全面,对定性指标进行了很好的量化处理,简易高效、可行性强,对于一些难以量化处理的问题,有巨大的优越性。

3. 冻胀评价指标体系

目前,国内外对于季节性冻土区路基冻胀等级划分的研究相对较少。近几年,随着我国铁路的高速发展,铁路的运营维护更凸显其重要性。安全运营与高效维护离不开对铁路冻胀的准确评价。

季节性冻融环境下路基服役性能及孕灾风险评估模式指标体系的建立就是为有关部门及时、高效的判断路基服役性能及孕灾风险情况,为铁路的管理和维护提供依据,保证铁路的安全运营和使用寿命。

指标体系是否科学、合理,直接影响着季节性冻融环境下高速铁路路基孕灾风险严重程度的评估结果。为此,指标体系必须科学地、客观地、合理地、尽可能全面地反映影响路基服役性能及孕灾风险的各个方面的因素。但是,建立一套既科学又合理的评价指标体系,是一个非常困难的问题,为此必须按照一定的原则去分析和判断,才有可能较好地解决这一难题。

(1)科学性原则

评估指标体系应能够反映事物的主要特征,并且本身有合理的层次结构。数据来源要准确、处理方法要科学,具体指标能够反映出季节性冻融环境下铁路有砟轨道路基的服役性能及孕灾风险程度。

(2)可操作性原则

评价指标体系应充分考虑数据的可获得性和指标量化的难易程度,定量与定性相结合。既能全面反映路基服役性能及孕灾风险的各种属性,又能尽可能地利用统计资料和有关规范标准。评估指标设置的目标是指导、监督铁路部门能够及时对铁路进行维修和必要的处置,延长使用寿命。因此,每项指标应该是可观、可测、简洁及具有可比性。

5.2 评价指标体系与评价模型构建

5.2.1 评价指标体系建立

高速铁路是一个复杂的系统工程，由车辆、轨道、路基等部分组成的，其运营状态与各部件的响应密切相关，而各部件的响应又包含多个指标。如何将各指标、各部件有效统一，是高速铁路运营状态评价的核心。高速铁路运营状态可用“安全度”进行描述。按照“安全度”的量值将高速铁路运营状态分为不同等级，对列车、轨道结构和路基等部件的响应进行综合评价。

高速铁路运营安全服役状态评价影响因素众多，且影响程度不一，很难采用经典数学模型进行统一描述。对于这类问题，模糊数学提供了一种很好的解决方法。

为更加全面的评价列车-有砟轨道-冻胀路基体系的安全服役状态，采用模糊综合评判法建立评判模型，并利用层次分析法计算各因素的权重，构建高速铁路运营安全评价体系。评价体系框架如图 5-1 所示，主要包括 3 个层次，即目标层、准则层及指标层。其中，目标层指列车-有砟轨道-冻胀路基体系运营状态安全度，是整个模糊综合评价的最终目标；准则层将影响高速铁路体系运营安全的因素分为列车 U_1、轨道结构 U_2 和路基 U_3 三个主要方面，是一级评价因子；针对影响一级评价因子的因素，各准则层又进一步细化分为相应的指标层，共 9 个基本指标。

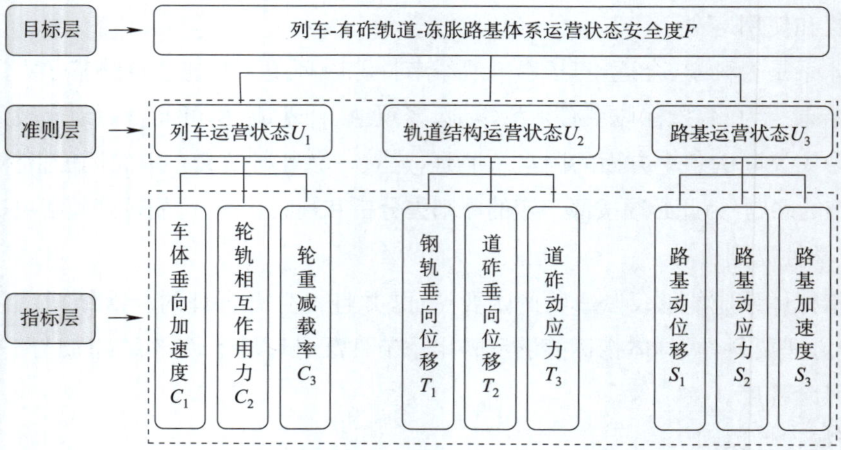

图 5-1 高速铁路运营安全评价指标体系

在高速铁路路基运营安全评估中，根据安全度 F 的评分值，可以将体系运营状态划分为 5 个等级，即非常安全、安全、较安全、危险和很危险，分别对应Ⅰ～Ⅴ级，详见表 5-1。

表 5-1　体系运营状态安全度分级

体系运营状态	*F* 评分集	等　级
非常安全	0～0.2	Ⅰ
安全	0.2～0.4	Ⅱ
较安全	0.4～0.6	Ⅲ
危险	0.6～0.8	Ⅳ
很危险	0.8～1.0	Ⅴ

依据《普速铁路线路修理规则》《高速铁路工程动态验收技术规范》《高速铁路有砟轨道线路维修规则(试行)》《铁路路基设计规范》《铁路工务技术手册・轨道》等确定车体各动力学指标的分级标准，见表 5-2。

表 5-2　评价指标的分级标准

评价指标	Ⅰ	Ⅱ	Ⅲ	Ⅳ	Ⅴ
车体垂向加速度/($m \cdot s^{-2}$)	＜1.0	1.0～1.5	1.5～2.0	2.0～2.5	＞2.5
轮轨相互作用力/kN	＜80	80～110	110～140	140～170	＞170
轮重减载率	＜0.2	0.2～0.4	0.4～0.6	0.6～0.8	＞0.8
钢轨垂向位移/mm	＜1.5	1.5～2.0	2.0～2.5	2.5～3.0	＞3.0
道砟垂向位移/mm	＜0.5	0.5～1.0	1.0～1.5	1.5～2.0	＞2.0
道砟动应力/MPa	＜0.1	0.1～0.2	0.2～0.3	0.3～0.4	＞0.4
路基动位移/mm	＜0.4	0.4～0.8	0.8～1.2	1.2～1.6	＞1.6
路基动应力/kPa	＜60	60～90	90～120	120～150	＞150
路基加速度/($m \cdot s^{-2}$)	＜5	5～10	10～15	15～20	＞20

5.2.2　评价权重确定

在高速铁路运营安全评价指标体系中，各因素的重要程度不完全一致。为反映各个层次评价指标在各个层次指标因素集中的重要程度，对各因素赋予不同的权重系数，构成权重集。各因素的权重满足和为 1 的条件。采用层次分析法确定各个评价指标的权重，包含以下三个主要步骤：构造影响因子相对重要性判断矩阵、判断矩阵一致性检验以及计算各个评价指标权重。

相对重要性判断矩阵反映了若干因素对同一目标的相对影响程度。通常依据专家和类似工程经验判断任意两个因子的相对重要性，采用标度法构造相对重要性判断矩阵。二级指标集 U_i 的判断矩阵 $\boldsymbol{D}$ 为

$$\boldsymbol{D}=\begin{pmatrix} d_{11} & d_{12} & \cdots & d_{1n} \\ d_{21} & d_{22} & \cdots & d_{2n} \\ \vdots & & & \vdots \\ d_{n1} & d_{n2} & \cdots & d_{nn} \end{pmatrix} \tag{5-1}$$

式中　d_{ij}——指标因素 U_{ei} 相对于 U_{ej} 的重要性，$i=1,2,3,\cdots,n$；$j=1,2,3,\cdots,n(e=1,2,3,\cdots,n)$。

采用标度法获得 d_{ij}，取值为 1～9，其中 1 表示两个因素同等重要，2～9 表示一个因素比另一个因素重要，且其相对重要性随标度值增加而增大。若因素 i 和 j 比较的标度是 d_{ij}，则因素 j 和 i 比较的标度是 $1/d_{ij}$。

各级评价指标的影响因子相对重要性判断矩阵见表 5-3～表 5-6。

表 5-3　一级判断矩阵表

安全度 F	列车运营状态 U_1	轨道结构运营状态 U_2	路基运营状态 U_3	行积	权重
列车运营状态 U_1	1	3	5	15.00	0.64
轨道结构运营状态 U_2	1/3	1	3	1.00	0.26
路基运营状态 U_3	1/5	1/3	1	0.07	0.10

表 5-4　U_1 判断矩阵表

列车运营状态 U_1	车体垂向加速度 C_1	轮轨相互作用力 C_2	轮重减载率 C_3	行积	权重
车体垂向加速度 C_1	1	1/3	1/5	0.07	0.10
轮轨相互作用力 C_2	3	1	1/3	1.00	0.26
轮重减载率 C_3	5	3	1	15.00	0.64

表 5-5　U_2 判断矩阵表

轨道结构运营状态 U_2	钢轨垂向位移 T_1	道砟垂向位移 T_2	道砟动应力 T_3	行积	权重
钢轨垂向位移 T_1	1	5	3	15.00	0.64
道砟垂向位移 T_2	1/5	1	1/3	0.07	0.10
道砟动应力 T_3	1/3	3	1	1.00	0.26

表 5-6　U_3 判断矩阵表

路基运营状态 U_3	路基动位移 S_1	路基动应力 S_2	路基加速度 S_3	行积	权重
路基动位移 S_1	1	3	1	3.00	0.43
路基动应力 S_2	1/3	1	1/3	0.11	0.11
路基加速度 S_3	1	3	1	3.00	0.43

权重集可由判断矩阵获得，各层评价指标的权重可按照式(5-2)和式(5-3)进行计算：

$$w_i=\frac{\sqrt[n]{M_i}}{\sum_{i=1}^{n}\sqrt[n]{M_i}} \tag{5-2}$$

$$M_i = \prod_{j=i}^{n} d_{ij} \tag{5-3}$$

式中　w_i——权重；

M_i——判断矩阵每一行元素的乘积。

判断矩阵的一致性是衡量其是否合理的标准。由于人为主观性的判断和体系的复杂性，影响因子相对重要性判断矩阵可能存在不满足一致性条件的情况，此时计算的权重系数缺乏可靠性。因此，必须进行判断矩阵一致性检验。采用一致性比值对判断矩阵 $\boldsymbol{D}$ 的一致性进行检验。通常，一致性比值≤0.1 时判断矩阵满足一致性条件。一致性比值计算方法为

$$\mathrm{CR}=\frac{\mathrm{CI}}{\mathrm{RI}} \tag{5-4}$$

$$\mathrm{CI}=\frac{\lambda_{\max}-n}{n-1} \tag{5-5}$$

$$\lambda_{\max} = \sum_{i=1}^{n} \frac{(\boldsymbol{DW})_i}{n w_i} \tag{5-6}$$

式中　CR——一致性比值；

CI——一致性指标；

RI——随机指标；

$\lambda_{\max}$——判断矩阵的最大特征值；

$\boldsymbol{W}$——权重矩阵；

n——判断矩阵维数。

随机指标 RI，见表 5-7。

表 5-7　随机指标

序号	判断矩阵维数 n	随机指标 RI
1	1	0
2	2	0
3	3	0.58
4	4	0.9
5	5	1.12
6	6	1.24
7	7	1.32
8	8	1.41
9	9	1.45

对各个评价指标的判断矩阵进行一致性检验，具体结果见表 5-8。由表 5-8 可知，各层评价指标的一致性比值均小于 0.1，表明上述判断矩阵均满足一致性要求，则各层评价指标的权重计算合理。

表 5-8 判断矩阵一致性检验结果

指　标	权重系数 W_i	最大特征值 λ_{max}	一致性指标 CI	随机指标 RI	一致性比值 CR
安全度 F	$(0.49,0.31,0.2)^T$	3.04	0.02	0.58	0.03
列车运营状态 U_1	$(0.25,0.25,0.5)^T$	3.04	0.02	0.58	0.03
轨道结构运营状态 U_2	$(0.5,0.25,0.25)^T$	3.04	0.02	0.58	0.03
路基运营状态 U_3	$(0.5,0.25,0.25)^T$	3.00	0.00	0.58	0.00

5.2.3 评价指标分级标准与隶属度确定

隶属函数用来表示因子集对于评价集的隶属度，典型的隶属函数有正态分布、柯西分布、三角形分布及梯形分布。利用隶属函数为每个因子分配隶属度。本模型采用梯形分布的隶属函数，如图 5-2 所示。图 5-2 中，$k_1 \sim k_4$ 为划分 5 个分级区间的界限值。

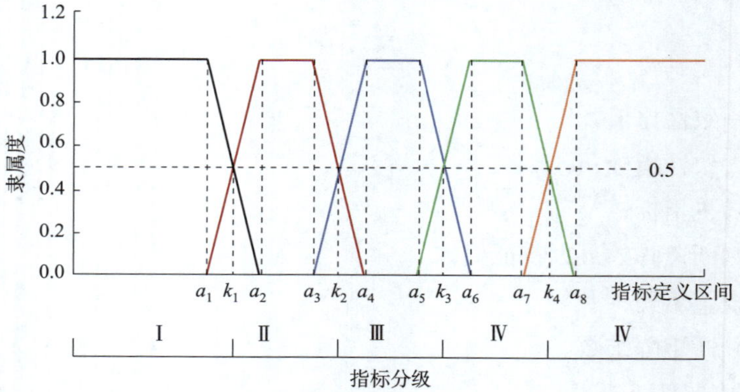

图 5-2 隶属函数

各个指标隶属度函数参数见表 5-9。

表 5-9 隶属度函数参数

指　标	a_1	a_2	a_3	a_4	a_5	a_6	a_7	a_8
车体垂向加速度/($m \cdot s^{-2}$)	0.875	1.125	1.375	1.625	1.875	2.125	2.375	2.625
轮轨相互作用力/kN	72.5	87.5	102.5	117.5	132.5	147.5	162.5	177.5
轮重减载率	0.15	0.25	0.35	0.45	0.55	0.65	0.75	0.85
钢轨垂向位移/mm	1.375	1.625	1.875	2.125	2.375	2.625	2.875	3.125
道砟垂向位移/mm	0.375	0.625	0.875	1.125	1.375	1.625	1.875	2.125
道砟动应力/MPa	0.075	0.125	0.175	0.225	0.275	0.325	0.375	0.425
路基动位移/mm	0.3	0.5	0.7	0.9	1.1	1.3	1.5	1.7
路基动应力/kPa	52.5	67.5	82.5	97.5	112.5	127.5	142.5	157.5
路基加速度/($m \cdot s^{-2}$)	3.75	6.25	8.75	11.25	13.75	16.25	18.75	21.25

隶属度矩阵是用来描述各个指标对于评语集各个等级隶属度矩阵为

$$\boldsymbol{R}=\begin{pmatrix} r_{11} & r_{12} & \cdots & r_{1k} \\ r_{21} & r_{22} & \cdots & r_{2k} \\ \vdots & & & \vdots \\ r_{m1} & r_{m2} & \cdots & r_{mk} \end{pmatrix} \tag{5-7}$$

式中　r_{ij}——第 i 个指标关于第 j 个评语等级的隶属度($i=1,2,3,\cdots,n;j=1,2,3,\cdots,k$)。

5.2.4　体系运营状态安全度计算方法

根据模糊数学理论,列车-有砟轨道-冻胀路基体系运营状态安全度 F 的隶属度向量 $\boldsymbol{c}$ 可以定义为一级指标权重集 $\boldsymbol{w}^{\mathrm{T}}$ 与一级模糊矩阵 $\boldsymbol{B}$ 的积,满足

$$\boldsymbol{c}=\boldsymbol{w}^{\mathrm{T}}\boldsymbol{B}=(w_1,w_2,\cdots,w_m)\circ(\boldsymbol{b}_1,\boldsymbol{b}_2,\cdots,\boldsymbol{b}_m)^{\mathrm{T}} \tag{5-8}$$

式中　“∘”——模糊运算符,采用 Zadeh 算子,为主因素决定型;

w_i——第 i 个一级指标的权重($i=1,2,\cdots,m$);

$\boldsymbol{b}_i$——第 i 个一级指标的二级指标判断向量($i=1,2,\cdots,m$)。

其中,二级指标评判集 $\boldsymbol{b}_i$ 定义为二级指标权重集 $\boldsymbol{w}_i^{\mathrm{T}}$ 与二级隶属度矩阵 $\boldsymbol{R}_i$ 的积,满足

$$\boldsymbol{b}_i=\boldsymbol{w}_i^{\mathrm{T}}\circ\boldsymbol{r}_i=(w_{i1},w_{i2},\cdots,w_{in})\circ\begin{pmatrix} r_{11} & r_{12} & \cdots & r_{1k} \\ r_{21} & r_{22} & \cdots & r_{2k} \\ \vdots & & & \vdots \\ r_{m1} & r_{m2} & \cdots & r_{mk} \end{pmatrix}=(b_{i1},b_{i2},\cdots,b_{ik}) \tag{5-9}$$

式中　w_{ij}——第 i 个一级指标的第 j 个二级指标权重($i=1,2,\cdots,m;j=1,2,\cdots,n$);

b_{ij}——第 i 个二级指标的第 j 个评语等级的隶属度($i=1,2,\cdots,m;j=1,2,\cdots,n$)。

依据上述步骤由底层向上层逐层进行评判。由评语集 $\boldsymbol{G}^{\mathrm{T}}$ 可得体系运营状态安全度 F 的评分为

$$F=\boldsymbol{c}\cdot\boldsymbol{G}^{\mathrm{T}}=(\boldsymbol{c}_1,\boldsymbol{c}_2,\cdots,\boldsymbol{c}_k)\cdot(g_1,g_2,\cdots,g_k)^{\mathrm{T}} \tag{5-10}$$

式中　$\boldsymbol{c}_i$——一级指标对 i 个评价集的评判向量($i=1,2,\cdots,k$);

g_i——第 i 个评价集的评分等级($i=1,2,\cdots,k$)。

根据上述思路,将数值计算结果代入评价模型,得到各种工况下列车-有砟轨道-冻胀路基体系运营状态安全度 F。

5.3　体系安全度评价模型

基于以上分析构建评价模型可获得列车-轨道-冻胀路基体系运营安全度。图 5-3 给出了体系运营状态安全度和各动力学评价指标的关系。

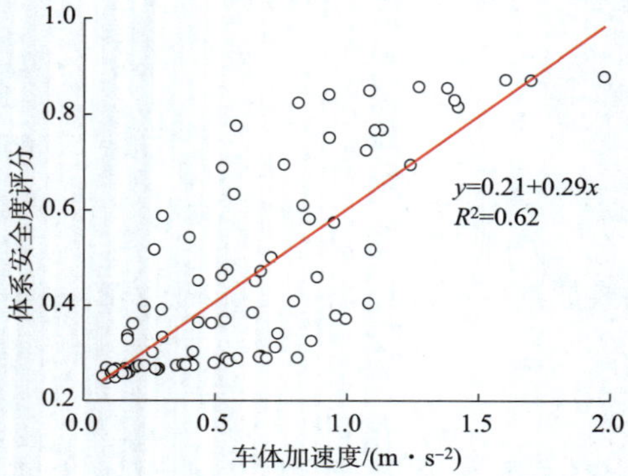

(a)安全度与车体加速度关系

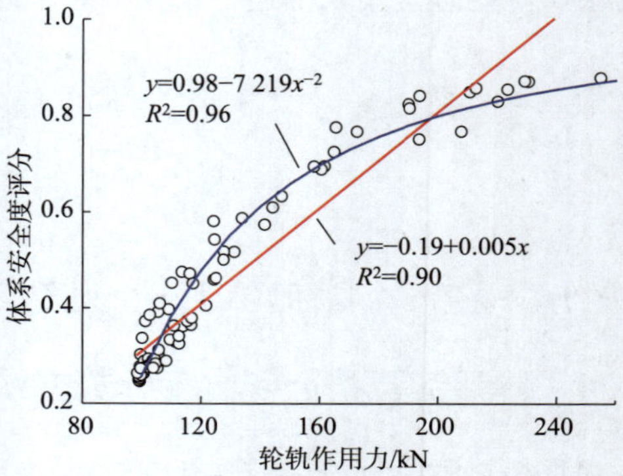

(b)安全度与轮轨作用力关系

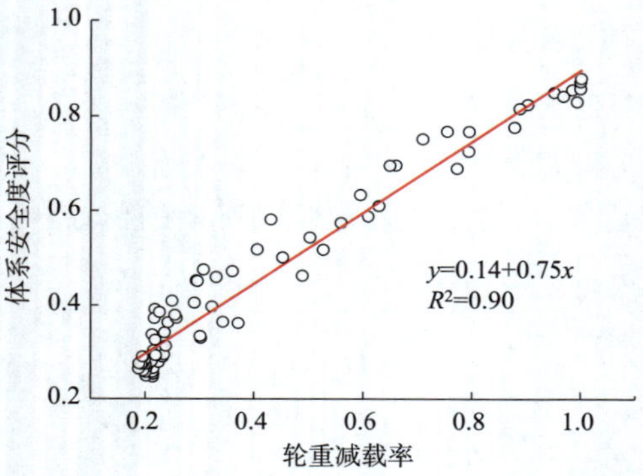

(c)安全度与轮重减载率关系

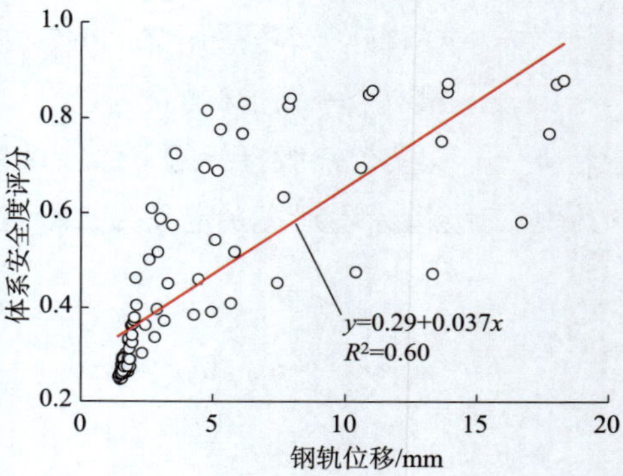

(d)安全度与钢轨位移关系

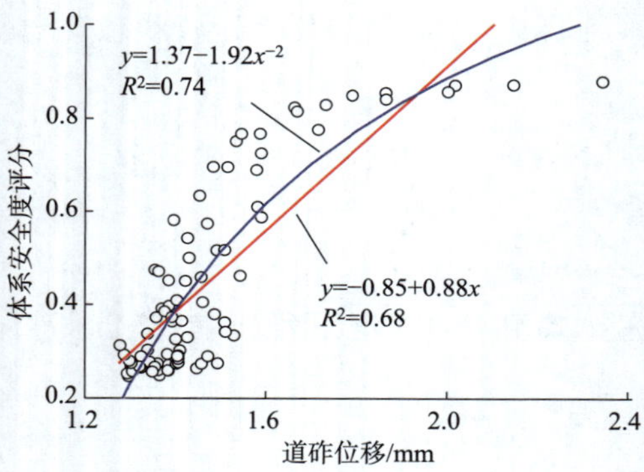

(e)安全度与道砟位移关系

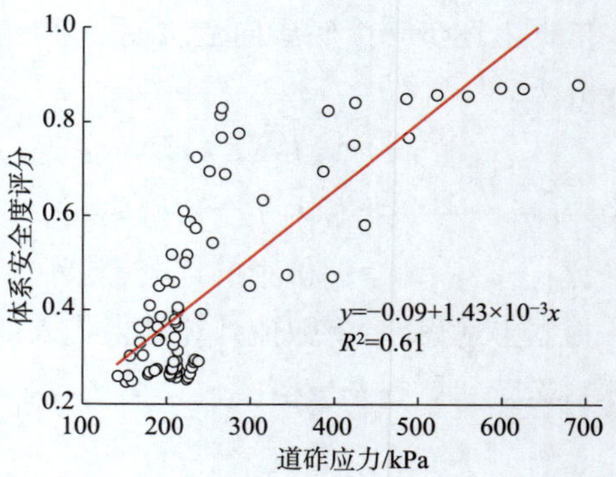

(f)安全度与道砟应力关系

图 5-3

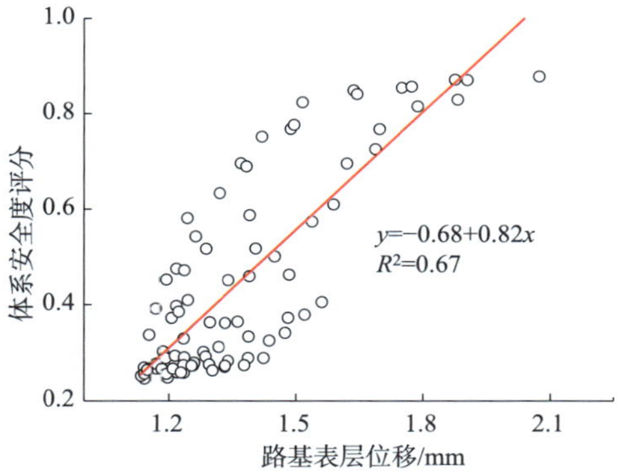

(g)安全度与路基表层位移关系

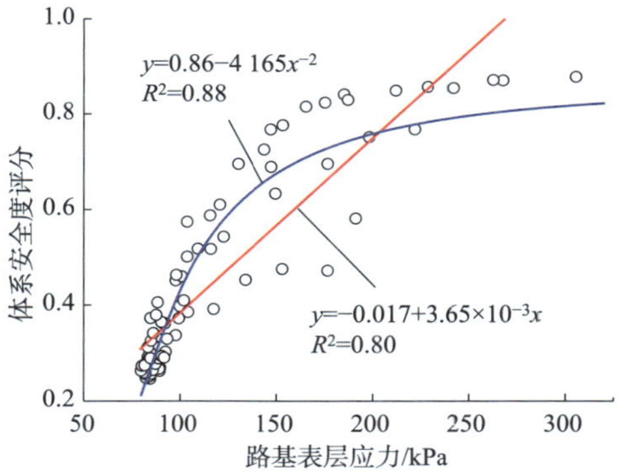

(h)安全度与路基表层应力关系

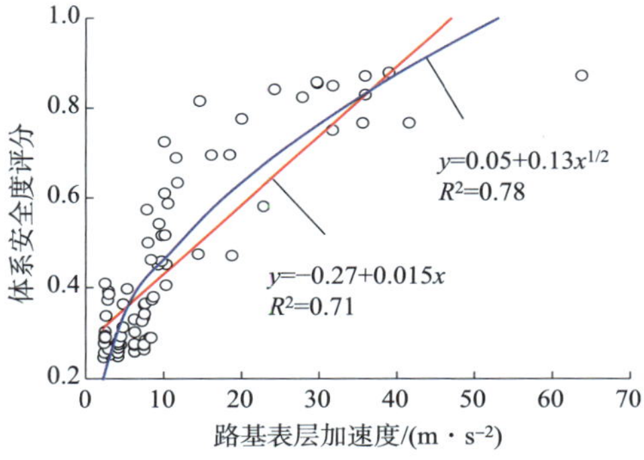

(i)安全度与路基表层加速度关系

图 5-3　体系运营状态安全度与评价指标的关系

由图 5-3 可知，各评价指标与体系运营状态安全度基本呈正相关关系。采用线性函数对各评价指标与体系运营状态安全度的关系进行拟合，可见拟合优度 R^2 均在 0.6 以上，轮轨作用力和轮重减载率的拟合优度 R^2 甚至达到 0.9。此外，轮轨作用力、道砟位移、路基表层应力和路基表层加速度与体系运营状态安全度呈现一定的幂函数关系。

体系运营状态与各评价指标相关，则各项指标的数学组合可以用来评估体系运营状态安全度。根据评价指标相关性分析可知，自变量间存在多重共线性，因此，采用偏最小二乘(PLS)回归模型对体系运营状态安全度进行回归分析。PLS 结合了回归模型、主成分分析(PCA)和典型相关分析(CCA)的基本功能，在解决多重共线性问题上具有优势。

设有 p 个自变量 $x_1, x_2, \cdots, x_p$ 和 q 个因变量 $y_1, y_2, \cdots, y_q$，则自变量与因变量的数据表分别为 $\boldsymbol{x}=(x_1, x_2, \cdots, x_p)$ 和 $\boldsymbol{y}=(y_1, y_2, \cdots, y_q)$。将 $\boldsymbol{x}$ 和 $\boldsymbol{y}$ 中各元素减去均值，再用向量的标准差进行归一化处理，得到标准化自变量短阵和因变量矩阵，分别记为自变量矩阵 $\boldsymbol{E}_0=(\boldsymbol{e}_{01}, \boldsymbol{e}_{02}, \cdots, \boldsymbol{e}_{0p})$ 和因变量矩阵 $\boldsymbol{F}_0=(\boldsymbol{f}_{01}, \boldsymbol{f}_{02}, \cdots, \boldsymbol{f}_{0q})$。

提取 $\boldsymbol{E}_0$ 的第一成分 $\boldsymbol{t}_1=\boldsymbol{E}_0\boldsymbol{w}_1$，其中 $\boldsymbol{w}_1$ 是矩阵 $\boldsymbol{E}'_0\boldsymbol{F}_0\boldsymbol{F}'_0\boldsymbol{E}_0$ 的最大特征值对应的特征向量。然后，分别求 $\boldsymbol{E}_0$ 和 $\boldsymbol{F}_0$ 对 t_1 的回归方程为

$$\begin{cases}\boldsymbol{E}_0=\boldsymbol{t}_1\boldsymbol{p}_1^{\mathrm{T}}+\boldsymbol{E}_1\\ \boldsymbol{F}_0=\boldsymbol{t}_1\boldsymbol{q}_1^{\mathrm{T}}+\boldsymbol{F}_1\end{cases}\tag{5-11}$$

式中　$\boldsymbol{p}_1^{\mathrm{T}},\boldsymbol{q}_1^{\mathrm{T}}$——回归系数向量；

$\boldsymbol{E}_1,\boldsymbol{F}_1$——残差矩阵。

采用交叉有效性检验计算精度，若不满足精度要求，则以 $\boldsymbol{E}_1$ 和 $\boldsymbol{F}_1$ 替代 $\boldsymbol{E}_0$ 和 $\boldsymbol{F}_0$，重复上述步骤。最终得到回归方程：

$$\begin{cases}\boldsymbol{E}_0=\boldsymbol{t}_1\boldsymbol{p}_1^{\mathrm{T}}+\boldsymbol{t}_2\boldsymbol{p}_2^{\mathrm{T}}+\cdots+\boldsymbol{t}_m\boldsymbol{p}_m^{\mathrm{T}}+\boldsymbol{E}_{\mathrm{A}}\\ \boldsymbol{F}_0=\boldsymbol{t}_1\boldsymbol{q}_1^{\mathrm{T}}+\boldsymbol{t}_2\boldsymbol{q}_2^{\mathrm{T}}+\cdots+\boldsymbol{t}_m\boldsymbol{q}_m^{\mathrm{T}}+\boldsymbol{F}_{\mathrm{A}}\end{cases}\tag{5-12}$$

式中　$\boldsymbol{p}_2^{\mathrm{T}},\boldsymbol{q}_2^{\mathrm{T}},\boldsymbol{p}_m^{\mathrm{T}},\boldsymbol{q}_m^{\mathrm{T}}$——回归系数向量；

$\boldsymbol{t}_2,\boldsymbol{t}_m$——第 2 和第 m 成分；

$\boldsymbol{E}_{\mathrm{A}},\boldsymbol{F}_{\mathrm{A}}$——残差矩阵。

由于 $\boldsymbol{t}_i(i=1,2,\cdots,m)$ 可表示为 $\boldsymbol{E}_i(i=1,2,\cdots,m)$ 的线性组合，因此可建立 $\boldsymbol{E}_0$ 和 $\boldsymbol{F}_0$ 间的关系，将标准化自变量和因变量还原为 $\boldsymbol{x}$ 和 $\boldsymbol{y}$，得到其回归方程：

$$y_k=a_{k1}x_1+a_{k2}x_2+\cdots+a_{kp}x_p,(k=1,2,\cdots,q)\tag{5-13}$$

根据体系运营状态安全度与评价指标的关系，在建立偏最小二乘回归模型时对轮轨作用力、道砟位移、路基表层应力和路基表层加速度进行线性变化。令 $\boldsymbol{x}=(C_1,C_2,C_3,T_1,T_2,T_3,S_1,S_2,S_3)$ 和 $\boldsymbol{y}=F$，得 PLS 回归模型：

$$F=A_0+A_1C_1+A_2C_2^{-2}+A_3C_3+A_4T_1+A_5T_2^{-2}+A_6T_3+A_7S_1+A_8S_2^{-2}+A_9S_3^{-1/2}\tag{5-14}$$

式中　A_i——回归系数，$A_0=0.58$，$A_1=0.04$，$A_2=-1\ 765.19$，$A_3=0.35$，$A_4=4.23\times10^{-4}$，$A_5=2.74\times10^{-3}$，$A_6=-1.31\times10^{-4}$，$A_7=-2.55\times10^{-2}$，$A_8=-1\ 272.03$，$A_9=8.17\times10^{-3}$。

利用 PLS 回归模型计算的列车-轨道-冻胀路基体系运营状态安全度 F 与模糊综合评价模型结果对比如图 5-4 所示。由图 5-4 可知，PLS 回归模型计算结果与模糊综合评价模

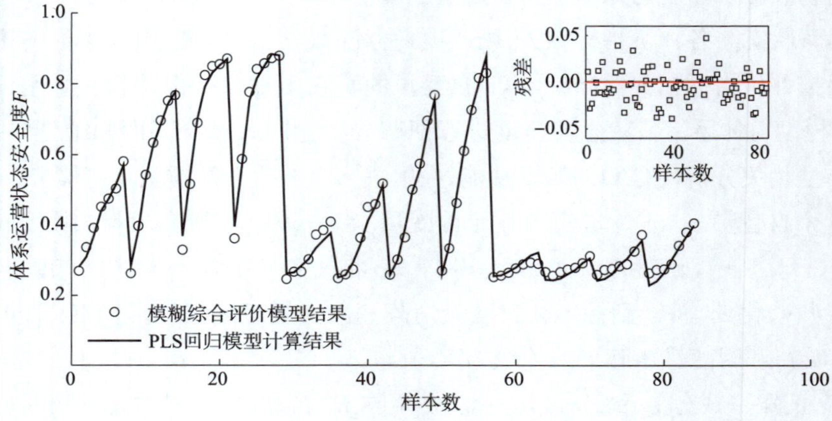

图 5-4　各工况下 PLS 回归模型与模糊综合评价模型结果对比图

型结果一致。残差分布随机在零线附近，且最大残差约 0.05。由图 5-5 可知，PLS 回归模型与模糊综合评价模型结果对比可见，二者相关系数达 0.99。这表明，PLS 回归模型能准确预测列车-有砟轨道-冻胀路基体系的安全度。

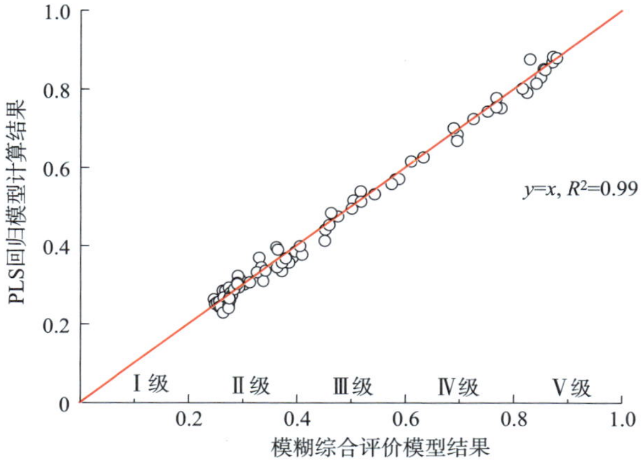

图 5-5　PLS 回归模型与模糊综合评价模型结果对比

5.4　路基冻胀阈值安全分区

路基不均匀冻胀对车辆-轨道-路基耦合系统动力特性的影响显著，主要影响因素为冻胀波长、幅值和车速。因此，考虑以上三个主要因素，基于高速铁路运营状态安全度，提出不均匀冻胀管理阈值。为更直观地观察各因素的影响，图 5-6 给出了不同工况下体系的安全度柱状图。由图 5-6 可知，随着波长的缩短、幅值的增加以及速度的提高，体系安全度逐渐增加。鉴于安全度 $F=0.6$ 是较安全与危险的分界值，因此将其设为车辆-有砟轨道-冻胀路基整个体系的安全阈值。

图 5-7 为不同工况下体系安全度等值线图，粗线表示冻胀阈值。由图 5-7 可知，当车速较低(小于 100 km/h)时，没有超过限值的区域，可适当放宽维修标准；随着列车运行速度的增加，冻胀波长和幅值超过一定范围后，整个体系的安全度出现了超限的情况，对高速铁路安全运营造成威胁；车速越高，超限区域越大。

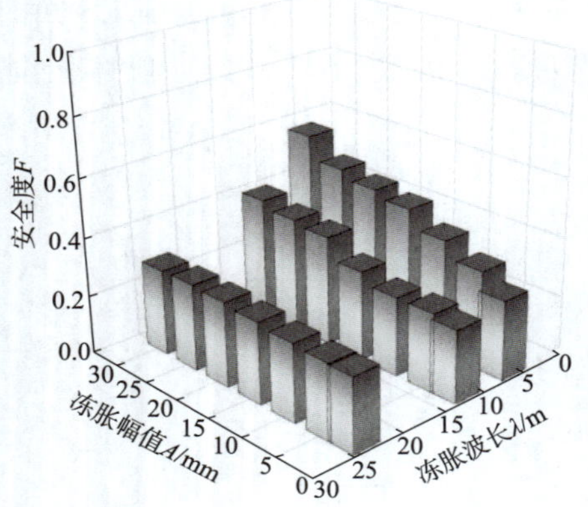

(a)车速 v=100 km/h

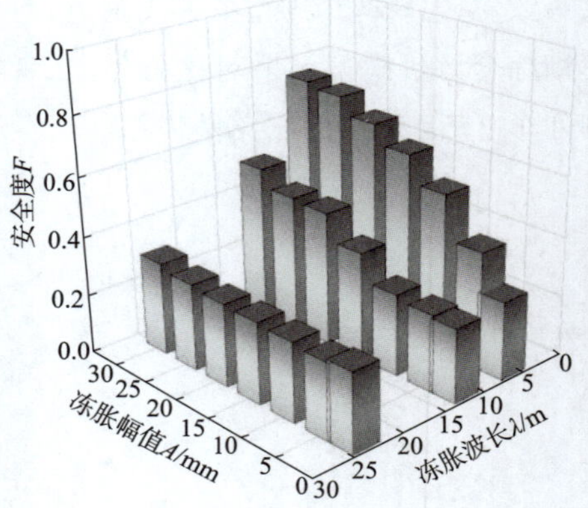

(b)车速 v=200 km/h

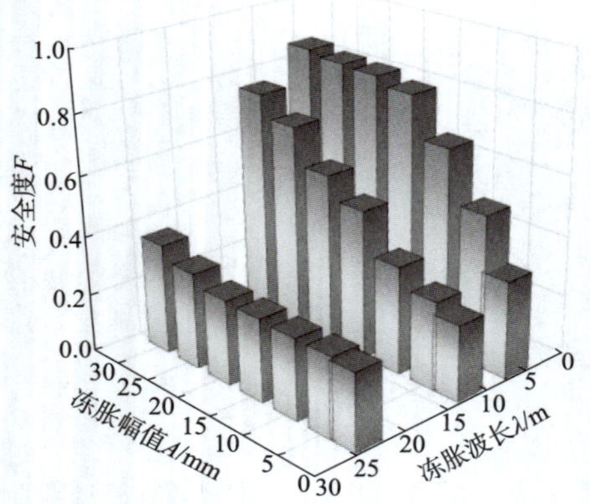

(c)车速 v=300 km/h

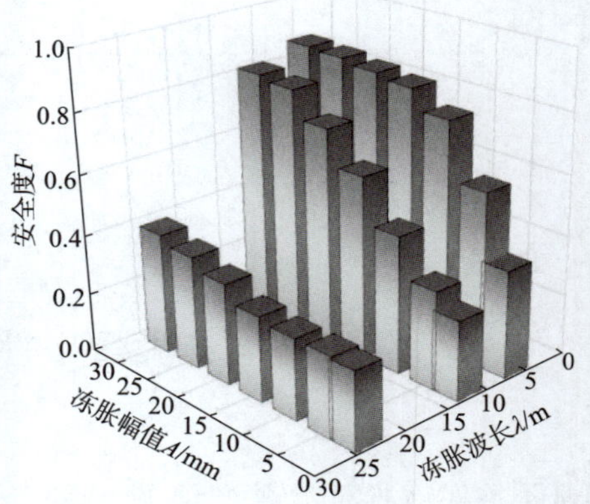

(d)车速 v=350 km/h

图 5-6 不同工况下安全度三维图

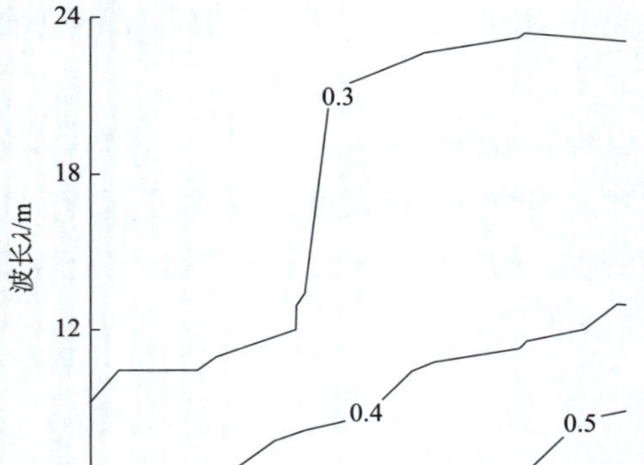

(a)车速 v=100 km/h

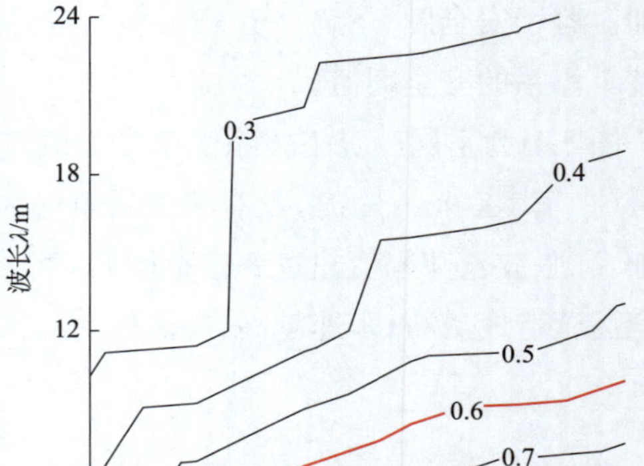

(b)车速 v=200 km/h

图 5-7

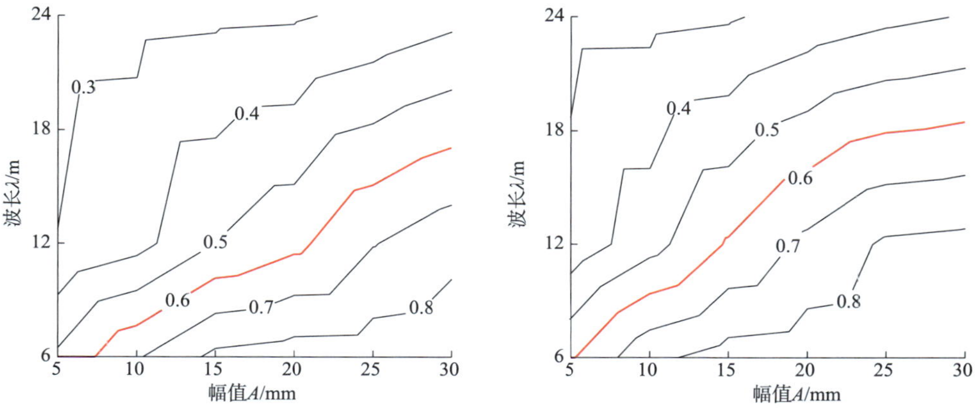

(c)车速 v=300 km/h　　　　(d)车速 v=350 km/h

图 5-7　不同工况下安全度等值线图

以安全度阈值为评价标准，绘制不同速度下有砟轨道路基不均匀冻胀的阈值范围，如图 5-8 所示。由图 5-8 可知，当列车运行速度低于 100 km/h 时，各工况下安全度均未超限，表明体系安全性尚有余量。随着列车运行速度提高，冻胀波长越短，冻胀幅值要求越严格；随着冻胀波长的增加，允许冻胀幅值相应放宽。当冻胀波长为 6 m 时，车速从 200 km/h 增加到 350 km/h，允许冻胀幅值分别为 13 mm、7.5 mm 和 5.5 mm；当冻胀波长在 6～18 m 之间时，应根据车速适当管理冻胀幅值；当冻胀波长大于 18 m，冻胀幅值小于 30 mm 时，列车运行速度可提升至 350 km/h。

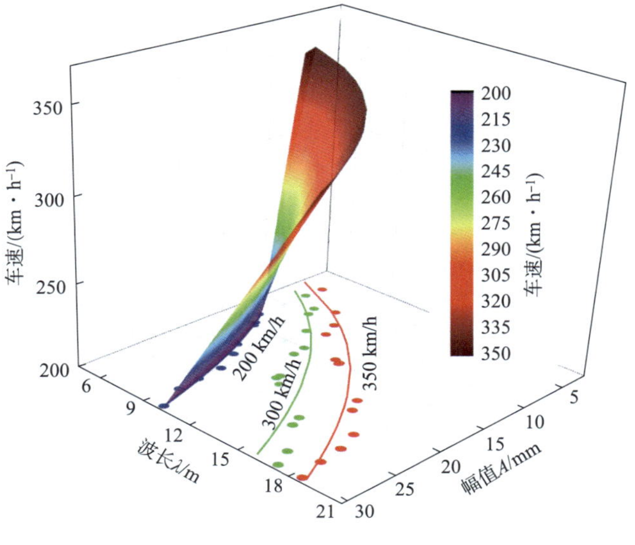

图 5-8　不同速度下安全度阈值

车速一定的情况下，允许冻胀波长与幅值间呈对数关系：

$$\begin{cases} -\lambda+4.736\ln A=6.075, v=200\ \text{km/h} \\ -\lambda+7.597\ln A=9.974, v=300\ \text{km/h} \\ -\lambda+8.072\ln A=8.734, v=350\ \text{km/h} \end{cases} \tag{5-15}$$

针对不同车速下路基不均匀冻胀，提出以下限值建议：当车速达到 200 km/h 时，应适当注意波长 10 m 以下、幅值超过 13 mm 的短波不均匀冻胀；当运行速度增加到 300 km/h 时，冻胀可适当扩大到波长 17 m 以下、幅值 7.5 mm 以上的区域；当车速提高到 350 km/h 时，对高速铁路平顺性提出更高的要求，应严格控制波长短于 18 m、幅值超过 5 mm 的不均匀冻胀。

综上所述，路基短波冻胀严重限制了列车运营速度，应予以重点关注。需要指出的是，冻胀阈值建议值是在 6～24 m 波长和 2～30 mm 幅值的范围内得到的，故所得结论存在一定的局限性，但仍可为类似工程提供参考。在寒区不均匀冻胀多发区域，应适当降低车速，或采取排水、保温、隔气等措施严格控制冻胀。

参 考 文 献

[1] 中国铁路总公司. 普速铁路线路修理规则：TG/GW 102—2019[S]. 北京：中国铁道出版社，2019.

[2] 中华人民共和国铁道部. 高速铁路工程动态验收技术规范：TB 10761—2013[S]. 北京：中国铁道出版社，2013.

[3] 中华人民共和国铁道部. 高速铁路有砟轨道线路维修规则(试行)：TG/GW 116—2013[S]. 北京：中国铁道出版社，2013.

[4] 国家铁路局. 铁路路基设计规范：TB 10001—2016[S]. 北京：中国铁道出版社，2017.

[5] 铁道部工务局. 铁路工务技术手册·轨道[M]. 北京：中国铁道出版社，1993.

第6章　季节性冻融环境下高速铁路路基冻胀维护技术

我国季节性冻土区占国土面积的53.5%，覆盖高铁网将超过7 000 km。目前已运营的寒区高铁出现了不同程度的冻胀问题，主要表现为不均匀变形、底座离缝、轨道板裂损、封闭层开裂等形式。以寒区某高铁为例，2013年全线最大冻胀35.2 mm，超限240余处，以至于冬季80%人力用于线路整治维护，费用高达1.5亿元。并且冬季采取了限速200 km/h的措施，严重降低了高速铁路的运营效益。虽然通过一系列整治维护措施，一定程度上控制了路基冻胀，恢复了300 km/h运营时速，但对冻融环境下高铁路基服役性能的评估和维护技术尚缺乏系统性研究。课题组通过近年的实践经验的积累，研发了寒区高铁路基冻胀检监测、路基面封闭、填料注胶改性、不良填料置换等多项冻害维护和整治技术，有效保障了冻胀影响下寒区高速铁路路基的正常运营服役。

6.1　寒区高速铁路路基冻胀监测技术

6.1.1　寒区铁路冻胀监测要求

开展寒区高速铁路路基冻胀监测，对于科学指导冻害诊治、保障线路安全运营具有重要意义，具体方案应根据高速铁路建设或运营不同阶段特点、冻胀具体情况，结合工程地质、气候条件、环境特点等因素合理确定，其手段包含水准观测、自动监测、轨道动态检测等多种方式。

水准观测用于线路纵、横断面的路基冻胀监测，应根据需要布设观测点。观测点宜在路肩、线间、轨道结构、轨面等位置布设，并做好标识。水准观测的范围和观测频率应根据当地气候条件及项目实际情况综合考虑确定。自动监测用于路基典型断面或冻胀重点段落的分层冻胀变形、地温和水分变化的连续监测，应根据冻胀的情况合理设置监测断面。轨道检测主要用于线路铺轨后对轨面几何状态进行静、动态的测量，分为静态检测和动态检测。高速铁路静态检测主要采用轨道几何状态检测仪（轨检小车）进行测量，动态检测主要采用综合检测列车进行检测。

建设期间主要采用水准观测和自动监测相结合的方法，掌握路基冻胀水平及分布，为施工验收及冻害整治提供依据。线路铺轨后宜采用轨道几何状态检测仪进行冻胀静态测量。运营期间冻胀检测应主要采用综合检测列车和自动监测技术，实时掌握高速铁路全线轨道变化状态。水准观测和自动监测结果应进行相互比对，验证各手段的检测结果，对存在的偏差进行原因分析。各种监测手段的监测周期应依据路基冻害整治效果和线路维护水平进行确定。应收集气候、工程地质、设计等资料，并在自动监测传感器埋设时，进行填料取样，作为数据分析的基础。

1. 冻胀水准观测

(1)一般规定

①本监测方法适用于铁路路基表面、道床面和轨面冻胀变形监测。

②高速铁路路基冻胀变形监测应按三等水准测量精度要求进行施测。

③变形监测网宜采用独立坐标和高程系统，按工程需要的精度等级建立，并与施工控制网联测。

④采用的测量仪器应进行检定，每周期观测前，对所使用的仪器和设备进行检验校正，并保留检验记录。

⑤应在基本相同的环境和观测条件下工作。每周期冻胀变形观测时应固定观测人员，使用同一套测量仪器设备，采用固定的基准点和工作基点，按照固定的观测路线和方法进行观测。

⑥线下水准高程基点在冬季也存在冻胀，需要把线下水准高程基点引到线路上(桥或路基)，确保水准基点的冬季复测。

(2)仪器设备要求

冻胀水准观测的仪器设备应满足要求：采用 DS1 级水准仪、因瓦水准尺进行测量，设备应在规定的使用条件下工作，否则采取必要措施，确保设备仪器正常工作；水准测量使用的水准仪及水准尺。

水准测量使用的水准仪及水准尺应满足如下要求，并应符合 GB 50026—2007 规定：水准仪视准轴与水准管轴的夹角 i，不应超过 15″；水准尺上的米间隔平均长与名义长之差，对于因瓦水准尺不应超过 0.15 mm。

(3)测量等级及精度要求

根据规范要求，路基冻胀监测按《建筑变形测量规范》(JGJ 8—2016)三级规定执行，具体精度要求见表 6-1。

表 6-1 变形测量等级及精度要求 mm

等 级	变形观测点的高程中误差	相邻变形观测点的高程中误差
三级	±1.0	±0.5

(4)监测基准网技术要求

①监测网宜采用与高速铁路高程控制网一致的高程系统和精度等级。

②监测基准网应布设成闭合环状或环形网等形式。

③水准基点应埋设在所监测的冻胀变形区以外的稳固基岩上,宜利用稳固的建筑物、构筑物设立墙上水准点。

④监测基准网的主要技术要求应符合表6-2的规定,并应符合TB 10601—2009关于垂直位移监测网的规定。

表6-2　冻胀变形监测基准网的主要技术要求 mm

等级	相邻基准点高差中误差	每站高差中误差	往返较差、附和或环线闭合差	检测已测高差较差	使用仪器、观测方法及要求
三等	1.0	0.3	$0.6\sqrt{n}$	$0.8\sqrt{n}$	DS1型仪器,按国家二等水准测量的技术要求施测

注:n为测站数。

(5)测点布设要求

冻胀变形测量点分为基准点、工作基点和冻胀变形观测点,其布设要求如下:

①基准点:每个独立的监测网应设置不少于3个稳固可靠的基准点,且基准点的间距不宜大于1 km。基准点宜使用全线稳固的基岩点、深埋水准点、CPⅠ、CPⅡ和二等水准点,如需增设时应按国家二等水准测量的相关要求执行。

②工作基点:工作基点应选在稳定区域,在监测期间稳定不变,测量冻胀变形观测点时作为高程和坐标的传递点。

③冻胀变形观测点:应采用稳定的变形监测桩。建设期的变形监测桩宜采用设置短桩方法,运营期宜采用钻孔植入钢桩的方法。

冻胀变形监测点布设位置应满足要求:路基表面监测点宜根据工程建设或运营的需要,宜在两侧路肩、上下行底座板边缘、凸台、路基中心等位置布设冻胀变形观测点。如无特殊需要,铺轨前宜仅在路基表面上、下行中心、路基中心设置监测点,铺轨后无砟轨道路基宜只在上、下行凸台及路基中心位置进行设置,对于有砟轨道宜仅在两侧路肩和路基中心设置监测点。轨道变形监测点宜根据工程需要,在上下行轨道板边缘布设冻胀变形观测点,轨面冻胀变形宜做好标记后直接测量,不需另设观测点。

(6)监测断面布设

路基冻胀变形监测主要包括路堤、路堑冻胀监测,以及路桥、路涵、路隧过渡段的冻胀监测,监测断面布设要点如下:

①监测断面布置应根据地质、水文条件、不同冻结深度以及路基结构形式等具体情况选择典型断面。

②无砟轨道及时速250 km以上有砟轨道铁路观测断面间距不宜大于100 m,一个路堤

观测单元(连续路基冻胀监测区段为一个单元)应不少于 2 个观测断面;一个路堑观测单元应不少于 3 个观测断面;地下水发育的路堑地段应适当加密。

③一般路涵过渡段处应布设不小于 5 个断面,其中涵洞顶埋设 1 个断面。涵洞中心两侧各埋设 2 个断面,一般在其边墙外 5～10 m 及 20～30 m 各布设 1 个断面,如图 6-1 所示。

④路桥过渡段应布设不小于 3 个断面,分别在桥头 1 个断面,过渡段 20～30 m 各布设 2 个断面,如图 6-2 所示。

⑤对于路隧过渡段应布设不小于 4 个断面,分别距离隧道口 5～10 m 和 20～30 m 各布设 1 个断面,如图 6-3 所示。

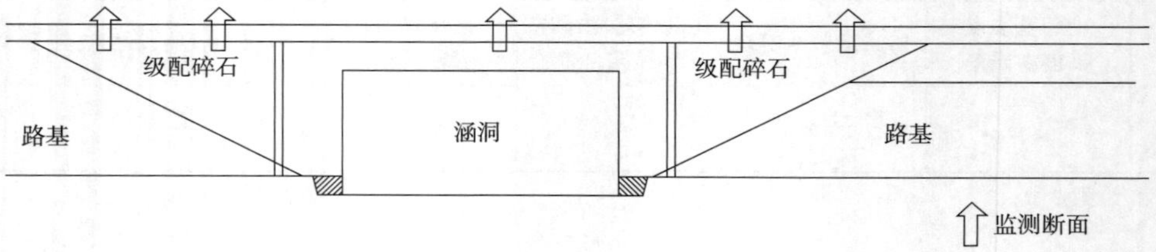

图 6-1　路涵过渡段断面布设

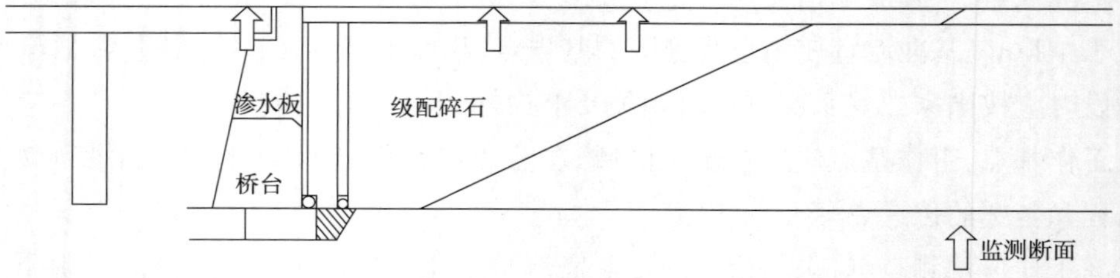

图 6-2　路桥过渡段断面布设

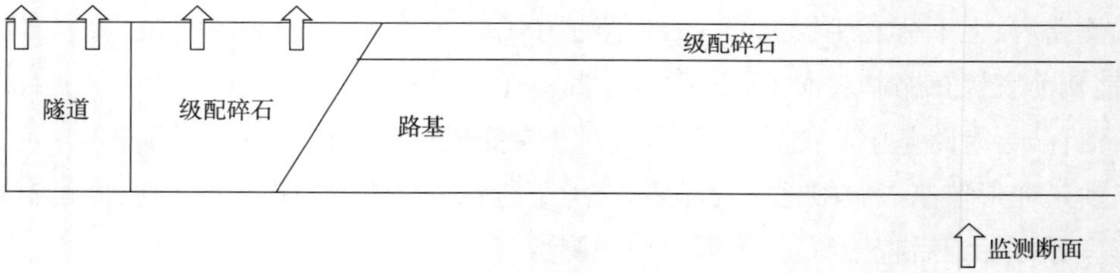

图 6-3　路隧过渡段断面布设

(7)监测范围、频率与周期

路基表面冻胀变形监测应根据当地气象条件,在临近地层冻结之前开展监测工作,获取首期观测值。

冻胀变形监测频率应根据当地气候条件与冻胀变形速率进行设计,在能够系统反映冻胀变形过程的前提下，减少监测工作量。在冻胀监测实施过程中，监测时间间隔应根据冻胀变形值和冻胀速率进行调整，当出现冻胀变形值突变、地下水变化及降雨等外部环境变化时应增加观测频次。

建设期间应对全线路基地段冻胀水准监测，每个冻融周期监测次数不宜少于4次，应包括地层冻结前、后及冻胀峰值。运营期间，应依据轨道平顺性和线路维护整治要求，结合轨道检测、水准期观测、自动监测结果综合确定水准观测范围，观测次数宜适当减少。

2. 冻胀自动监测

冻胀自动监测用于高速铁路路基不同深度的冻胀与融沉变形发展过程监测，建设期间应针对典型断面、特殊结构和病害地段，设置冻胀自动监测断面，间距不大于50 km。运营后，应根据轨检动态检测、水准观测结果划定的冻害地段设置相应冻胀监测断面。应在地表冻结前15天进行数据采集，作为水分初值；采集传输频率宜为1次/天，入冬、春融期间或气象剧烈变化时期应增加监测频率，监测频率宜不低于4次/天。

(1)路基纵向连续性监测

监测点宜设置在混凝土底座外缘、线间、路肩，基准点可选于桥台、接触网杆等稳固结构物上。轨道结构下部监测点宜在高速铁路建设期间进行设置，运营期间，监测断面监测点宜设置于路肩位置，测点间距一般取为10～20 m，监测范围依据实际工程而定。

(2)冻胀分层监测

监测点宜设置在轨道结构下部、混凝土底座外缘、线间、路肩、坡角外原地面。轨道结构下部监测点宜在高速铁路建设期间进行设置；否则，冻胀计顶部测量盘应与混凝土底座固定在一起。运营期间，如无其他要求，新增监测断面监测点宜只设1个监测点，宜设在混凝土底座外缘；冻胀分层观测时，冻胀计锚固端宜设置在不同填料性质或路基结构的设计深度。

(3)冻深自动监测

在路基中不同深度设置温度传感器，通过采集路基中地温，跟踪路基的冻结深度的发展变化。冻深自动监测时，基床冻深影响范围内，宜取10～15 cm，其下间距宜增加至30～50 cm。

(4)边坡深层岩土体水平位移监测

选择典型边坡开展边坡稳定性监测，断面间距宜取50 m。原则上监测剖面的每一级边坡设置测点，并优先布置于土质、强风化等软弱岩土体内，基准点应达到弱至中等风化基岩处。

(5)水分自动监测

自动监测水分传感器用于现场监测高速铁路路基在冻结过程中基床填料水分发展变化过程，水分计的垂直间距的设置，根据不同层位进行设置，间距宜设为50～100 cm。

3. 轨道状态动态检测

当路基冻胀影响轨道状态时，应采用轨道动态检测手段。轨道动态检测适用于标准轨距铁路的轨道几何状态动态检测，其他铁路如各种宽轨、米轨等宜参照使用，通过测量轨道几何状态，识别轨道病害，并监控轨道病害发展规律，指导轨道养护维修。测量内容包括高低、轨向、轨距、水平、三角坑(扭曲)、复合不平顺、轨距变化率、车体垂向加速度、车体横向加速度等检测项目。检测速度按线路实际运营速度进行检测，轨道动态检测冻融期相较非冻融期应加密检测，检测标准按批复的线路运营速度进行评价。

6.1.2 高精度冻胀时空监测技术

1. 路基冻胀变形监测技术

路基冻胀变形监测系统由物位计基准点、测点、供电模块、采集模块、传输模块和远程控制终端组成，其中，高效的太阳能控制器和耐低温铅酸电池结合充放电控制管理集成为一体的供电模块，可满足系统长期供电要求。通过全兼容性传输系统，可在室内计算机远程实现实时数据采集与系统控制，其性能可靠、稳定、耐用，配置灵活，可以动态调整上传频率和数据存储，支持多种传输方式和多级联组网。系统原理如图 6-4 所示，通过测量基准点与测点压力差的变化，依据压力与液柱标定关系计算得到测点的相对变形。

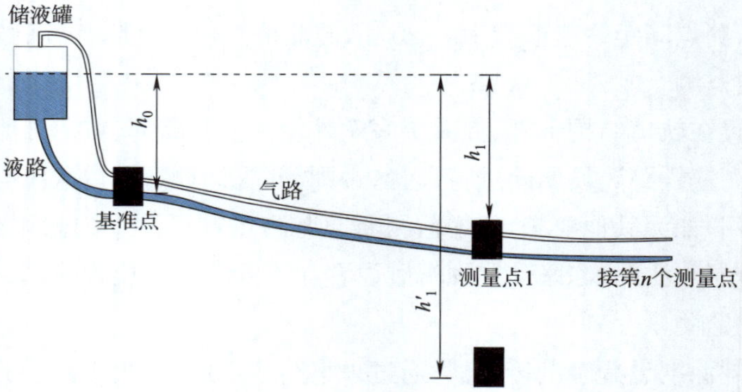

图 6-4 路基冻胀变形监测系统工作示意

假设初始时刻 t_0，基准点、测点 1 到储液罐的液面高度分别为 h_0、h_1，此时测点 1 与基准点高程差为 $\Delta h=h_1-h_0$。经过 t 时间后，测点 1 所在位置发生变形，距离液面高度为 h'_1，则此时测量点 1 与基准点间高度差变为 $\Delta h'=h'_1-h_0$。测量点 1 的本期变形 Δh_t 为

$$\Delta h_t=\Delta h'-\Delta h=(h'_1-h_0)-(h_1-h_0)=h'_1-h_1 \tag{6-1}$$

由伯努利原理，测点 1 的位置变化为

$$\Delta h=\left(\frac{p_{1t_0}-p_{1t_1}}{\rho g}\right) \tag{6-2}$$

式中 p_{1t_0}——t_0 时测点 1 的液体压强；

p_{1t_1}——t_1 时测点 1 的液体压强；

ρ——液路中液体密度；

g——重力加速度。

在以上基础上，对 p(测点压力传感器读数)、ρ 进行温度修正，对 g 进行本地修正即可获取较高的测量精度：

$$\Delta h = I_{t_1} h_1 - I_{t_0} h_0 \tag{6-3}$$

$$I_t = \text{span}\{I_{mt}, I_{lt}, I_{yt}\} \tag{6-4}$$

式中　I_{t_1}, I_{t_0}——不同时刻下，当对应环境温度为 t(不同时刻对应的环境温度)时的温度总修正系数；

I_t——温度 t 时的温度总修正系数；

I_{mt}——温度为 t 时，液体密度修正系数；

I_{lt}——温度为 t 时，管路长度修正系数；

I_{yt}——温度为 t 时，压力传感器空载修正系数。

传感器敏感元件所用硅敏材料的静态特性与环境温度有密切联系。实际工作中，由于传感器的工作环境温度变化较大，由于温度变化引起的输出量变化较大，带来较大的测量误差；同时由于温度变化也影响零点和灵敏度值的大小，直接影响到传感器的静态特性，所以必须采取措施减少或消除温度变化带来的影响。考虑硬件成本及系统精度要求，设计硬件电路与软件补偿相结合的方案，通过试验验证补偿效果。

(1)硬件补偿

硬件补偿通过提供标准电压激励进行零点补偿，通过模拟放大、模拟电压叠加进行温度补偿，其试验电路如图 6-5 所示。

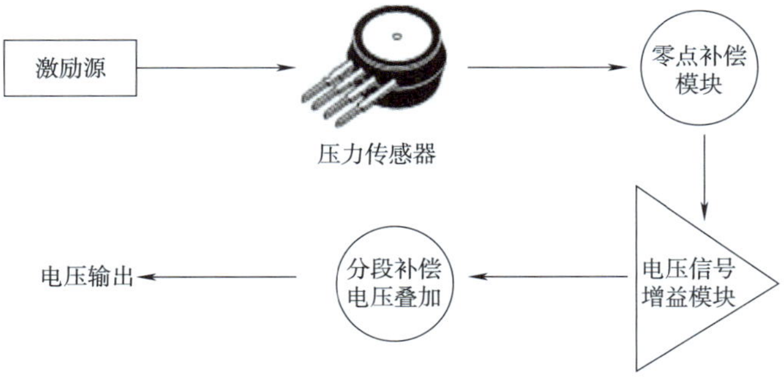

图 6-5　硬件补偿试验仿真电路

温度补偿试验温度为−40～80 ℃，以 5 ℃间距多次读取数据采集，得到不同温度下的电压输出，如图 6-6 所示。针对输出电压随温度呈现的非线性变化，通过大量实际数据和经验数据分析进行分段拟合，如图 6-7 所示。经校准验证，如图 6-8 所示，输出电压随温度变化稳定，补偿效果明显。

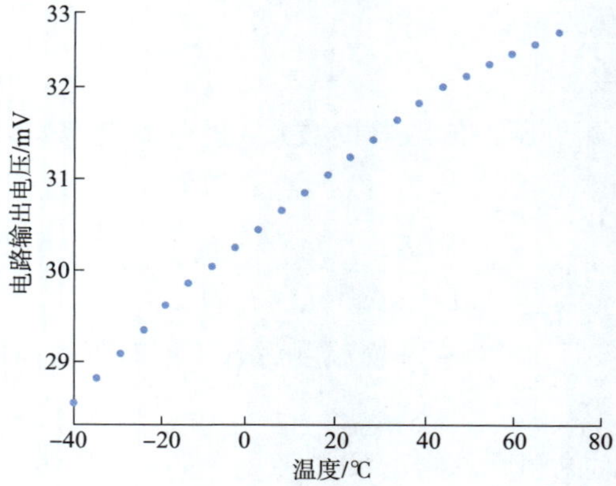

图 6-6　不同温度下试验电路输出电压(采样值)

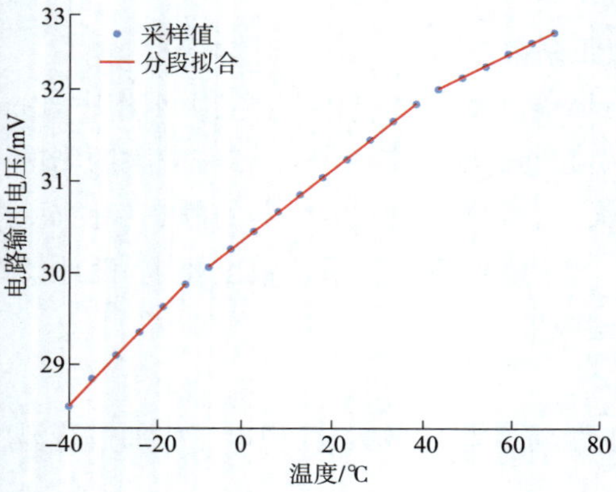

图 6-7　分段温度补偿函数

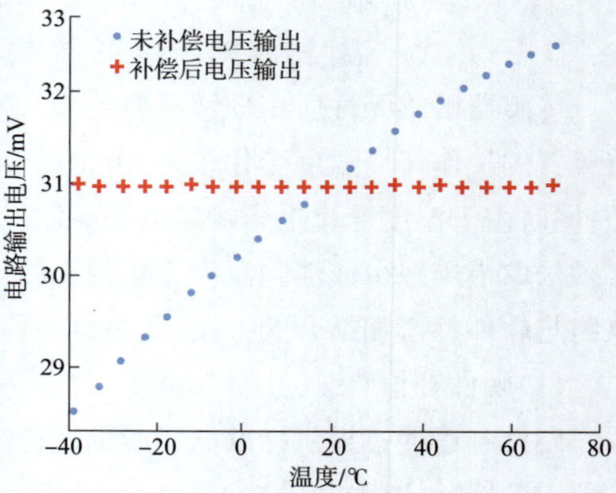

图 6-8　分段温度补偿效果验证

(2)软件补偿

未补偿的压差传感器设计优势更加明显,可塑性更强。但由于未做补偿的差压传感器受自身特性限制,在不同的温度下,输出量的偏移较大,如图 6-9 所示。此外,未补偿型差压传感器零位及满量程输出个体之间差异显著且不可直接互换,因此需要进行软件补偿。

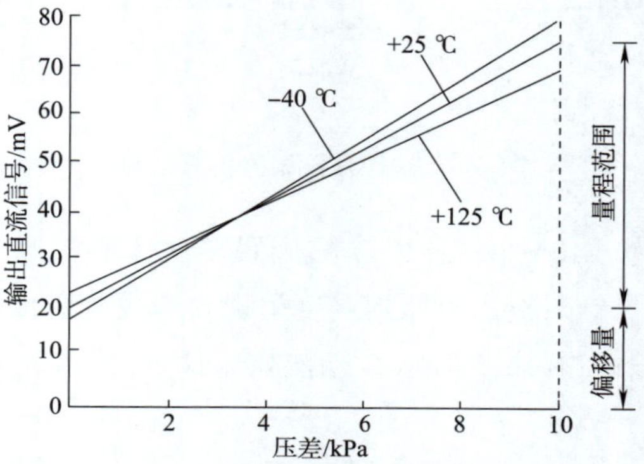

图 6-9　未经软件补偿时传感器不同温度线性图

在传感器实际使用中，需要采用软件补偿进行非线性数据校准和温度校准。校准阶段需要至少采集同一温度下，多组不同压力下对应的传感器输出。另外，为对温度漂移进行修正，需分别对同一压力值在不同温度下进行测量，分升温和降温 2 个标定过程。在温度范围内每间隔 5 ℃采集传感器输出电压，使用既定的数据和算法计算出 5 ℃范围内的校准系数，对温度效应进行补偿。图 6-10 为补偿前后的监测系统工作状态对比。由图 6-10 可知，补偿后的传感器工作性能稳定，精度可达 0.2 mm。

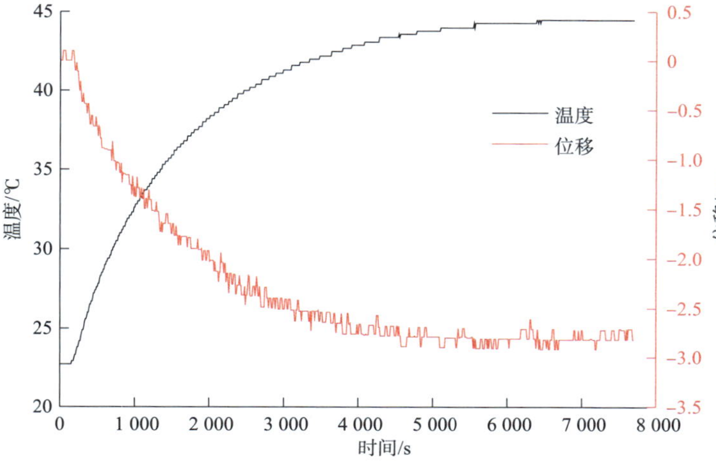

(a)补偿前

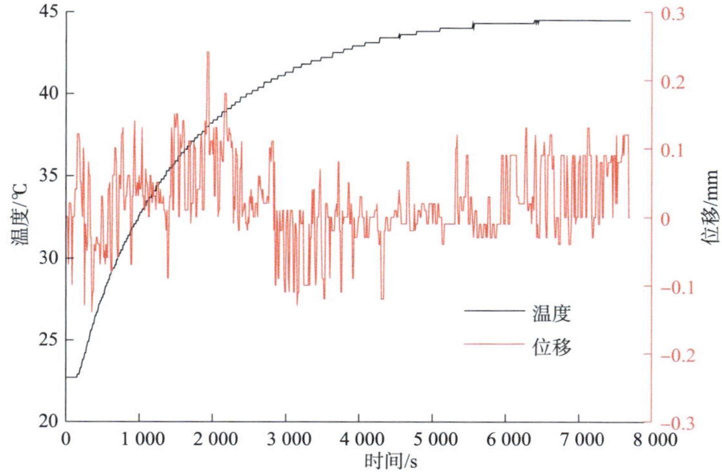

(b)补偿后

图 6-10　温度补偿前后传感器监测值随温度变化曲线

(3)长效性设计

结合高速铁路运营高安全性要求，沉降监测传感器的工业设计壳体应具备小巧便携的特点。传感器外壳以不锈钢材料为主，外表面采用抗氧化处理，具备较强防侵蚀和密封防护能力；连接方式采用自密式接头，确保连接的方便性。

传感器与传输管路的保护结构采用 U 形结构，为高强度不锈钢材质，通过药剂螺栓固定。U 形槽内填充阻燃保温材料，保证测线基本处于同温环境，有利于温度效应影响。高强度的外壳也可防止异物冲撞破坏测点，保护测线免受日照、雨雪等自然因素影响，保障监测系统安全、长效工作。

为验证监测系统对极端环境的适应性，开展极端温度下的稳定性试验，持续时间约 72 h，模拟－40 ℃和 60 ℃极限高低工作温度条件下的传感器测量结果稳定性，试验结果如图 6-11 所示，在极限工作温度条件下位移传感器的数据波动很小，传感器电子电路正常运行。同时，带密封气体和液压管路的监测系统也正常稳定运行，能控制在±0.2 mm 内，满足高速铁路路基监测要求。

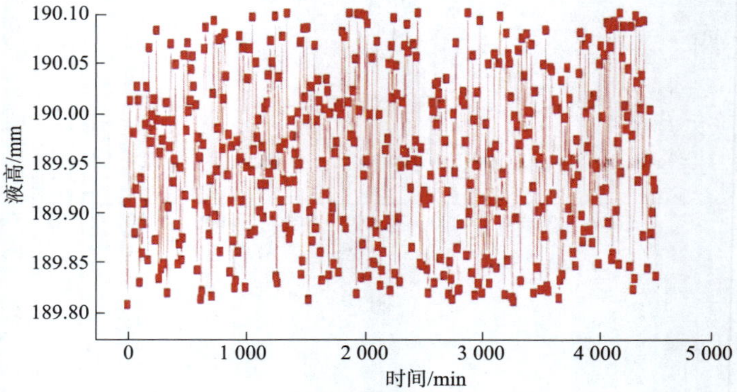

(a)－40 ℃条件

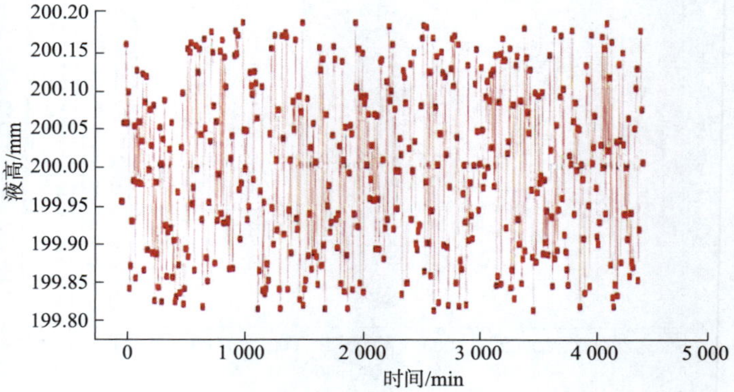

(b)60 ℃条件

图 6-11　极限工作温度传感器工作性能试验

2. 边坡深层水平位移监测技术

寒区铁路边坡深层水平位移监测由传感器模块、数据采集模块、多通道通信模块集成、太阳能供电模块组成，可实现海量监测数据实时准确地采集、传输。通过监测数据高速处理、综合分析、成图输出以及实时预警预报，实现寒区铁路边坡稳定状态安全评估。系统工作原理如图 6-12 所示。各节测杆与测孔周围岩土体耦合变形，内置的三轴向测斜传感器可测得重力加速度与传感器输出轴的关系。以测孔轴线的坐标测量为基准，经过坐标变换计算出传感器输出轴与重力加速度的夹角，从而得出杆体瞬时的倾角。逐节计算各节测杆 x、y 方向位移，叠加可计算得到则任意节测杆端点相对于基准点的位移。设基准点的坐标为 (x_0, y_0)，则各段端点的平面坐标为

$$x_i = x_0 + \sum_{i=1}^{i} L\sin\theta_{xi} \tag{6-5}$$

$$y_i = y_0 + \sum_{i=1}^{i} L\sin\theta_{yi} \tag{6-6}$$

式中　i——基准点以上各测杆端点序号；

θ_{xi}——第 i 节测杆轴线方向与 x 轴方向夹角；

θ_{yi}——第 i 节测杆轴线方向与 y 轴方向夹角。

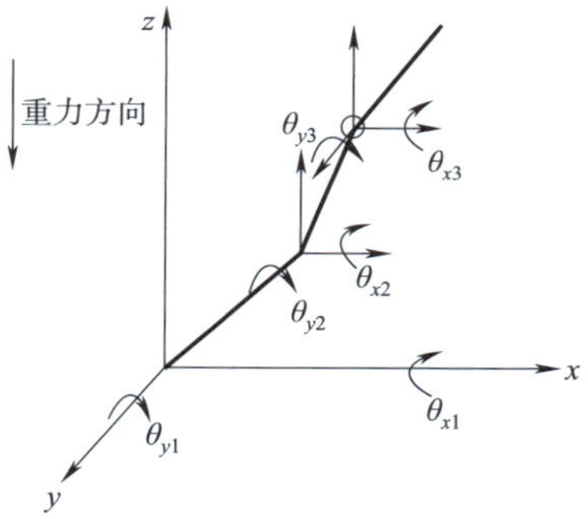

图 6-12　边坡深层水平位移监测系统工作原理示意

所用三轴向测斜传感器的敏感元件为硅材料，温度变化对其强度以及残余应力有很大影响，同时元件弹性模量和刚度也会发生变化，导致传感器会发生很大温度漂移。其次温度的变化导致封装材料吸收和释放部分气体，导致真空度的变化，进而影响内部机械结构的稳定性。由于 PCB 电路中采用的各种电子器件都存在各自的温度系数，温度变化会对电子器件性能造成很大影响，导致传感器零偏稳定性能的恶化。研究设计核心硬件电路对温度误差进行补偿，同时设计了面向传感器级别的算法补偿对温度零位偏差进行修正，长期监测精度可达 1.0 mm/30 m。

(1)元件硬件补偿

如图 6-13～图 6-15 所示，通过先进行源数据滤波，解决加速度传感器的抖动问题，再读取温度，进行旋转二次函数校准。图 6-14 和图 6-15 为采用硬件补偿前后，传感器在试验温度在－40～80 ℃范围内加速度输出值，可见经硬件补偿后测试值稳定，较好地避免了温度

变化对传感器精度的影响。

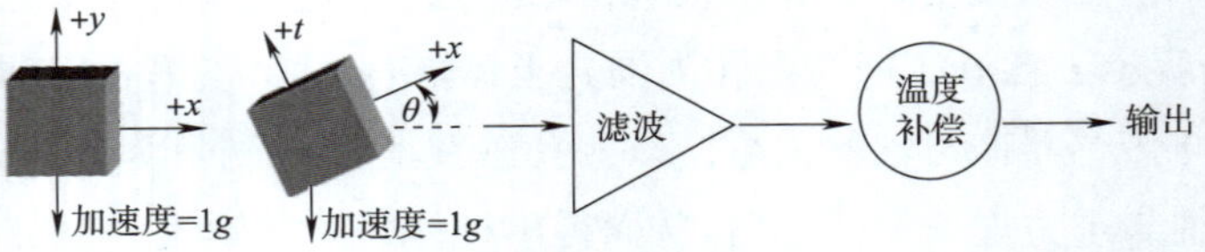

图 6-13 硬件补偿方案

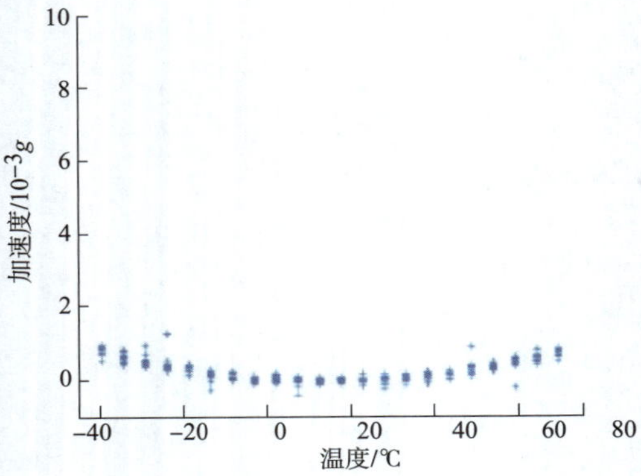

图 6-14 硬件补偿前曲线

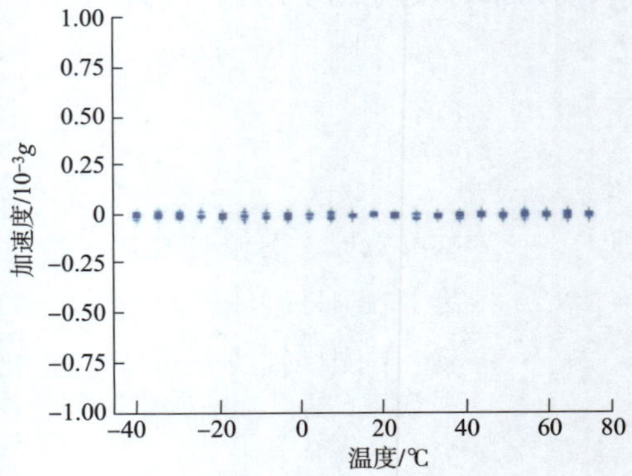

图 6-15 硬件补偿后曲线

(2)系统算法补偿试验

考虑集成传感器后独特的温度-角度输出特性，设计升降温试验。试验时长约 24 h，记录不同温度值对应的传感器 x 轴输出零偏角度值，分析测试过程中每一个温度循环对应的输出曲线得到 x 轴或 y 轴各自的拟合零偏直线，在实际输出角度中减掉相应拟合计算出角度偏差，校准原始输出，分析在 x、y 轴校准效果，试验方案见表 6-3。

表 6-3 温度补偿试验方案

温度变化	单点温度变化时间	保持时间	总时间
20～－40 ℃	30 min	60 min	1.5 h
－40～80 ℃ (共分 12 段，每段上升 10 ℃)	10 min	30 min	8 h
80～20 ℃	14.5 h	—	14.5 h

考虑寒区铁路边坡所处环境温度变化范围，试验时控制温度由常温降至－40 ℃附近，再连续阶段性升温至 80 ℃，然后让其自然降温至常温，温度时程曲线如图 6-16 所示；在每个温度点都要保温半个小时再进行角度实验。传感器固定于水平零位，中间无二次安装。

图 6-17 为传感器 x 方向温度影响测试与线性拟合曲线，该拟合零偏直线综合考虑了被测传感器试验温度下降-上升-下降的完整过程，可见升温、降温过程中传感器的零漂特性存在差异，因此对去程和回程零位偏差进行线性拟合。

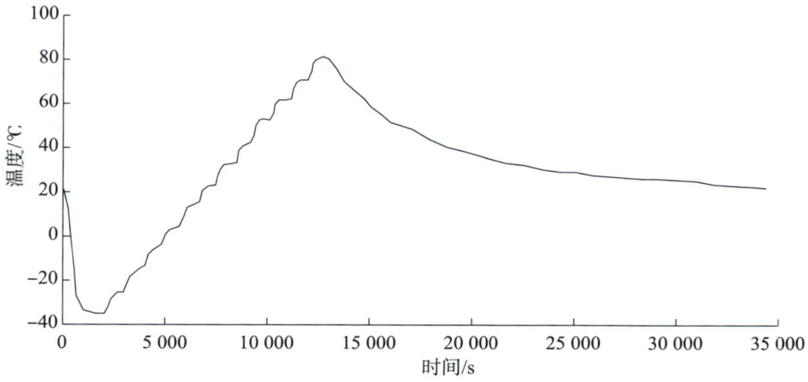

图 6-16　试验温度时程曲线

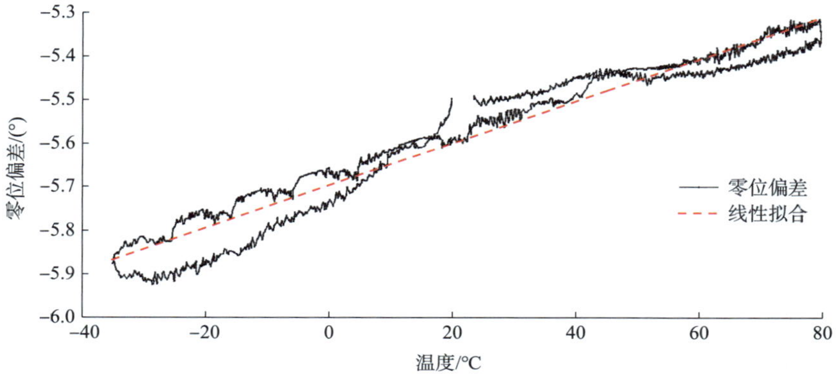

图 6-17　x 轴零偏拟合曲线

得到 x 轴的零偏拟合直线后将其应用到数据后台，在收到传感器实时上报角度数据之后，对应减去测得温度下的角度偏差值，得到最终输出的误差角度值，如图 6-18 所示。除去开始试验时的非稳定状态，其他时间可以将拟合偏差大部分控制在 0.004°范围内。

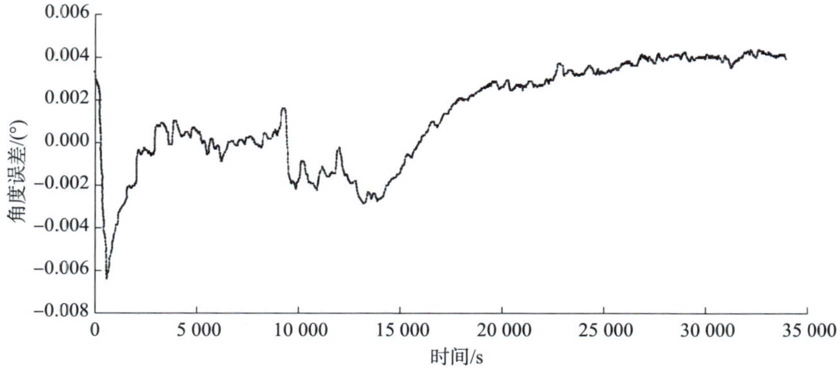

图 6-18　x 轴零偏拟合误差引起的角度误差

图 6-19 为传感器 y 方向温度影响测试与线性拟合曲线，图 6-20 为传感器实时上报角度数据之后，对应减去测得温度下的角度偏差值，得到最终输出的误差角度值，拟合偏差大部分控制在 0.01°范围内。

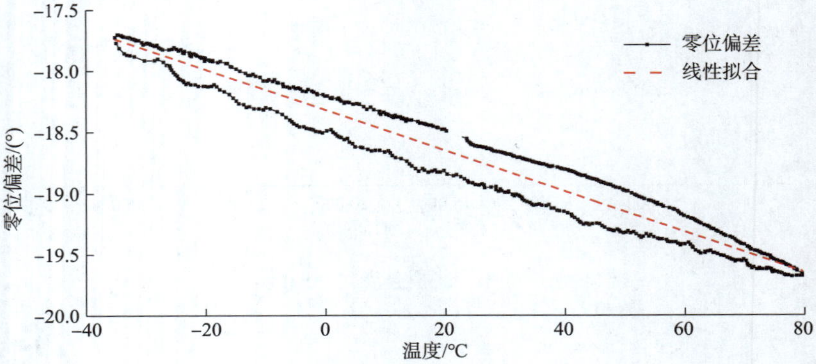

图 6-19　y 轴零偏拟合曲线

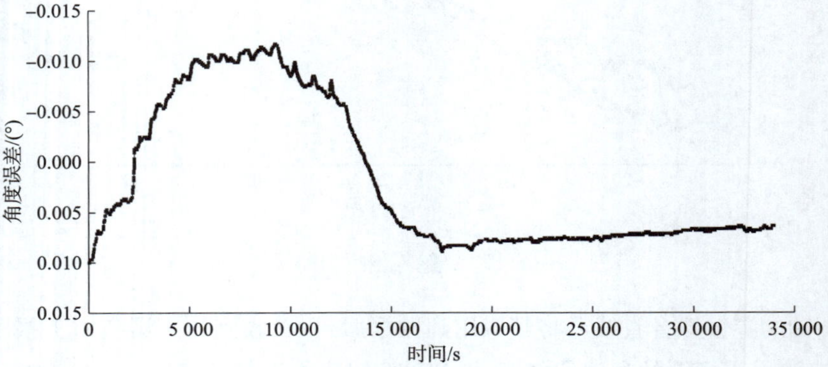

图 6-20　y 轴零偏拟合误差引起的角度误差

(3)温度补偿后误差分析

假设不同埋深的传感器由于温度变化产生的角度误差相等，分析深度为 30 m 范围内的误差累积到地面点位移测量中误差，设为 M_D，根据误差传播定律，有：

$$M_{\mathrm{D}}=\sqrt{\sum_{1}^{30} L^2\cos^2\theta_i\sigma_i^2} \tag{6-7}$$

式中　L——测测杆长度，本研究 $L=1$ m；

σ——传感器测量位移误差；

θ_i——各节测杆中传感器倾角读数。

由于 $\cos^2\theta_i\leqslant 1$，故中误差最大值为

$$M_{Dmax}=L\sqrt{30\hat{\sigma}^2}=L\sqrt{30L^2\tan^2\left(\frac{\varphi}{180°}\pi\right)} \tag{6-8}$$

式中　φ——传感器补偿后的测角误差。

$$|M_{Dmax}|=L^2\sqrt{30}\left|\tan\left(\frac{\varphi}{180°}\pi\right)\right| \tag{6-9}$$

根据数据温度补偿试验，取 $\varphi=0.01°$，代入式(6-9)可得 $|M_{Dmax}|=\pm0.96$ mm，保守取为 $M_{Dmax}=\pm1.0$ mm。

6.1.3　应用案例

1. 工程概况

京沈铁路辽宁段线路长度为 406.7 km，其中路基段长 113.4 km，桥梁 131 座 212.7 km，隧道 38 座 75.4 km；正线Ⅲ型板式无砟轨道长 767.578 km，正线铺轨 789 km，站线铺轨 39.022 km，道岔 160 组；箱梁场 11 处，板场 4 处，铺轨基地 2 处。

线路下行方向地形依次为山脉、丘陵、平原，于辽宁建平、凌源一线进入鲁努儿虎山脉，以低-中山为主，地形稍见平缓，山体及沟谷中多为植被覆盖，局部山间河谷多辟为耕地。在朝阳附近进入辽西北低山及剥蚀丘陵区，地形地势进一步趋于平缓，地表多被人工林地覆盖，剥蚀丘陵缓坡及河谷阶地处多为耕地，在新民彰武一线出辽西北丘陵区，跨柳河进入辽河平原，辽河平原地形平坦开阔，城市村镇密布，地表多为耕地，新民、沈阳等城市附近地表多分布既有建筑或市镇道路。

线路路基段地下水主要包括孔隙潜水、基岩裂隙水、裂隙岩溶水、雨冰雪水。孔隙潜水主要赋存于河谷阶地、山间盆地、冲沟中，局部地段孔隙水具承压性，冲洪积、冲积的砂类土及碎石类土为其主要的含水层。基岩裂隙水主要赋存于各类基岩的风化带及构造裂隙中，在盆地区多以蒸发排泄为主；在山区除以蒸发排泄外，还以地下径流方式排泄到盆地区或以泉的形式出露于地表。裂隙岩溶水主要赋存于可溶岩地层中，多数水量不大，大气降水多沿裂隙下渗，为裂隙岩溶水的主要补给源，地下水位随季节变化显著，局部地段具承压性。雨季或冰雪融化时，在土、石界面以上，常存在暂时性上层滞水，软化了界面附近土层，直接影响堑坡稳定。

因此，针对辽宁段正线部分路基开展冻胀监测工作，监测路基面冻胀变形、路基冻深、路堑边坡深层水平位移等，了解在施工和运营期间路基服役状态，为保障线路安全运营提供数据支撑。

2. 监测结果

(1)冻胀变形监测

图 6-21 为 K355+330 不同深度冻涨变形时程规律。由图 6-21 可知，该位置冻胀变形

量值很小,基本在 0.2～0.6 mm,均在误差范围内,说明混凝土基床未产生冻胀变形,起到了显著的抗冻胀效果。

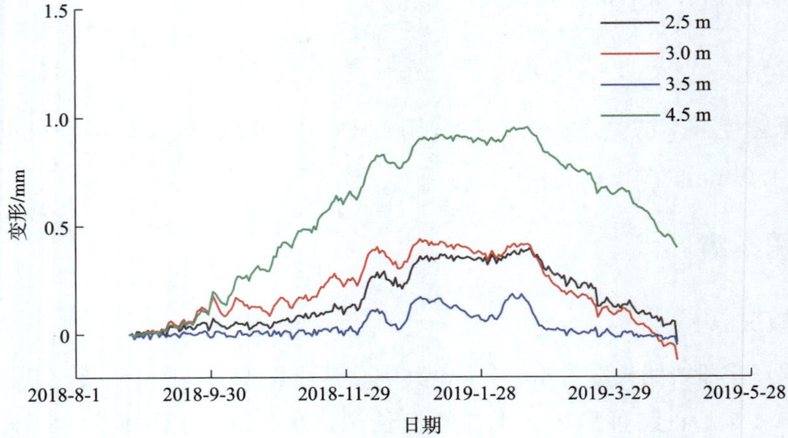

图 6-21 喀左冻胀变形曲线

(2)冻深监测

图 6-22 为 2018—2019 年喀左冻深变化曲线。由图 6-22 可知,该断面最大冻深分别为 1.81 m。

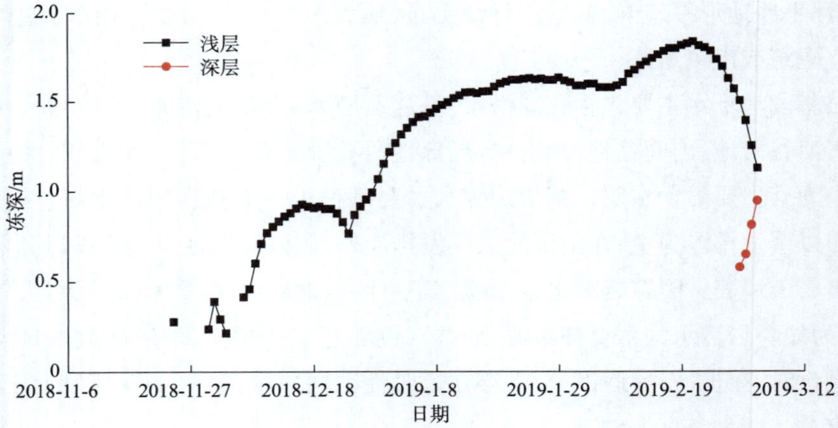

图 6-22 喀左冻深变化曲线

(3)边坡稳定性监测

图 6-23 为边坡深层变形监测图。由图 6-23 可知,最大变形发生在地面 0 m 处,大小为 x 方向 5.3 mm、y 方向 4.8 mm,整体变形处于稳定状态。

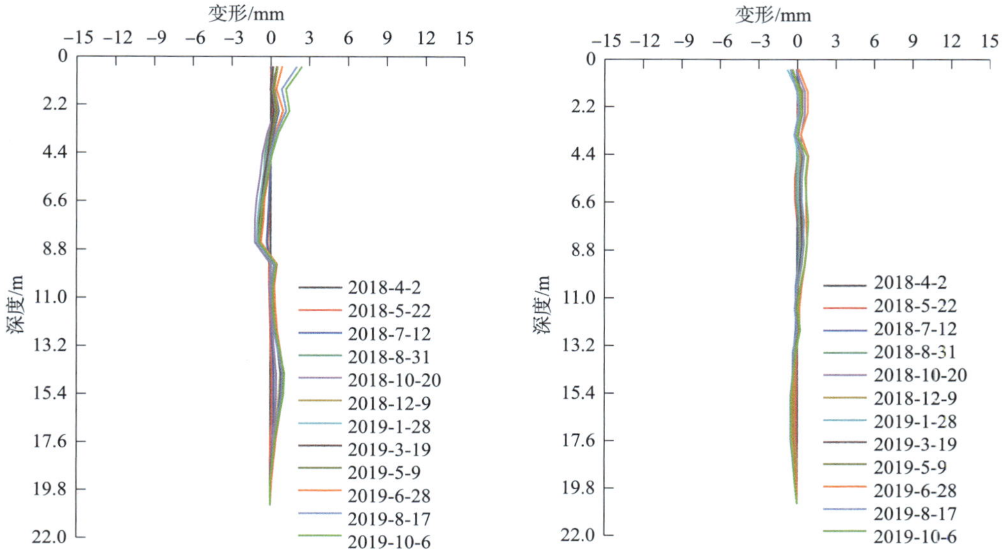

(1)x 方向　　(2)y 方向

图 6-23　边坡深层变形监测图

6.2　寒区高速铁路路基面封闭技术

6.2.1　寒区高速铁路路基封闭层病害情况

哈大高速铁路是我国第一条高寒地区高速铁路，设计速度 350 km/h，营业里程 921 km，沈阳局管内 824 km。全线以 CRTS Ⅰ型板式无砟轨道为主，桥梁 208 座、隧道 8 座，桥隧占比 76%；路基段长 187 km，占比 24%；无砟轨道桥面设厚度不小于 6 cm 的纤维混凝土保护层，路基基床表层设厚度 6～10 cm 的纤维混凝土保护层。2012 年 12 月 1 日开通运营，运营初期分别按冬季和夏季两个速度等级开行动车组，2015 年 12 月 1 日起开始实施“冬夏一张图”。

由于哈大客运专线地处特殊的地理位置，昼夜温差大(历史最低温度−39.9 ℃、最高温度 39.8 ℃)、冬季降雪多，在反复冻融作用下易导致桥梁、路基地段防水保护层出现粉化、掉块问题，混凝土保护层陆续出现表层剥落、粉化，以及骨料和钢筋裸露等情况，且呈逐年上升趋势，控制难度成倍增加，给高速铁路行车带来安全隐患。

2016 年初期，全线粉化地段共计 206 km，随着运营时间延长，粉化地段长度逐年增长趋势，截至 2019 年粉化地段发展至 309 km，增长 103 km，年平均增长 34.3 km。

6.2.2 全断面沥青混凝土封闭技术

1. 发展现状

国内外主要因沥青混凝土的防水、强化、隔离、减振、降噪等功能将其广泛应用于铁路领域。如图 6-24 所示，按其功能定位与结构形式分，铁路沥青混凝土的应用主要分以下五类[1-3]：

(1)路基面防水层。我国早期采用沥青混凝土代替纤维混凝土，对无砟轨道两侧路肩进行防水封闭，仅作为防水功能层使用。

(2)沥青混凝土底砟层。广泛应用于美国、法国、奥地利、意大利、西班牙等有砟轨道线路中，代替部分碎石道床用作底砟层。

(3)沥青混凝土道床。仅在美国重载线路进行应用，设计为 47.5 cm 厚沥青混凝土代替全部碎石道床，以减小线路养护工作量。

(4)轨下基础隔离层。以德国为代表，GETRAC 结构采用沥青混凝土作为轨道支承层结构。

(5)基床表层强化层。日本在基床表层顶面设置沥青混凝土结构，在强化路基面排水性能的同时，改善基床受力状态。我国无砟轨道路基全断面沥青混凝土防水封闭结构属基床表层强化层类。

(a)路基面防水层

(b)沥青混凝土底砟层

(c)沥青混凝土道床

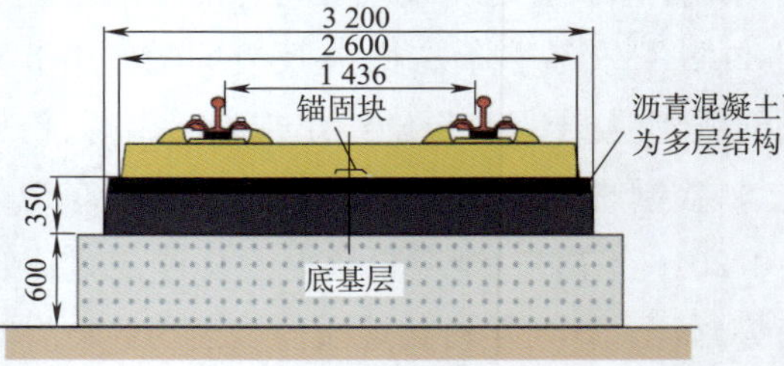

(d)轨下基础隔离层

图 6-24

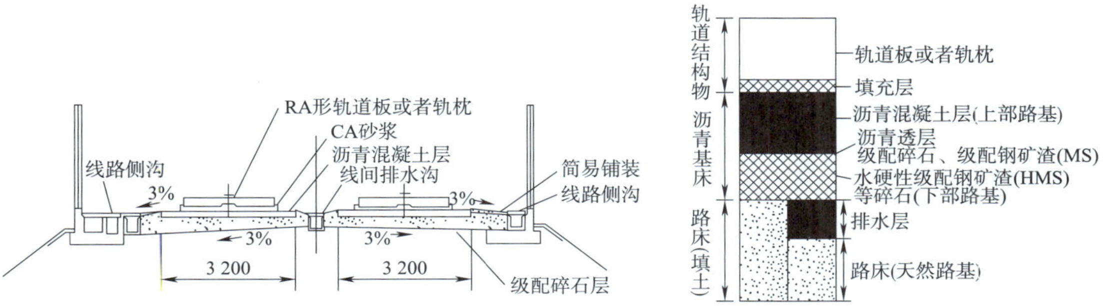

(e)强化基床表层

图 6-24　铁路沥青混凝土应用形式与分类(单位:mm)

针对严寒地区水泥基防水保护层出现的粉化、开裂等问题,相关单位采用多种方案对严寒地区高速铁路水泥基防水保护层粉化问题开展整治工作,但效果整体不佳,混凝土结构粉化与劣化情况未得到根本解决。结合前期整治工作和实践经验,现有技术存在以下局限性[4]:

(1)施工效率低。整治工作主要以人工为主,机械化程度不高,导致施工效率较低。

(2)综合成本较高。由于整治工作在天窗时间内进行,作业时间受限,施工组织难度较大,致使混凝土粉化整治周期长,人工成本高,且聚氨酯、丙烯酸、氟碳等整治材料单价较高。

(3)整治效果长效性差。整治后,早期效果良好,但经历多次冻融循环及高温雨季后,整治材料依旧存在开裂、破损、脱落等失效问题。沥青混凝土具有密实抗渗、环境适应性强、施工效率高等特点,目前在铁路工程中主要作为防水封闭结构全断面铺设于路基基床表层顶面,由于需兼顾沥青混凝土防水性能和承载能力,故通常采用热拌热铺的中粒式沥青混凝土[5,6]。

为保证中粒式沥青混凝土的防水效果,必须采用大型压实设备进行碾压密实,显然不适用于运营高速铁路线间和路肩等狭小空间的压实作业[7]。冷拌冷铺沥青混凝土是将提前拌制完成的沥青混凝土,通过袋装储存与运输,并利用小型设备碾压密实的新技术、新材料与新工艺,为严寒地区高速铁路防水保护层粉化整治提供新方案和新途径[8]。

2. 技术原理

全断面沥青混凝土防水封闭结构是在基床表层与支承层(道砟)之间全断面铺设一定厚度的沥青混凝土,以实现防水封闭的效果,如图 6-25 所示。该技术适用于寒冷、严寒、多雨地区,季节性冻土、膨胀岩土、湿陷性黄土、盐渍土等特殊土地段高速铁路路基的防水封闭。

(1)优良的整体化防排水性能。消除了传统防水封闭层结构缝。

(2)良好的力学承载性能。显著改善轨道向路基的刚度过渡、基床结构的受力状态和轨道-路基系统的振动特性,基床表层动应力降低约 10%。

(3)材料可定制化。根据工程所处地区的气候条件,通过专用改性沥青和沥青增强剂,实现沥青混凝土材料的高温增模量、低温增韧性。

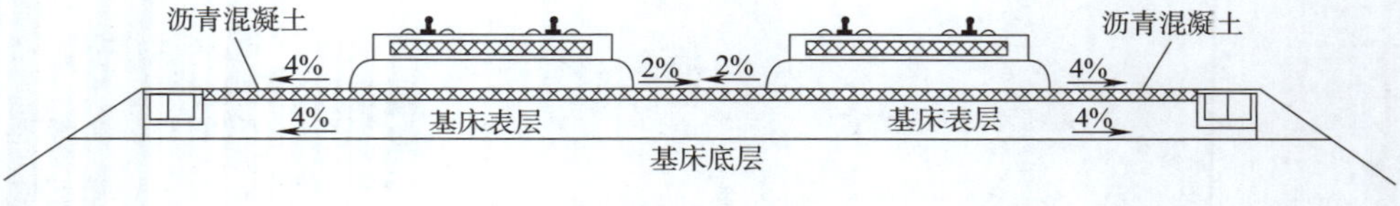

(a)无砟轨道

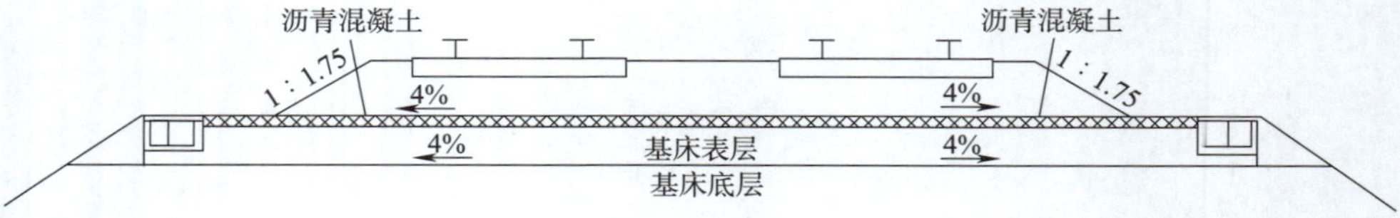

(b)有砟轨道

图 6-25　高速铁路全断面沥青混凝土封闭结构典型断面

(4)施工控制技术成熟,质量可控。开发了拌和站信息化操控平台和温度智能监测系统,实现高速铁路沥青混凝土信息化施工与全过程质量控制。

(5)全生命周期成本低。按照常用封闭层 60 年维修 4 次,使用本技术可综合节约 140～160 万元/km,降低了运维成本。

2. 施工流程

在沥青混凝土施工过程中,高效优良的施工工艺控制是确保沥青混凝土施工质量与进度的重要手段。高速铁路路基沥青混凝土封闭结构的施工工艺控制的重点是沥青混凝土材料的后场生产、运输、施工现场摊铺、碾压与调度协调等 5 个主要环节,这 5 个环节之间密切联系又相互制约,任何一个环节配合不当,都会使整个施工系统阻塞和混乱。

基于上述特点,全断面沥青混凝土防水封闭结构的施工主要包括:洒布透层沥青、测量放线,沥青混凝土的拌和、运输、摊铺、压实、养护等工序。关键工序如图 6-26～图 6-31 所示。

图 6-26　洒布透层沥青

图 6-27　测量放线

图 6-28　沥青混凝土拌和

图 6-29　沥青混凝土摊铺

图 6-30　沥青混凝土压实

图 6-31　沥青混凝土养护

通过京张高速铁路、牡佳高速铁路等工程试验段的开展，总结并固化全断面沥青混凝土防水封闭结构的施工工艺，主要包括基床表层级配碎石的验收与处理、施工机械（含信息化控制设备）的安装与调试、沥青混凝土的材料选择与配合比设计、工艺性试验、洒布透层沥青、测量放线，沥青混凝土的拌和、运输、摊铺、压实、养护，接缝处理、施工质量控制与检测等内容，具体工艺流程如图 6-32 所示。

3. 应用案例

全断面沥青混凝土防水封闭结构已成功在郑徐、武冈、京张、郑万、牡佳、京沈等线路中成功应用，累计铺设面积达 11.5 万 m^2，用量超 9 000 m^3。截至目前，沥青混凝土表面密实完整，防水效果优良，未出现冻胀融沉、翻浆冒泥、基床软化等病害。

（1）京张高速铁路

京张高速铁路是首次采用全断面沥青混凝土防水封闭结构解决路基潜在冻胀问题的示范项目，涉及有砟轨道和无砟轨道两种轨道类型。无砟轨道沥青混凝土防水封闭结构位于怀来县沙城镇附近，总长约 996 m，沥青混凝土设计厚度为 8 cm，于 2018 年 7 月完工。2021 年 5 月 21 日，对京张高速铁路全断面沥青混凝土防水封闭结构进行调研，如图 6-33 所示，该项目已经历 3 个完整冬季，总体使用状况良好，防水效果良好，线间及路肩排水顺畅，未见明显积水（上道 2 h 前刚经历一场中雨）；沥青混凝土表面密实平整，未见松散、剥落、坑槽等典型水稳定性相关病害，与沿线构筑物接触良好。

图 6-32　铁路路基全断面沥青混凝土防水封闭结构施工工艺流程

图 6-33　路肩及线间沥青混凝土防水封闭结构服役现状

(2)牡佳高速铁路

牡佳高速铁路全断面沥青混凝土防水封闭结构选定在黑龙江省双鸭山市七星峰隧道出口,试验段为有砟轨道,全断面沥青混凝土防水封闭结构设计为单人字坡,坡顶位于上下行线间的中心,侧向排水坡度在 4%,沥青混凝土设计厚度为 0.12 m 和 0.10 m,代替原有基床表层级配碎石,总长度 500 m,并在全断面沥青混凝土防水封闭结构下方布设水分计,监测基床含水率变化,验证全断面沥青混凝土防水封闭结构的防水效果。由图 6-34 和图 6-35 可知,采用全断面沥青混凝土防水封闭结构的路基含水率明显低于传统路基含水率,且全断面沥青混凝土防水封闭结构下方基床土体的含水率波动程度整体较小,说明全断面沥青混凝土防水封闭结构具有良好的防水封闭效果。

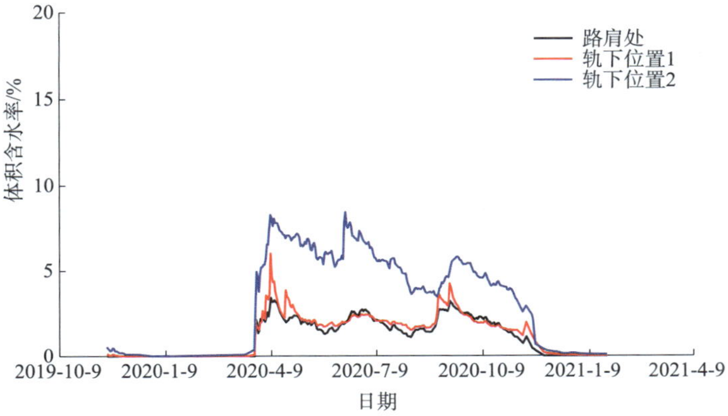

图 6-34　全断面沥青混凝土防水封闭结构下方基床含水率变化

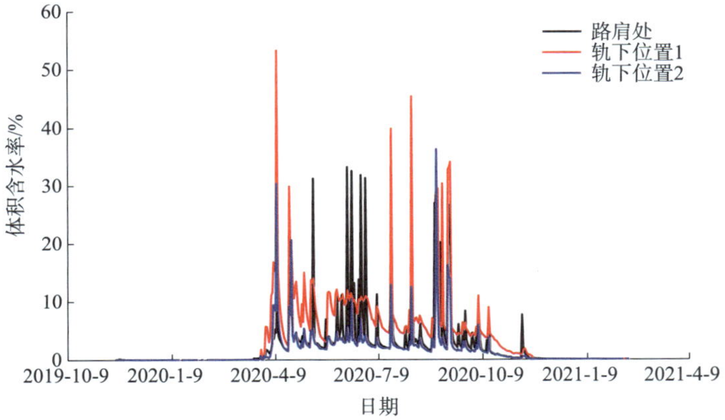

图 6-35　传统路基基床含水率变化

6.2.3 运营高速铁路路基封闭层维护技术

1. 技术原理

季节性冻融环境下高速铁路路基混凝土封闭层受冻融破坏严重，出现混凝土保护层表面剥落、粉化，骨料和钢筋裸露等情况，针对上述路基封闭层病害问题，对损坏的防水封闭层进行凿除，并采用高性能柔性沥青砂结构进行整治。高性能柔性沥青砂结构为黏弹性材料，具有良好的抗裂性，不用设置横向伸缩缝，降低了防水失效的风险。高性能柔性沥青砂结构基本构成为：渗透乳液＋弹性体乳液＋高性能柔性沥青砂＋沥青乳液，如图 6-36 和图 6-37 所示。

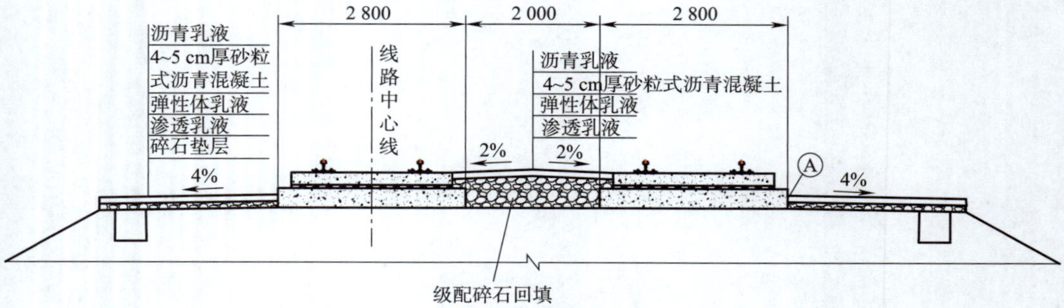

图 6-36 高性能柔性沥青砂结构示意（单位：cm）

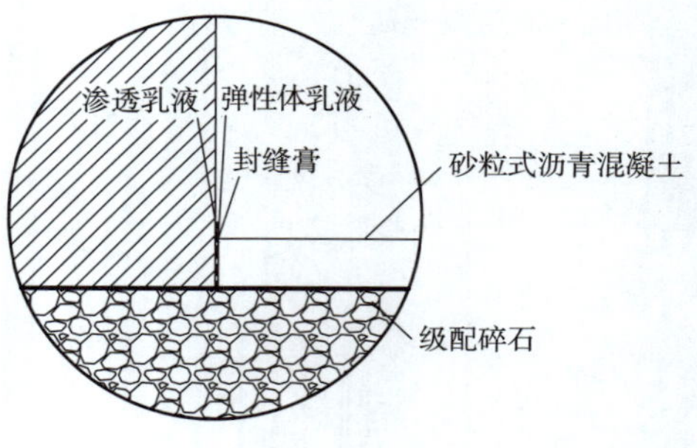

图 6-37 连接 A 位置结构局部示意（单位：cm）

2. 施工流程

高性能柔性沥青砂结构的施工流程包括：病害情况调查→基面清理及梁端处理→渗透乳液施工→弹性体乳液施工→高性能柔性沥青砂施工→沥青乳液施工→压实度检测。

(1)病害情况调查

调查施工范围内保护层混凝土病害情况，按粉化、开裂、剥离和强度等级进行分类，确定病害范围及病害程度，针对不同的病害，确定具体的整治方案。

粉化不严重的地段，使用铣刨机清理至“麻面”，需漏出坚实的基面；粉化较为严重或者基面坑洼不平的地段，铣刨机无法有效打磨时，需使用电镐和平铲进行“凿毛”处理。

(2)基面清理及梁端处理

根据病害调查确定的方案，在粉化的混凝土基面上采用铣刨机、电镐等“凿毛”处理混凝土基面上的浮浆、杂渣等疏松部位，尖角、凸起部位要予以剔除并打磨平整；然后采用铲刀、壁纸刀、打磨机等工机具将原防水保护层混凝土与底座板、防撞墙转角部位及原防水保护层混凝土接缝填充物清除；最后采用吹风机将清理的杂质吹扫干净，如图 6-38～图 6-41 所示。

图 6-38　铣刨机铣刨基面

图 6-39　凿除松动层

图 6-40　清除聚氨酯涂料

图 6-41　吹风机清扫

(3)渗透乳液施工

基面清洁、干燥后方可进行涂层施工。转角部位、混凝土接缝处涂刷时要求沿防撞墙、底座板向上涂刷 50 mm 高，如图 6-42 所示。渗透乳液层采用一遍涂刷＋一遍修整方式施工，首先安排一组人涂刷一遍渗透乳液，如图 6-43 所示。根据环境温度与乳液表干情况，间隔 10～20 m 的距离安排一组人将涂刷过渗透乳液的基面进行二遍修整涂刷，确保渗透乳液不漏白、不堆积，如图 6-44 所示。距离梁端 20～30 cm 范围内的挡水台混凝土裸露在外，不予涂刷，如图 6-45 所示。

(4)弹性体乳液施工

渗透乳液表干后再涂刷弹性体乳液，现场施工方式采用刷涂，涂刷部位与渗透乳液一致。涂刷时采用软毛刷，将弹性体乳液涂刷均匀、无堆积，如图 6-46 和图 6-47 所示。

图 6-42 立面涂刷渗透乳液

图 6-43 涂刷渗透乳液

图 6-44 渗透乳液二遍修整涂刷

图 6-45 挡水台混凝土不涂刷

图 6-46 涂刷弹性体乳液

图 6-47 涂刷弹性体乳液

(5)高性能柔性沥青砂施工

弹性体乳液涂层实干或间隔 24 h 后可进行高性能柔性沥青砂摊铺。摊铺之前将转角部位、接缝处和排水口涂刷封缝膏,并沿防撞墙、底座板向上涂刷 50 mm 高。

沥青砂铺设施工分为涂刷封缝膏、吊装运输沥青砂、布料、初平整、检验(铺设厚度 50 mm)、刮平、夯实碾压和排水孔处理等步骤,如图 6-48～图 6-51 所示。

将沥青砂摊铺初平后,用专用的测量工具测量初平后的沥青砂厚度,确保铺设松铺厚度为 55 mm。使用夯拍机夯拍 2 遍碾压密实后,将排水孔位置整平为斜面便于排水,如图 6-52～图 6-55 所示。

图 6-48　涂刷封缝膏

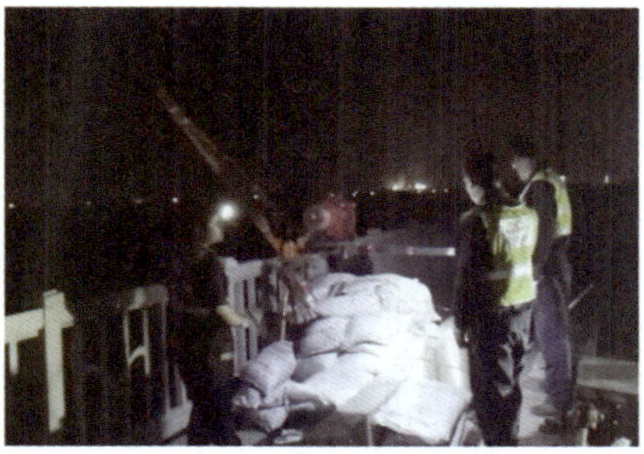

图 6-49　吊装沥青砂

图 6-50　布料

图 6-51　初平整

图 6-52　测量厚度

图 6-53　刮平、找坡

图 6-54　碾压密实

图 6-55　排水坡处理

(6)沥青乳液施工

铺筑完高性能柔性沥青砂 24 h 后，再进行沥青乳液涂刷施工，涂刷时仅涂刷高性能柔性沥青砂表面位置，且不得漏刷、不得堆积沥青乳液，如图 6-56 和图 6-57 所示。

图 6-56　涂刷沥青乳液

图 6-57　整治后状态

(7)压实度检测

沥青砂摊铺后的压实度要求为≥90%，使用无核密度仪检测，如图 6-58 所示。

图 6-58　压实度检测

6.2.4　应用案例

1. 哈大高速铁路路基防水保护层粉化整治工程

2020—2021 年，针对哈大高速铁路路基线间防水保护层出现的表面剥落、粉化，骨料和钢筋裸露等情况，采用高性能柔性沥青砂结构进行整治，具体里程及范围见表 6-4，整治后防排水效果良好，解决了水泥基封闭层在季节性冻融环境下出现的劣化问题，保证了哈大高速铁路的正常运营。

表 6-4　哈大高速铁路路基防水层粉化整治位置及里程

序号	起点里程	终点里程	长度/km	整治宽度/m	整治面积/m^2
1	K865+142	K867+164	2.022	2.0	4 043.2
2	K867+354	K867+925	0.571	2.0	1 142.0
3	K868+009	K868+317	0.308	2.0	614.9
4	K868+342	K868+828	0.486	2.0	972.3
5	K876+016	K876+475	0.459	2.0	918.1
6	K876+534	K876+779	0.245	2.0	489.5
7	合　计				8 180.0

6.3　寒区高速铁路路基填料注胶改性技术

6.3.1　技术原理

针对基床冻害部位进行钻孔，采用双组分反应型树脂类注浆胶高分子浆液“定向”“慢渗”侵入基床，使高分子浆液充分填充路基颗粒间空隙，因高分子反应型树脂类浆液具有较高渗透性，可以渗透进入不同的土质，渗入后在引发剂和催化促进剂作用下发生化学聚合反应，与填料固结到一起，最终与土体胶结成不溶水的高强度路基填料，达到消除冻胀或者极大减弱冻胀的效果。

根据一般普通线路填料情况，选取典型不良填料(粉土)进行了一系列室内试验，对浆液可注性，注浆体的冻融特性、强度特性进行了研究，如图 6-59 所示。试验结果显示，注浆体强度基本上在 1～3 MPa 之间，且试样带有较强柔韧性；多次冻融循环后，试样冻胀较小，冻胀率均小于 1%，而相同的未注浆土样，冻胀率在 1%～4%。

(a)黏质粉土　　(b)制样　　(c)注浆模型试验

图　6-59

(d)切开试筒　　(e)均匀注浆体　　(f)取试块

(g)泡水冻融　　(h)冻融　　(i)强度试验

图 6-59　室内注胶试验

6.3.2　施工流程

针对冻害线路，在左右轨两侧分别打孔，孔径 89 mm，间距 0.6 m，设置在轨枕之间，处理深度应超过当地冻结深度，横断面钻孔布置如图 6-60 所示。

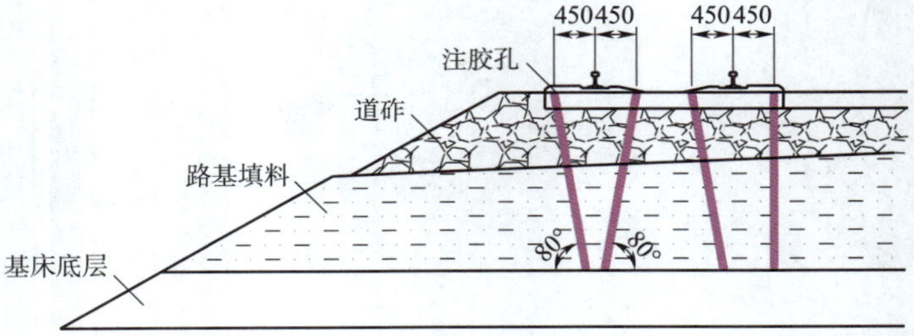

图 6-60　钻孔注浆位置示意(单位:mm)

图 6-61 为钻孔注浆施工工艺流程。注浆时，应控制钻孔注浆顺序，严格控制注浆压力

和注浆量，同时关注轨道结构变形。

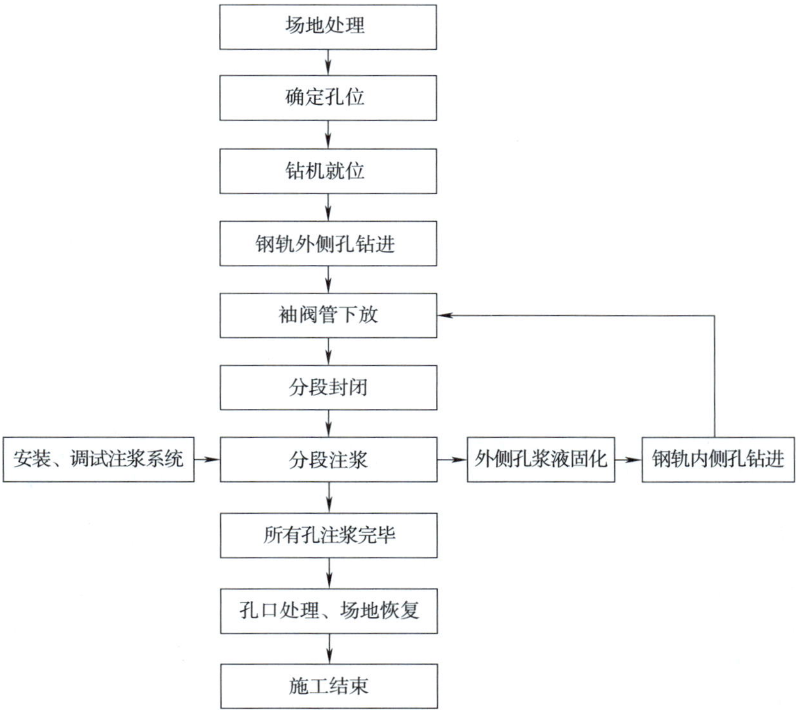

图 6-61　钻孔注浆施工工艺流程

6.3.3　应用案例

1. 工程概况

现场选取了丹大线大孤山站内 K225＋545～K225＋555 上下行线涵洞顶部路基冻害处所作为试验地点，该涵洞为 1-6 框构涵，涵洞全长 44 m，涵顶路基厚约 1.9 m，涵顶及两侧 20 m 范围内基床表层(0.6 m)采用级配碎石加 5％水泥填筑，基床底层采用非冻胀性 A、B 组填料(细颗粒含量小于 15％)，当地最大冻结深度约为 1.2 m。

2. 整治前冻害情况

2015 年冬季，上下行线绝对冻高为 25 mm。2015 年 12 月 28 日首次发现冻害，至 2016 年 2 月 23 日上涨结束，回落期为 2016 年 3 月 15 日至 4 月 15 日，最大相对冻高达 18 mm。

动态检测：2016 年 1 月 15 日动检车检测上行高低 10.43 mm，相对于 1 月 6 日检测 3.07 mm 增加了 7.36 mm；下行高低 5.69 mm，相对于 1 月 6 日检测 0.62 mm 增加了 5.07 mm。

3. 注浆整治情况

在冻害处所约 10 m 长度范围内，在上下行两侧轨枕之间分别打孔注浆，孔径 89 mm，间距 0.6 m，孔深 1.5 m；此次钻孔注浆整治共计钻孔 99 个，其中上行线 48 个、下行线 51 个，共注浆 15 t。

为保证注浆效果，既不产生较大沉降也不造成上拱，首先对钢轨外侧进行间隔钻孔、注浆，待其固化形成防渗帷幕后，再对钢轨内侧进行间距钻孔、注浆，最终实现化学浆液充分渗透填充填料。

注浆时，为防止土体劈裂，采用低压渗透，压力不应超过 200 kPa，同时根据现场每个孔加固范围和孔隙率，控制每段注浆总量，保证注浆充分、均匀。灌浆结束后，需要选点进行钻孔取样，判断是否填充饱满，如未饱满，则进行补浆，如图 6-62 所示。

图 6-62　现场注胶实施情况

4. 整治后冻害情况

绝对冻高：通过测量统计，上行线绝对冻高 13 mm，下行线绝对冻高 10 mm。

相对冻高：2017 年 1 月 19 日首次发现冻害，至 2016 年 2 月 13 日上涨结束，回落期为 2016 年 3 月 2 日至 4 月 11 日，最大冻高上行 10 mm，下行 8 mm。

动态检测：2017 年 1 月 19 日动检车检测上行高低 4.87 mm（缓慢逐次增长），相邻两次动检高低相差 1.04 mm（1 月 16 日 4.61 mm，1 月 10 日 3.57 mm）；下行高低 2.14 mm，相对于 1 月 10 日检测 1.37 mm 增加了 0.77 mm。

5. 未注浆整治处所冻害情况

丹大线大孤山站内小里程侧 K224＋740 至 K224＋750 涵洞为 3-6 框构涵，涵洞全长 60 m，涵顶路基厚约 3 m，基床填料与 K225＋545 至 K225＋555 一致。2015 年冬季相对冻高最大冻高 34 mm，2016 年冬季相对冻高最大冻高 30 mm。2016 年 1 月 9 日首次发现冻害，至 2016 年 2 月 8 日上涨结束，回落期为 2016 年 3 月 27 日至 4 月 15 日，最大相对冻高上下行均为 29 mm。2016 年 12 月 12 日首次发现冻害，至 2017 年 2 月 11 日上涨结束，回落期为 2017 年 3 月 5 日至 4 月 20 日，最大相对冻高上下行 25 mm。

动态检测分析：2016 年 1 月 9 日动检车检测上行高低 5.09 mm，相对于 1 月 5 日检测 2.23 mm 增加 2.86 mm；下行高低 5.10 mm，相对于 1 月 5 日检测 1.58 mm 增加了 3.52 mm。2017 年 1 月 10 日动检车检测上行高低 4.58 mm，相对于 2016 年 12 月 31 日检测 0.72 mm 增加 3.86 mm；下行高低 5.85 mm，相对于 2016 年 12 月 31 日检测 1.36 mm 增加了 4.49 mm。

6. 维修作业工作量统计

2015 年冬季发现冻害后，因冻害变化快、冻高大，现场作业人员每周至少现场检查 2 次，采取“撤垫结合”的方式反复整修(单处最大垫板 10 mm，撤板 7 mm，部分地段起道顺坡捣固)。冻害整治投入的人力较大。

注浆整治后，2016—2017 年冬季，现场作业人员每周现场检查 1 次，一般只是处理人感晃车或者动检数据变化明显时安排人员进行整修，通过撤垫板的方式整修即可满足要求，而不是整段线路的平推找细，工作量大幅下降。

6.4　寒区高速铁路路基不良填料置换技术

6.4.1　技术原理

针对有砟铁路路基冻胀层位，通过横向一定孔径的根管掏土将高含水率细粒土填料置换掉，并充填非冻胀材料，如图 6-63 和图 6-64 所示。在实施过程中保持轨道结构几何状态的稳定，从而实现运营有砟铁路路基冻害处理，解决长期以来由铁路路基反复冻融造成的困扰运营和维护难题。

寒区铁路路基微型盾构靶向置换冻害整治技术是针对冻害层位，用钢护管作为稳定护壁结构，采用液压顶进系统提供动力，以特制螺旋合金钻头作为掘进装置，边掘进边出土，直至设计位置。在钢护管内浇筑非冻胀的混凝土或砂浆，从而达到根除路基冻害的目的。该技术主要特点为：

(1)根据勘察取样结果确定置换层位与厚度，针对性强，有效性高。

(2)以非冻胀填料置换路基不良填料，可达到根除冻害目的。

(3)采用微型盾构掘进出土技术,能够保证施工过程路基的稳定性。

(4)采用基于变形实时监测的信息化动态施工技术,可保障线路的平顺性。

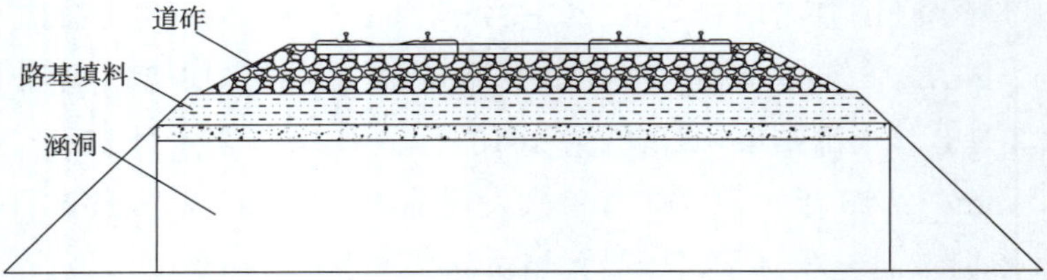

图 6-63　涵洞横断面

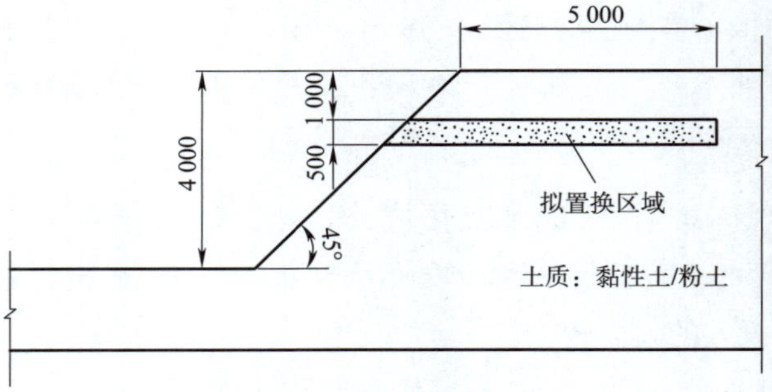

图 6-64　置换层位(单位:mm)

6.4.2　施工流程

运营条件下铁路路基横向换填置换技术,施工工艺主要步骤如下:

1. 勘察取样

整治实施前针对冻害处所进行勘察取样,开展相关的土工实验,以确定填料级配特性、含水率情况及其冻胀特性。根据试验结果,结合该工点冻胀量、冻胀范围等信息,确定冻害处所填料置换层位、厚度及范围。

2. 场地清理

根据冻害处理范围设置金属隔离网,安装长度为治理范围往两侧各延伸 3 m,与现有隔离网连接,形成封闭的施工区域。清除冻害处所周边灌木、杂草和浮土等杂物。对地下电缆等轨旁设备进行确认、标记和保护,如影响施工则按相关规定进行迁移固定。

挖掘清除道砟外侧基床填料,清除厚度根据冻害处理层位及厚度而定,从而为微型盾构作业机械提供足够作业空间,如图 6-65 所示。

3. 测量放线

测量放线应足够精确,一方面确保置换孔之间的残留填料尽量少,另一方面要确保有足

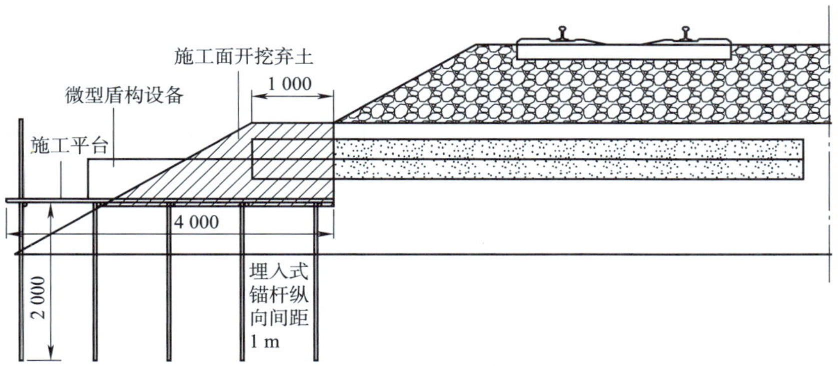

图 6-65　钻孔施工垂直面清理(单位:mm)

够的置换孔作业空间,不能干扰交叉。应严格按照设计图纸要求,结合置换孔孔径和机械高度对孔位进行精确放样,同时测量出施工平台标高。

4. 搭建平台

施工作业平台为机械与人员提供平稳的作业空间,并为盾构机的掘进提供足够反力,保障了施工作业的稳步推进,其设计与搭建至关重要。施工平台宽度为 4 m,其长度和高度由处理范围和现场涵洞施工条件确定。路堤地段施工平台采用 $\phi48\times3$ 钢管搭设,横跨、纵跨、步距均为 1 m;涵洞位置则采用 H 型钢进行搭设。平台上部满铺木脚手板。施工平台通过边坡锚杆抗拉、钢管斜撑、型钢深插及与涵洞墙身锚固连接等方式,为微型盾构掘进提供足够反力。

5. 机械就位

路基填料置换和套管顶进工序采用铁科院 TKHT500 微型盾构机进行施工。该设备主体由调速电机、减速器、液压油缸、导轨和机架组成。套管为钢管,其直径根据具体冻害工点的整治方案而定。套管每节 1 m,采用公母丝扣连接,确保套管连接平直。钢管外壁采用防腐润滑油脂处理,以减少掘进摩擦力。

工作平台安装完成后,将微型盾构机放置在平台上,将钻头钻杆连接到钻机,同时将套管套在钻杆上。校正钻机和套管的轴线、高程和坡度,钻进前将钻机固定在施工作业平台上。

6. 出土作业

采用特制螺旋合金钻头作为掘进出土的关键设备,其钻头直径具有自适应调整能力。未进行作业时,其直径略小于套管直径,以方便钻头与钻杆输送与撤出;当开展前端作业时,其直径会自动变大,变得略大于钢管外径,以降低套管推进摩擦力。钻杆螺旋叶片起排除土渣作用,螺旋叶片直径略小于铺设钢管内径。

微型盾构掘进时根据土质情况调整掘进速度，不宜过快。同时，注意观察钻进阻力变化，以免土质不均或遇到较大石块时发生偏移。掘进过程中套管要同时跟进，以防止塌孔，引起路基沉降。

每完成一节套管钻进，盾构退后足够距离，并将钻杆拆下，安装下一节钻杆和套管，盾构继续推进。掘进到至设计深度后，将钻杆和钻头依次从套管中抽出，套管留在路基中作为永久防护措施。

移动钻机至下一孔位，重复上述步骤，直至完成全部处理范围。相邻置换孔套管管壁尽量紧贴，管口高程与设计不应超过 10 mm。微型盾构换填施工情况如图 6-66 所示。

图 6-66　微型盾构换填施工情况

7. 支模回填

清扫管口外部渣土，在距管口 300 mm 处进行支模。模板应牢靠稳固，缝隙处用发泡胶密封。选用 C30 自密实混凝土和速凝砂浆分层回填。浇筑时将混凝土泵车的泵管伸入到钢管底部，从内部往外进行浇筑。浇筑过程中不断振捣，以确保混凝土和砂浆能填满钢套管。

8. 设排水管

采用潜孔钻机在相邻套管下方钻排水孔，孔径为 90 mm，钻孔深度和钢套管相同。成孔后放入 HDPE 排水管，排水坡度不小于 0.5%。排水管上半部钻 10 mm 小孔，梅花状布置，排水管外壁包裹一层透水土工布。

9. 场地恢复

施工作业完成后，进行场地清理，恢复原状。置换施工工艺的流程如图 6-67 所示。

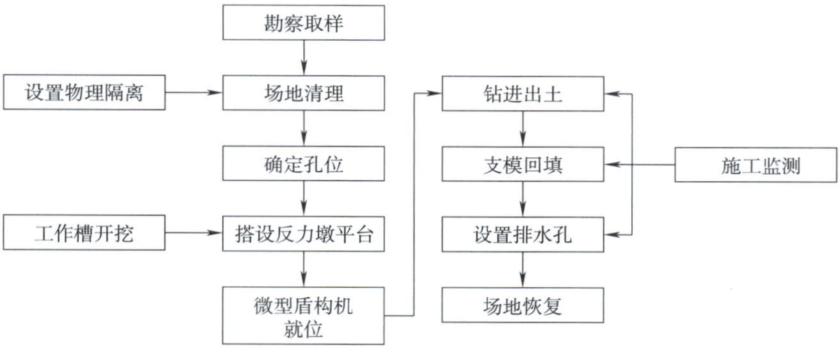

图 6-67　施工工艺流程

6.4.3　应用案例

1. 现场试验

针对现场实际工况，课题组开发了适应有砟铁路路基的 TJ-I 型顶管推进系统，并开展一系列的室外模拟试验，通过大量试验掌握并完善了横向换填成套技术，如图 6-68～图 6-70 所示。

图 6-68　跟管推进系统

图 6-69　跟管入口端

图 6-70　跟管出口端

实施过程中，对跟管顶推系统的功率、速度、照准调平系统进行研究，已经具备实施的基础。该技术计划在秦沈客运专线进一步开展工程试验。

2. 京哈线(秦沈段)路基冻害整治工程

(1)工程概况

京哈线秦沈段客运专线全长 404 km，运营以来常年出现季节性冻害现象。2017—2018 年的冻害调查发现发生冻害共有 368 处，其中冻高超过 15 mm 的共有 25 处。最大冻高为

18 mm，位于下行线 K669＋661～K669＋670。

(2)冻害分析

从现场的调研情况和相关资料表明，秦沈线出现冻害的处所主要位于涵洞顶的路基，且填土高度均小于 1.5 m。勘察取样及试验结果表明，涵洞顶路基填料上层为级配碎石夹黏土，厚度 350～500 mm，粒径小于 0.075 mm 的细颗粒含量较高；下层为粉质黏土，厚度 200～500 mm。部分填料含水率较高，具备产生冻害的物质基础。

(3)整治方案

针对秦沈客运专线冻害产生部位、冻害范围及发展特性，制定了“强置换＋强排水”冻害综合整治方案，如图 6-71 所示。在冻害处所涵洞顶冻害层位通过微型盾构掘进技术设置一排或多排置换孔，孔径不小于主要冻结层厚度，将不良填料置换成非冻胀的混凝土或砂浆，实现靶向精准置换。同时，在紧贴涵洞顶面、置换孔之间高密度设置排水孔，使涵洞顶具备较强的排水能力，使涵洞顶填料始终保持干燥状态。通过“强置换＋强排水”的综合整治方案，达到根治冻害的目的。

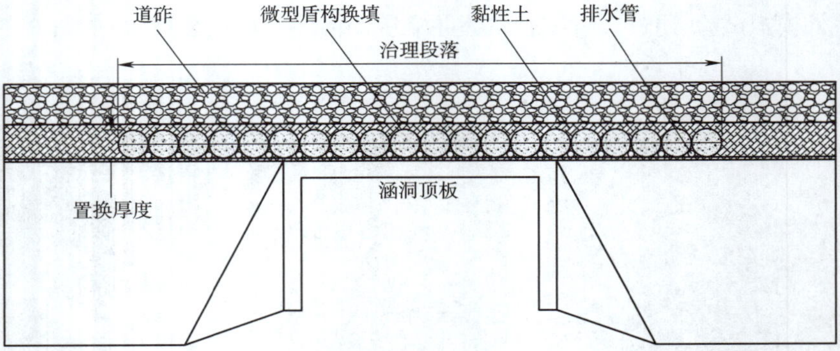

图 6-71 微型盾构靶向换填方案

在涵洞顶以上 10 cm 基床道砟以下 10 cm 位置采用微型盾构横向钻孔换填，置换为不产生冻害的混凝土和聚合物砂浆，同时在钢管的下方增设排水管。现场施工情况如图 6-72 所示。

图 6-72

图 6-72　现场施工照片

(4)治理效果

治理项目从 2018 年 5 月开始，至 11 月底全部完成。整治结束后立即对冻害整治处所进行了冻胀观测，表 6-5 为冻害整治处所 2018—2019 冬季最大冻胀统计情况。由表 6-5 可知，17 处冻害整治处所，除 K644＋825～K644＋840 区段外，其他 16 处冻高均未超过 5 mm，冻害"治愈率"达到 94％，基本上根除了冻害，充分说明了该技术的有效性。

表 6-5　秦沈客运专线冻害整治效果统计

序号	里程	行别	冻高/mm	评　　价
1	K670＋790～K670＋820	上行	4	冻害消除
2	K670＋803～K670＋811	下行	4	冻害消除
3	K671＋440～K671＋448	上行	4	冻害消除
4	K671＋440～K671＋458	下行	3	冻害消除
5	K671＋790～K671＋800	下行	0	冻害消除
6	K672＋100～K672＋109	下行	0	冻害消除
7	K608＋489～K608＋507	上行	4	冻害消除
8	K608＋495～K608＋505	下行	4	冻害消除
9	K610＋745～K610＋765	上行	3	冻害消除
10	K610＋745～K610＋765	下行	1	冻害消除
11	K643＋515～K643＋530	上行	4	冻害消除
12	K643＋515～K643＋530	下行	0	冻害消除
13	K644＋825～K644＋840	上行	7	冻害未消除
14	K644＋825～K644＋840	下行	2	冻害消除
15	K669＋656～K669＋694	下行	0	冻害消除
16	K676＋620～K676＋643	上行	4	冻害消除
17	K676＋630～K676＋643	上行	3	冻害消除

注：10 m 弦测量冻高超过 5 mm 即为冻害。

3. 兰新线冻害地段路基换填

(1)工程概况

据统计,兰新线武威段历年发生冻害处所平均为 2 139 处,平均延展长度 19 123 m。冻害较集中的区间有茇岭—大青阳区间共发生冻害 544 处。冻起最大高度均为 30 mm 左右。

(2)冻害分析

兰新线茇岭—大青阳区间部分地段由于路基排水不良且路基填料多为黏土,导致路基本体含水量较高,造成路基翻浆冒泥,道床脏污板结,线路病害较多,特别是冬季路基易产生冻害,影响行车安全。

(3)整治方案

本次冻害整治方案采用微型盾构横向换填法,即对产生冻害的层位的路基填料进行置换。采用微型盾构机设备,对出现病害的路基填料进行掘进掏挖,并置换为保温混凝土,同时在钢管上部增设排水管,从而达到减少或消除基床的冻胀。现场施工情况如图 6-73 所示。

图 6-73 现场施工照片

整治项目 2020 年 6 月 25 日开工至 9 月 23 日全部完成,共计完成 4 处 37 m,整治区段效果良好,整治前后线路情况对比如图 6-74 所示。

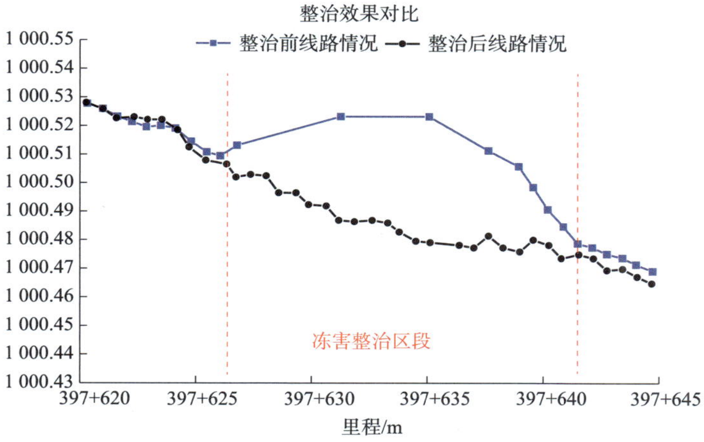

图 6-74　兰新线冻害地段路基换填整治效果

6.5　寒区高速铁路路基探地雷达检测评估技术

6.5.1　寒区高速铁路路基探地雷达检测方法

探地雷达(ground penetrating radar,GPR)作为一种快速、无损、高效的地球物理探测方法,是目前高精度的浅层地球物理探测方法之一,广泛应用于交通设施检测、地质勘察、环境工程等领域,是铁路路基检测的重要手段。GPR 图像目前均由专业技术人员进行人工解释,不同人员之间的标准不一与效率低下,使得解释精度受限且时效性差。目前,国内外开展了 GPR 图像智能识别方法的研究,但均采用监督学习的方式,其最大难点在于缺少完备的异常样本。因为实际数据中,不同设备、不同时间、不同线路的数据差异较大,很难获取具有良好通用性、标准化的样本,导致基于样本训练的监督学习的智能方法难以开展有效的应用。弱监督场景的机器学习算法需要较少的样本集标签和类别信息,更适用于难以进行大量人工标注的 GPR 图像识别场景。目前弱监督场景智能学习算法应用于探地雷达路基检测数据分析的研究还很少。

探地雷达以高频或超高频电磁波为信息载体,利用不同介电常数传播介质之间的界面对电磁波的反射特性和传播速度变化规律,对目标物进行探测和定位,具有快速、无损、连续探测和实时显示的特点。

1. 检测系统

探地雷达路基状况检测系统通常由地质雷达主机、三个 400 MHz 屏蔽天线、数据采集仪、信号显示仪、视频记录仪、测距仪、信号传输电缆等组成。系统启动后,测距仪按设置间隔触发雷达系统发射脉冲信号，并接收路基结构层反射回来的雷达波信号，采集仪进行记录，显示系统实时显示所探测到的回波信号即雷达图像，从而获取路基各结构层情况。

2. 数据采集

进行外业检测时，天线悬挂固定安装在检测车或平板车底部，与钢轨顶面保持固定距离，对路基进行快速连续检测。数据采集采用测距轮脉冲触发模式，过程中每隔一定距离自动存储文件。数据采集过程中做好现场记录，为后期数据预处理、里程初步校正、数据解释、数据备份等提供参考。

3. 测线布置

检测时，在线路中心和轨枕两端各布置一条测线——分别对应于同一横断面上三个平行放置的雷达屏蔽天线，面向大里程从左至右测线依次为：左侧、道心和右侧测线。

4. 采集参数

检测参数的正确选择对获取较好的探测效果十分重要。检测参数主要有采样时窗、采样点数、道间距等。铁路路基检测使用中心频率为 400 MHz 的屏蔽天线时，通常设置采样时窗为 65 ns，采样点数为 512，道间距为 0.112 5 m。

5. 数据处理

探地雷达数据处理是一个复杂的过程，不同的探测介质采用的处理流程会有一定的差异，典型的 GPR 数据处理流程如图 6-75 所示。外业进行数据采集后，内业需根据现场打标记录、背景信息，进行里程校正、试处理、信号处理、图像解释、统计分析以及检测报告编制等一系列工作。

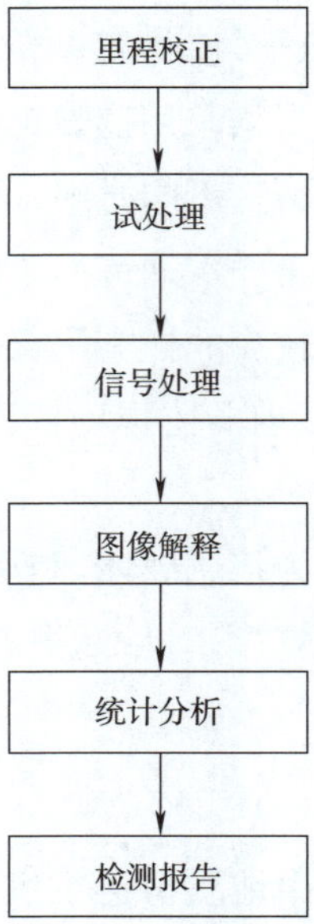

图 6-75　探地雷达数据处理流程

由于车载 GPR 检测速度可达 100 km/h，长距离检测导致雷达数据的里程累积误差较大，对病害解释结果的空间准确度有重要的影响。因此，里程校正是铁路路基 GPR 检测数据处理的必要步骤。目前，里程校正采用的是标记回归计算的方法，标记分为采集标记和桥梁标记两类。由于采集标记受视觉和操作延延迟导致误差较大，通常以采集标记为辅，以桥梁标记为主。数据处理人员从采集到的原始图像中判读桥梁起止道号，与铁路局相关部门提供的桥梁实际里程进行回归计算，修正雷达文件的起止里程。

信号处理的目的是使地质雷达图像中规则和随机的干扰信号得到压制，信号信噪比提高，路基结构层间界面、异常体外部界面及其内部等反射波振幅、波形、相位和频谱，随双程走时（或深度）、里程、测线等变化图像特征得到凸显。常用的信号处理算法有背景去噪、水平滤波、增益等。

6.5.2　探地雷达图像智能识别技术

铁路路基是一种多层的复合结构，其道床层、砂垫层和基床层等各层的材料性能以及力学特征都具有明显的差异性。路基经过列车长时间的碾压，以及其他各种外部条件的作用，往往就会形成各种各样的路基异常，例如翻浆冒泥、路基下沉、含水异常等。异常路基各层的物性指标会发生变化，并且其层面位置，层面的平整度等等也会随之发生变化。各分层与异常界面的电磁性差异变大，形成强烈的反射波（反射信号）。根据 GPR 反射波组的波形与强度特征，通过同相轴的追踪，就能确定异常的位置及发育程度。

1. 特征提取

当路基不存在病害时，内部介质相对密实均匀，介质电磁属性的差异主要出现在道床-基床表层界面，因此电磁波在路基内部传播过程中反射较少。如图 6-76 所示，当路基出现病害时，病害区域电磁属性与正常路基填料介质差异较大，电磁波在传播过程中遇到病害会发生大量的反射。

(a)翻浆冒泥

图　6-76

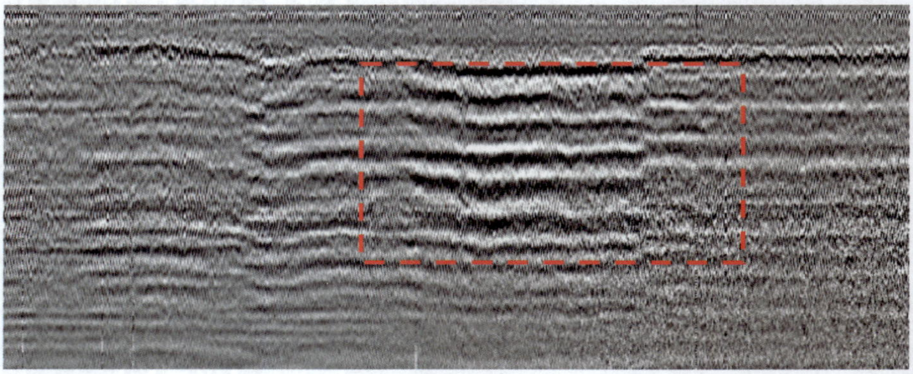

(b)含水异常

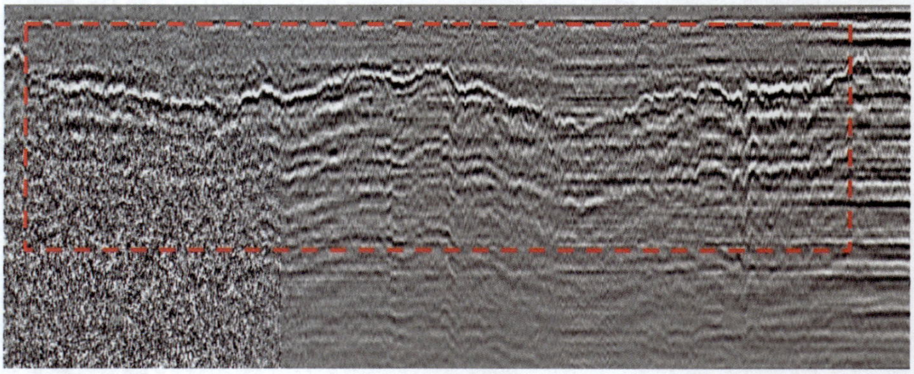

(c)路基下沉

图 6-76　路基病害探地雷达图像

在时域信号分析时，沿深度方向分段提取能量、方差，并提取反射波信号的最大振幅幅值 AT 及最大振幅位置 PT 作为病害信号的两个辨识特征，其中 PT 取最大振幅点的绝对时间深度与总时间深度的比值。在频域信号分析时，提取频带能量分布作为频域属性特征。设置频带宽度为 100 MHz、200 MHz。此外，为避免单道数据的离散性引起的误差，将雷达数据沿 x 轴划分为 B-SCAN 单元，每个单元的多道数据计算平均信号后，再提取特征值。

2. 病害识别

基于雷达数据的路基病害智能识别问题可转化为计算机领域的多分类解决方法。目前，机器学习可分为监督、半监督、无监督学习三大类。

监督学习问题中，数据输入对象会预先分配标签，通过数据训练出模型，然后利用模型进行预测。其中，集成学习模型如 XGBoost 在分类问题上显示出了明显优势，可提高分类的准确率、泛化能力和鲁棒性。

无监督学习问题中，数据没有标签。其重点在于分析数据的隐藏结构，发现是否存在可区分的组或集群。K 均值聚类是一种迭代求解聚类问题的无监督学习算法，具有收敛速度快、易于实现等优点。算法输出结果为铁路路基信号类别标签的序列，但是要合理处理因轨枕干扰、仪器自身干扰等引起的噪声。根据铁路路基空间特性的分布规律，该序列中的短期突变为误差，可采用 LandTrendr 算法识别。通过调整 LandTrendr 函数中的 8 个模型分割参数，确定最佳的类别-道号分割模型。

半监督学习通过监督学习与无监督学习的结合，利用少量的标记数据和大量的未标记数据进行训练和分类。其中，半监督支持向量机（semi-supervised support vector machines，S3VM）是支持向量机在半监督学习上的推广，相较于需要找出最大间隔划分超平面的支持向量机，S3VM 只考虑未标注样本的信息，并试图找到能将两类有标记样本分开，且穿过数据低密度区域的划分超平面。由于 S3VM 是一个二分类模型，在应用时可采取多阶段训练方法。首先将数据拆分成正常、异常 2 类构建样本集，再将异常数据拆分为不同病害类型逐步进行训练。

3. 层位识别

如图 6-77 所示，通过将每道数据中层位点的位置连接起来就可以在雷达图像中画出层位线，即图中的红色线条。

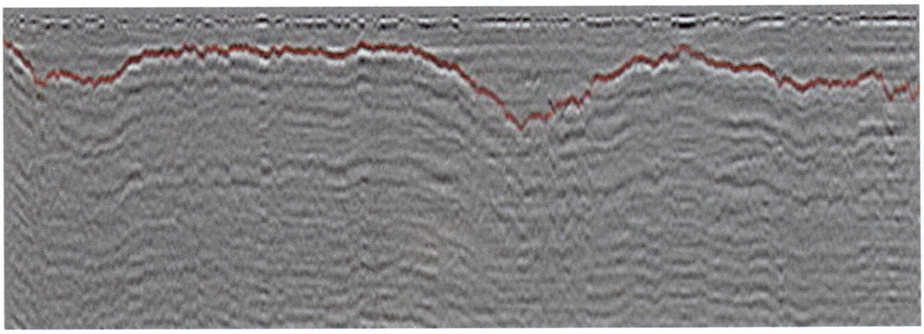

图 6-77　路基道床-基床表层界面

探地雷达图像中的层位识别，可转化为机器学习中的图像分割问题。U-net 算法最初用于医学图像的分割，后来也应用于其他领域。U-net 主要可分为三部分：

（1）特征提取部分，采用收缩网络，通过四个下采样，使图片尺寸减小，在不断下采样的过程中，特征提取到的是浅层信息；

（2）拼接部分，融合特征信息，使深层和浅层的信息融合起来；

（3）上采样部分，通过扩张网络提取深层信息，通过这些上采样最终输出语义分割图。

6.5.3 应用案例

1. 病害识别

从多条寒区高速铁路路基探地雷达检测数据中选取典型数据构建数据集。检测使用400 MHz 天线，时窗为 65 ns，道间距为 0.1 m。选取正常、翻浆冒泥、含水异常三类典型数据分别 9 550、8 600 和 5 500 道，构建了共 23 650 道的样本集。

如图 6-78 所示，监督学习模型 XGBoost 模型在三个类别数据上均达到较好的分类效果，平均高于其他模型 27%，S3VM 与 K-Means+LandTrendr 模型接近。由于样本集来源多样，同一类别内不同样本的特征差异增强，导致弱监督模型的识别效果明显下降，但依然取得了 70%左右的准确率，表现出良好的潜力，为今后探地雷达数据实时分析提供基础。

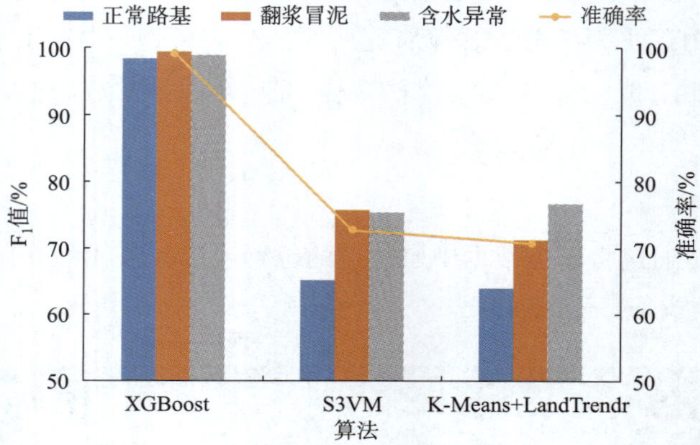

图 6-78 各场景模型 F_1 值和准确率

2. 层位识别

为实现适当的图像宽高比，同时保证数据的连贯性，采用滑动截取的方式对雷达图像进行切片处理。每次滑动 100 道，截取 2 000 道作为 1 个数据样本。采用 Labelme 软件进行多边形标注，构建层位识别样本集。

层位识别结果如图 6-79 和图 6-80 所示，U-net 层位识别结果与人工识别层位的拟合度很高，能比较准确地反映层位的变化情况，少量层位不清晰的区域未识别出层位。

图 6-79 U-net 层位识别结果

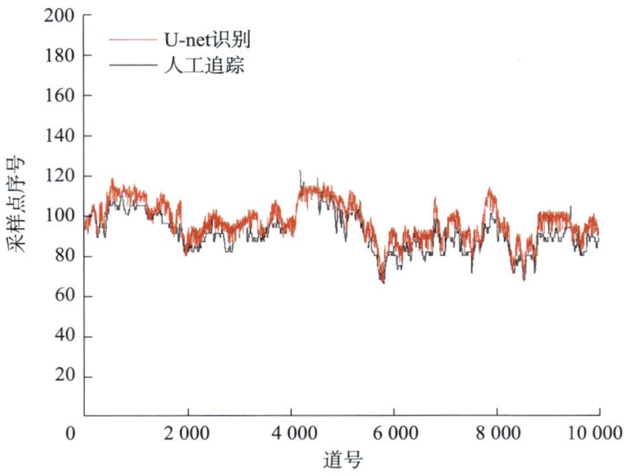

图 6-80　U-net 与人工识别层位对比

目前，对于基床变形状态尚无评价指标。基床变形状态分析各等级划分阈值见表 6-6。道床底面平整度的计算以 50 m 为长度单元，计算相邻两道数据的差值，再计算所有差值的平均值。

表 6-6　基床变形状态分析

平　　整	稍微起伏	严重起伏
$0\geqslant\Delta d<100$ mm	100 mm$\leqslant\Delta d<150$ mm	$\Delta d\geqslant150$ mm

选取 10 km 的雷达图像，分别进行人工与 U-net 模型层位识别，并进行变形状态指标计算，结果如图 6-81 所示。根据人工追踪结果，平整路段、稍微起伏路段和严重起伏路段占总里程的比例分别为 90.9%、6.6% 和 2.5%，U-net 预测的比例分别为 90.9%、5.6% 和 3.5%，表明 U-net 模型对路基层位的识别精度较高。

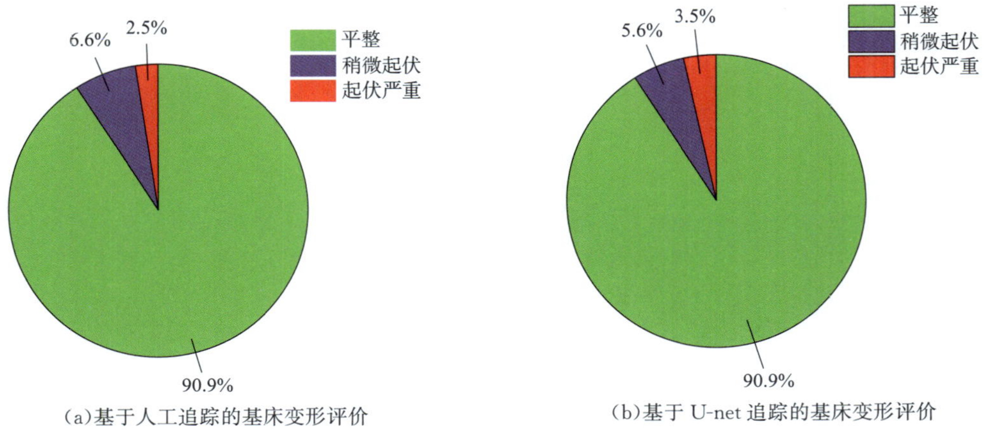

图 6-81　U-net 与人工追踪基床变形评价结果

参 考 文 献

[1] 石越峰，蔡德钩，楼梁伟，等. 铁路沥青混凝土温度离析控制技术研究[J]. 铁道建筑，2019，59(1)：67-70，80.

[2] 符庆宏，陈先华，蔡德钩，等. 高速铁路路基全断面沥青混凝土防水封闭结构[J]. 中国铁道科学，2020，41(2)：24-33.

[3] 楼梁伟，蔡德钩，石越峰，等. 路基沥青混凝土防水封闭结构施工质量控制技术[J]. 铁道建筑，2019，59(2)：18-21.

[4] 李泰灃，蔡德钩，闫宏业，等. 严寒地区高速铁路全断面沥青混凝土防水封闭结构温度效应研究[J]. 铁道建筑，2018，58(10)：63-68.

[5] 仲新华，蔡德钩，李享涛，等. 我国铁路沥青混凝土技术研究进展[J]. 铁道建筑，2018，58(2)：1-4，31.

[6] 石越峰，蔡德钩，闫宏业，等. 高速铁路路基沥青混凝土防水封闭层技术综述[J]. 铁道建筑，2018，58(1)：33-36.

[7] 李斯，姚建平，庞帅，等. 高速铁路泡沫轻质土路基施工关键控制技术[J]. 铁道建筑，2019，59(1)：63-66.

[8] 张忠伟. 牡佳高速铁路全断面碾压密实沥青混凝土封闭结构与施工工艺[J]. 铁道建筑，2022，62(5)：134-137.

[9] 张世杰. 铁路沥青混凝土防水封闭结构防水性能研究[J]. 铁道建筑，2021，61(5)：66-69.

[10] 唐于欣. 高速铁路无砟轨道路基面全断面沥青混凝土防水层设计及施工[J]. 铁路技术创新，2021(2)：99-107.

[11] 杨峰，彭苏萍. 地质雷达探测原理与方法研究[M]. 北京：科学出版社，2010.

[12] 杜翠，张千里，刘杰. 基于支持向量机的铁路路基病害智能识别方法[C]//中国土木工程学会 2017 年学术年会. 北京：中国城市出版社，2017：363-373.

[13] OZKAYA U，OZTURK S，MELGANI F，et al. Residual CNN+Bi-LSTM model to analyze GPR B scan images[J]. Automation in Construction，2021，123：103525.

[14] OZKAYA U，MELGANI F，BELETE BEJIGA M，et al. GPR B scan image analysis with deep learning methods[J]. Measurement：Journal of the International Measurement Confederation，2020，107770.

高速铁路基础研究与技术创新丛书

第一期(16 册)

(一)基础理论与基础技术系列

高速铁路散体道床宏细观力学行为 赵春发　翟婉明　张　徐　著

ISBN 978-7-113-28857-0

高速铁路线路系统动力学 龙许友　时　瑾　王英杰　编著

ISBN 978-7-113-28997-3

高速铁路弓网关系研究 韩通新　著

ISBN 978-7-113-28941-6

(二)动车组系列

高速列车轻量化设计 李　明　伊召锋　米莉艳　等编著

ISBN 978-7-113-28972-0

(三)供电系列

高速铁路受电弓 韩通新　编著

ISBN 978-7-113-28975-1

高速铁路接触网检测技术 韩通新　著

ISBN 978-7-113-28961-4

(四)工程设计系列

高速铁路桥梁抗震设计 陈兴冲　张永亮　编著

ISBN 978-7-113-28964-5

高速铁路轨道工程 BIM 正向设计软件开发及实践 姚　力　刘大园　董凤翔　等编著

ISBN 978-7-113-28934-8

(五)工程施工与组织系列

高速铁路桥梁 BIM 技术研究与实践 盛黎明　苏　伟　刘延宏　宋树峰　编著

ISBN 978-7-113-28938-6

高速铁路岩溶路基边坡变形与稳定 白明洲　师　海　田　岗　等编著

ISBN 978-7-113-28880-8

高速铁路工程地质灾害超前预报图形判别和解译 李　忠　郝娜娜　等编著

ISBN 978-7-113-28935-5

（六）通信与列控系列

高速铁路宽带无线信道测量与建模技术 周　涛　何睿斯　艾　渤　编著

ISBN 978-7-113-28930-0

（七）测量与检测系列

（八）高铁运营与经济系列

高速铁路社会效益研究——基于时空经济分析 李红昌　夏璇璇　著

ISBN 978-7-113-28942-3

（九）现代信息技术系列

高速铁路物联网技术 史天运　孙　鹏　张惟皎　陈瑞凤　编著

ISBN 978-7-113-29029-0

（十）安全・健康・维护系列

高速铁路道砟飞溅机理及防治 高　亮　石顺伟　殷　浩　著

ISBN 978-7-113-28906-5

高速列车多目标均衡综合节能技术 张　雷　李　明　司志强　等编著

ISBN 978-7-113-28976-8

第二期（23 册）

（一）基础理论与基础技术系列

高速列车空气动力学数值模拟——基于 STAR-CCM+软件

李　明　李　田　戴志远　等编著

ISBN 978-7-113-30059-3

高速铁路沿线地面沉降研究与防治 李国和　黄大中　尚海敏　王少林　编著

ISBN 978-7-113-30176-7

高速铁路路基智能填筑技术 王同军　闫宏业　杨　斌　尧俊凯　等著

ISBN 978-7-113-30047-0

季冻区高速铁路路基服役性能与孕灾风险研究

叶阳升　蔡德钩　毕宗琦　李善珍　等著

ISBN 978-7-113-29934-7

高速铁路隧道内附属设施气动效应及安全性研究

彭立敏　杨伟超　施成华　雷明锋　著

ISBN 978-7-113-30104-0

高速铁路钢轨打磨理论与技术　　王文健　郭　俊　周　坤　著

ISBN 978-7-113-30061-6

高速列车动态性能正向设计　　周劲松　宫　岛　孙文静　著

ISBN 978-7-113-30050-0

高速列车自动驾驶控制理论　　宿　帅　李开成　唐　涛　袁　磊　等编著

ISBN 978-7-113-30147-7

高速铁路行车调度与控制一体化　　唐　涛　宿　帅　孟令云　阴佳腾　编著

ISBN 978-7-113-30112-5

高速铁路无砟轨道结构水泥基材料理论与技术

龙广成　曾晓辉　马昆林　谢友均　著

ISBN 978-7-113-30056-2

(二)动车组系列

高速列车空气动力学设计技术　　丁叁叁　著

ISBN 978-7-113-30055-5

(三)供电系列

高速铁路电力牵引供电工程智能建造技术

胡志华　陈建明　奚金柱　吴命利　等编著

ISBN 978-7-113-30205-4

(四)工程设计系列

现代铁路枢纽规划设计　　许佑顶　高丰农　吴学全　李传勇　等编著

ISBN 978-7-113-27468-9

高速铁路隧道底部结构动力响应特性及设计方法

彭立敏　施成华　黄　娟　丁祖德　著

ISBN 978-7-113-30133-0

(五)工程施工与组织系列

高速铁路工程勘察技术创新与实践　　陈则连　著

ISBN 978-7-113-30189-7

高速铁路工程质量系统管理(第2版)　卢春房　等著

ISBN 978-7-113-30108-8

高速铁路路基沉降分析与控制技术　宋绪国　郭帅杰　编著

ISBN 978-7-113-30154-5

深埋高速铁路地下车站施工关键技术　杨新安　马明杰　李路恒　罗　驰　编著

ISBN 978-7-113-30001-2

高速铁路施工组织创新与实践　魏　强　编著

ISBN 978-7-113-30136-1

高速铁路路基沥青混凝土防水封闭结构　蔡德钩　闫宏业　楼梁伟　石越峰　等著

ISBN 978-7-113-30033-3

(六)通信与列控系列

高速铁路信号系统雷电防护技术研究　向念文　徐宗奇　阳　晋　编著

ISBN 978-7-113-30135-4

(七)测量与检测系列

(八)高铁运营与经济系列

(九)现代信息技术系列

智能高速铁路图像大数据分析技术及应用　李　平　李　瑞　赵　冰　编著

ISBN 978-7-113-30134-7

(十)安全·健康·维护系列

高速列车横风效应及气动安全控制动力学　毛　军　柳润东　郗艳红　著

ISBN 978-7-113-30028-9